GÜTSCHOW · DAS LUFTSCHIFF

Fred Gütschow

DAS LUFTSCHIFF

Geschichte · Technik · Zukunft

Motorbuch Verlag Stuttgart

Einband und Schutzumschlag: Siegfried Horn

ISBN 3-613-01083-6

1. Auflage 1985

Eine Abteilung des Buch- und Verlagshauses Paul Pietsch GmbH & Co. KG

Satz und Druck: Geigerdruck GmbH, 7240 Horb a. N.
Bindung: Verlagsbuchbinderei Karl Dieringer, 7000 Stuttgart.
Printed in Germany.

Inhaltsverzeichnis

Aus der Technik des Luftschiffes Teil II

Der gegenwärtige Stand und die Zukunft des Luftschiffes Teil III

Einleitung

Die große Zeit der Luftschiffe gehört für immer der Vergangenheit an — ungebrochen ist das Interesse an der Geschichte dieser Giganten der Luft. In diesem Buch wird die geschichtliche Entwicklung nachgezeichnet, einiges aus der Technik des Luftschiffes berichtet sowie ein Ausblick auf die zu erwartende zukünftige Entwicklung des Luftschiffes gegeben, wobei in diesem Abschnitt nur solche Programme geschildert werden, die von bekannten Firmen durchgeführt werden oder deren Entwicklung soweit gediehen ist, daß an der Realisierung nicht zu zweifeln ist. Besonderes Gewicht wurde auf die Darstellung der Arbeiten gelegt, die neben den oft geschilderten Arbeiten und Verdiensten des Grafen Zeppelin mit oftmals geringen Mitteln zu beachtlichen Ergebnissen führten. Natürlich steht im Mittelpunkt eines jeden historischen Rückblicks auf die Luftschiffahrt die Persönlichkeit des Ferdinand Graf von Zeppelin, ohne dessen unbeirrtem Festhalten an der selbstgestellten Aufgabe, trotz mannigfacher bitterer Rückschläge, das Luftschiff nie die große Bedeutung erreicht haben würde, die es in den ersten drei Jahrzehnten unseres Jahrhunderts besaß. Immer wieder muß man sich vergegenwärtigen, daß das Flugzeug, welches das Luftschiff später fast gänzlich vom Himmel verschwinden ließ, zu einer Zeit, als mit den Zeppelin-Luftschiffen in Deutschland bereits komfortable Rundfahrten mit 20 Passagieren durchgeführt wurden, erst am Anfang seiner Entwicklung stand. Der Weltkrieg offenbarte die Schwachstellen des Luftschiffes und gab der technischen Entwicklung des Flugzeugs jenen ungeahnten Auftrieb, der es in relativ kurzer Zeit dem Luftschiff überlegen machte. Nach ersten Erfolgen beim Bombenkrieg gegen England entstand dem Luftschiff im Flugzeug, das mit der neu entwickelten Brandmunition an Bord zur Abwehr aufstieg, ein tödlicher Gegner. Bei der strategischen Aufklärung, speziell über der Nordsee, konnte das Luftschiff dagegen weiterhin mit Erfolg eingesetzt werden.

Im Gegensatz zu Deutschland favorisierten Frankreich und England das Prall- und Halbstarrluftschiff; mehr als 200 Pralluftschiffe standen für die Küstenüberwachung und U-Bootabwehr rund um England während des 1. Weltkrieges im Einsatz und sicherten die Schiffahrt. Nach anfänglichen Erfolgen wurde dagegen in Frankreich statt des Luftschiffs das Flugzeug für militärische Aufgaben klar favorisiert. Außer Deutschland war England die einzige Nation, die ernsthafte Anstrengungen unternahm bei der Konstruktion von Starrluftschiffen; trotz einiger hervorragender Leistungen erreichten sie allerdings in England nie die Popularität wie die Zeppeline in Deutschland.

Italien setzte ebenfalls das Luftschiff in größerem Umfange bei Aufklärungsfahrten und Kampfhandlungen des 1. Weltkrieges im Mittelmeerraum ein. Später erlebte die italienische Luftfahrt Triumpf und Desaster mit den von Nobile konstruierten und geführten Luftschiffen »Norge« und »Italia« in der Arktis, um anschließend das Interesse am Luftschiff völlig zu verlieren. In der kurzen Zeitspanne von knappen zehn Jahren waren die beiden deutschen Luftschiffe »Graf Zeppelin« und »Hindenburg« die einzigen im planmäßigen Transatlantikverkehr eingesetzten Luftfahrzeuge; sie boten ihren Passagieren ein Maß an Komfort, wie es nie wieder erreicht werden wird. Aber die Katastrophe von Lakehurst, im Mai 1937, beendete ein für alle Mal die Rolle des Luftschiffes im Passagierverkehr zwischen den Kontinenten; auch hier übernahm das Flugzeug diese Aufgabe völlig.

Versuche der Amerikaner, das Starrluftschiff als das fliegende Auge der Flotte über dem Pazifik zu entwickeln, endeten mit dem Verlust der für diese Zwecke gebauten beiden Luftschiffe »Akron« und »Macon«.

Gute Ergebnisse erzielten die Amerikaner mit den Pralluftschiffen, den »Blimps«, bei der Küstenüberwachung und Sicherung von Schiffseinheiten im 2. Weltkrieg und beim Aufbau einer Radarfrühwarnkette in den Anfangsjahren des »Kalten Krieges« über dem Atlantik.

Dann wurde es ruhig um das Luftschiff, und nur einige Reklame-Luftschiffe in den USA erinnerten an die glanzvollen Tage, als Luftschiffe Stoff für Zeitungsberichte auf der ersten Seite abgaben. Enthusiasten entwarfen alle möglichen Projekte zukünftiger Großluftschiffe; keines wurde je verwirklicht. Erst in den letzten Jahren unter dem Eindruck der Energiekrise, von erwachendem Umweltbewußtsein und steigender Kosten, findet das Luftschiff neue Befürworter, und es dürfte in der Form von Schwerlasttransportern bei zivilen und militärischen Aufgabenbereichen eine vielversprechende Zukunft finden. Daneben wird es in der

Rolle als Reklameträger, im Touristikbereich und für sportliche Aufgaben in mehr konventioneller Form weiterhin am Himmel zu sehen sein.

Das Buch möchte das Interesse am Luftschiff wachhalten oder erneuern, die Arbeiten der Luftschiffpioniere im Zeitalter der Großraumverkehrs- und Überschallflugzeuge und der beginnenden Weltraumfahrt als Meisterleistungen ihrer Zeit zeigen, die den damaligen Zeitgenossen ähnlich kühn vorgekommen sein dürften, wie in der heutigen Zeit Spitzenleistungen der Aerospace-Technik, die bei uns Staunen und Stolz hervorrufen!

Mein Dank gilt allen Firmen und Privatpersonen, die bei der Beschaffung von historischen Unterlagen und Bildern halfen; ohne sie hätte das Buch nicht entstehen können. Es sind (in alphabetischer Reihenfolge)

Anthony M. Bell, Airship Industries London
Frau Glaser, Siemens-Archiv München
Horst Hassolt, Ballonfabrik Augsburg
Klaus Held, München
Reinhard Keimel, Wien
Hans G. Knäusel, Zeppelin-Metallwerke, Garching bei München
Gero von Langsdorff, Gräfelfing bei München
F. S. Maass, Deutsche Goodyear, Köln
Odilo Mühling, MTU, München
Manfred Sauter, Zeppelin-Metallwerke, Friedrichshafen
Theodor Wüllenkemper, WDL, Mülheim
Gert Ziegler, Metzeler Kautschuk, München

München, Juli 1985
Der Verfasser

BILDNACHWEIS

AeroLift Inc., Tillamook, USA S. 225
Airship Industries, London S. 205, 213, 221 (3 x)
Aviodome Schiphol, Holland S. 134
Ballonfabrik Augsburg S. 111, 113, 194 (3 x), 195, 215
Cameron Balloons, Bristol, England S. 228 (2 x)
Goodyear Aerospace Corp., Akron, USA S. 182, 184, 185, 187, 222, 223
Held, Klaus, München S. 217, 222
Keimel, Dipl.-Ing. Reinhard, Wien S. 146, 147 (2 x), 148 (2 x)
v. Langsdorff, Gero, Gräfelfing b. München S. 14, 15, 69, 71, 75, 79, 105 (2 x), 116, 117 unten, 118, 161, 175 unten links
Magnus Aerospace Corp., Ottawa, Kanada S. 227 (2 x)
Metzeler, München S. 104, 127, 131
MTU München S. 203 (3 x), 204 (oben rechts u. links)
Piasecki Aircraft, Sharon Hill, USA S. 225 oben, 225 unten links
Siemens Archiv München S. 125 (2 x), 201 unten rechts, 207 oben, 207 unten rechts
Shorts, Belfast, N.Irland S. 172
Vickers, London S. 169, 171, 174, 175
Westdeutsche Luftwerbung WDL, Mülheim S. 217, 218
Zeppelin Luftschiffbau, Friedrichshafen S. 30, 31, 33, 36, 37 (2 x), 38, 41, 42, 43, 44, 45, 47, 50, 57 oben, 63, 64, 65, 77 unten, 78, 83, 84 (2 x), 87 oben, 88, 101, 197 oben, 197 unten rechts, 198 oben rechts, 198 unten rechts, 199 (2 x), 200 oben, 201 links, 204 unten links, 205 oben, 199 unten rechts, 211 (2 x)
Alle übrigen Bilder Sammlung Gütschow

Teil I

Die geschichtliche Entwicklung des Luftschiffs

Am 1. Dezember 1783 erfolgte der erste Ballonaufstieg, bei dem Wasserstoff als Traggas benutzt wurde. Prof. Charles und sein Mechaniker N. Robert waren die Insassen. Auch sonst wies der Ballon bereits alle heute noch gültigen Konstruktionsmerkmale auf, wie die runde Form, das Netz, die Gondel und den Füllansatz.

Vom Ballon zu den ersten Luftschiff-Entwürfen

Bei der Betrachtung der geschichtlichen Entwicklung des lenkbaren Luftschiffes ist ein kurzer Rückblick auf physikalische und chemische Versuche zur Erforschung der Eigenschaften der Luft und verschiedener Gase notwendig, die im 17. und 18. Jahrhundert vorgenommen worden sind und später die Grundlagen für die ersten Ballonaufstiege des ausgehenden 18. Jahrhunderts bildeten. Daß erhitzte Luft in der Lage ist, Gegenstände emporzuwirbeln, ist bei jedem offenen Feuer zu beobachten. Grundsätzliche Untersuchungen über Gewicht und Charakter der Luft wurden erstmals im 17. Jahrhundert durch Evangelista Torricelli und Otto von Guericke unabhängig voneinander durchgeführt und veröffentlicht. Basierend auf diesen Untersuchungsergebnissen entwickelte der Jesuitenpater Francesco Lana de Terzi ein Luftschiffprojekt, bei dem vier riesige luftleer gepumpte Kugeln aus dünnem Kupferblech oder Glas den Auftrieb herstellen sollten. Diese theoretisch zwar richtige Grundvoraussetzung von Lana läßt sich in der Praxis aber nicht durchführen, denn der Druck der atmosphärischen Luft würde die Kugeln wegen der dünnen Wände sofort zusammenpressen. Lana hat auch niemals versucht, seinen Vorschlag zu verwirklichen, das ausgearbeitete Projekt nahm andererseits aber manche Einzelheit vorweg, die sich erst mehr als hundert Jahre später bei den ersten Ballonaufstiegen als richtig erweisen sollte.

4 hohle Kugeln, ein Segel, ein Steuermann, 2 Fahrgäste: das Vakuumluftschiff-Projekt des Jesuitenpaters Francesco Lana de Terzi aus dem Jahre 1670.

In der Mitte des 18. Jahrhunderts experimentierte der englische Chemiker Henry Cavendish mit unterschiedlichen Gasen und entdeckte dabei das Wasserstoffgas, das vierzehneinhalbmal leichter als Luft ist — der Schlüssel für die Erfolge der Ballon- und Luftschiffahrt der Zukunft war gefunden worden! Die 1766 von Cavendish veröffentlichten Untersuchungsergebnisse veranlaßten andere Forscher zu Experimenten, bei denen es ihnen zwar gelang, kleine mit Wasserstoffgas gefüllte Seifenblasen aufsteigen zu lassen, andererseits sich aber Rückschläge einstellten bei den Bemühungen, etwa dünnwandige Papierhüllen oder Tierblasen zum Aufstieg zu bringen, da sich diese entweder als zu porös oder zu schwer erwiesen. Erstaunlich ist es, daß der gedankliche Sprung unterblieb, von diesen Kleinexperimenten ausgehend einen Großversuch als Vorstufe eines bemannten Ballons unter Einsatz des Wasserstoffes zu wagen. Dennoch war mit diesen Experimenten der Grundstein zur Eroberung der Luft gelegt worden.

Den Brüdern Joseph-Michel und Etienne-Jacques Montgolfier blieb es vorbehalten, mit ihren 1782 durchgeführten Versuchen mit Heißluft den entscheidenden Schritt zur Erfindung des Ballons getan zu haben, der ein Jahr später zum ersten freien Flug des Menschen führen sollte. Die Brüder Montgolfier interessierten sich seit ihrer Jugend für naturkundliche Studien und diskutierten auch das Flugproblem. Sie wagten den Großversuch und bauten in ihrer Heimatstadt Annonay nach einigen Vorversuchen einen 600 m^3 Rauminhalt fassenden Ballon, mit dem am 5. Juni 1783 der Aufstieg gelang. Ein Feuer aus Stroh und

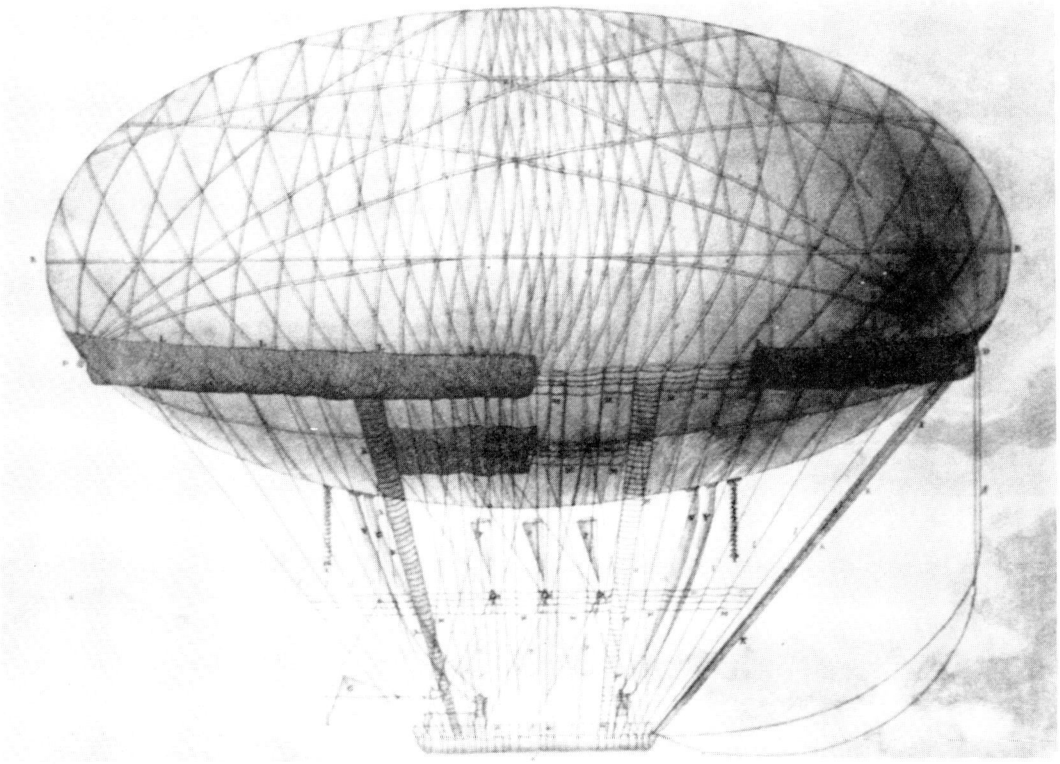

Das Luftschiff-Projekt des französischen Generals Meusnier aus dem Jahre 1783 mit eiförmiger Gestalt und Luftschraubenantrieb. Erstmals war der Einbau eines Ballonetts vorgesehen, eines im Inneren der Hülle liegenden Luftsacks zum Prallhalten des Ballonkörpers bei sich änderndem Gasdruck.

feuchter Wolle unter der Ballonöffnung sorgte für die zum Aufstieg erforderliche Heißluft. Die Brüder Montgolfier glaubten aber irrtümlich, ein neues Gas, das „Montgolfiergas", entdeckt zu haben. Der Ballon erreichte etwa 2000 Meter Höhe und kam nach kurzem Flug in 2 Kilometer Entfernung vom Aufstiegsort zur Erde zurück. Die Kunde von diesem in der Provinz durchgeführten Aufstieg drang rasch nach Paris, die Académie Française bat die Brüder um Wiederholung ihrer Experimente in der französischen Hauptstadt. Gleichzeitig gingen Wissenschaftler in Paris an den Bau eines Ballons. Der Professor Barthélémy Faujas de St. Fond, der zum ersten Chronisten der Ballonfahrt wurde, rief zu einer Geldsammlung auf, und in kurzer Zeit standen die Mittel zum Ballonbau zur Verfügung, mit dessen Ausführung der junge Physik-Professor Alexandre Cesar Charles und die als Mechaniker tätigen Brüder Jean und Nicolas Robert beauftragt wurden. Da Professor Charles das Geheimnis des angeblichen Montgolfier-Gases nicht kannte, entschied er sich für die Verwendung von Wasserstoff zur Füllung des Ballons und leitete damit als erster die Benutzung dieses für die spätere Ballon- und Luftschiffahrt wichtigen Gases ein. Fertiggestellt werden konnte der Ballon am 23. August 1783; am 27. August wurde er gestartet. In 42 Minuten legte der Ballon, der eine Höhe von über 1000 Metern erreichte, eine Strecke von etwa 22 Kilometern zurück, um bei der Landung unweit des Dorfes Gonesse von den erschrockenen Bauern aus Teufelsfurcht zerstört zu werden. Inzwischen hatten die Brüder Montgolfier in Paris mit dem Bau einer neuen »aerostatischen Maschine«, wie sie ihren Ballon nannten, begonnen. Am 19. September 1783 hob der Ballon im Beisein von König Ludwig XVI. und einer ungeheuren Menschenmenge vom Schloßplatz in Versailles ab, wobei erstmals drei Lebewesen mitgenommen wurden, nämlich ein Schaf, ein Hahn und eine Ente. Es war nur eine kurze Fahrt von 8 Minuten, die von den Tieren gut überstanden wurde. Nach diesem geglückten neuen Aufstieg begann die Frage, wann erstmals ein Mensch sich einem Ballon anzuvertrauen wagte, in ein aktuelles Stadium zu treten. Die Brüder Montgolfier hatten mit dem Bau ihres vierten Ballons begonnen, ihrem bisher größten, mit einer Höhe von 22 m und einem Durchmesser von 14,5 m, an dessen unterem Ende sich eine Galerie befand zum Aufenthalt von Personen und gleichzeitig zur Lagerung von Brennmaterial für eine längere Fahrtdauer. Der König genehmigte aber nur gefesselte Aufstiege mit Personen an Bord und gab erst nach langem Zögern seine Einwilligung zu einem bemannten Aufstieg mit der Auflage, daß zwei Sträflinge mitfahren sollten. Diese Entscheidung wiederum rief scharfe Proteste weiter Kreise hervor, die nicht zulassen wollten, daß ausgerechnet zwei Sträflingen die Ehre des ersten freien Fluges in der Menschheitsgeschichte zufallen sollte. Unter dem Eindruck dieser Proteste revidierte König Ludwig XVI. seine Entscheidung und gab den Weg frei für die Männer, die bereits an den gefesselten Aufstiegen teilgenommen hatten.

Am 21. November 1783 hob der von den Brüdern Montgolfier erbaute Ballon mit den Insassen Jean François Pilâtre de Rozier, einem jungen Wissenschaftler, und dem Infanteriemajor François Laurent Marquis d'Arlandes im Garten des königlichen Jagdschlosses von La Muette bei Paris von seinem Startgerüst ab zum ersten bemannten freien Aufstieg, der nach einer Dauer von 25 Minuten mit einer glatten Landung endete. Bereits am 1. Dezember 1783 erfolgte abermals ein bemannter Ballonaufstieg, der für die spätere Entwicklung des Ballons und des daraus hervorgehenden lenkbaren Luftschiffs von größerer Bedeutung ist als der Aufstieg des Ballons von Montgolfier, handelt es sich jetzt doch wiederum um einen von Professor Charles erbauten und mit Wasserstoff gefüllten Ballon. Außer Professor Charles befand sich Nicolas Robert in der Gondel. Dieser bemannte Ballonaufstieg dauerte zwei Stunden, allerdings wurden nur annähernd 300 m Höhe erreicht. Nach der Landung stieg Robert aus, und Professor Charles blieb allein in der Gondel zurück für einen weiteren Aufstieg, bei dem er dann wegen des geringeren Gewichts fast auf 3400 m hinaufkam. Der Aufstieg von Professor Charles kann außerdem als der erste Aufstieg gewertet werden, bei dem wissenschaftliche Beobachtungen vorgenommen wurden, gehörten doch Barometer und Thermometer zur Aufzeichnung von Höhe und Temperatur zur Ausrüstung. Ferner verfügte der Ballon über ein Ventil zum Abblasen des sich erwärmenden und dadurch ausdehnenden Gases sowie über Ballast zum Ausgleich des Gasverlustes. Professor Charles hatte hiermit zwei der wichtigsten Hilfsmittel der Ballonfahrt und späteren Luftschiffahrt geschaffen! Nach diesen triumphalen Ereignissen fanden nach relativ kurzer Zeit Ballonaufstiege auch außerhalb Frankreichs statt, und in der ersten Begeisterung wurde der Tatsache, mit dem Ballon völlig den jeweiligen Luftströmungen ausgesetzt zu sein und lediglich bei entsprechend günstigen Windrichtungen ein vorher geplantes Ziel auch tatsächlich zu erreichen, wenig Beachtung geschenkt. Die frühen Ballonfahrer glaubten mit Hilfe von Segeln und Rudern wie in der Schiffahrt auch dem Ballon die Fahrtrichtung geben zu können, übersahen aber, daß ein Ballon gegenüber der Luft keine Eigengeschwindigkeit besitzt, Segel oder Ruder also keine Wirkung erzielen können.

Es gab viele Vorschläge, gute und unsinnige, um den Ballon lenkbar zu machen. Am besten durchdacht und als großer Schritt in Richtung des Lenkluftschiffes, wie es in der Mitte des 19. Jahrhundert erstmals erscheinen wird, ist das von dem französischen General der Pioniertruppe Jean Baptiste Marie Meusnier bereits im Dezember 1783 der Pariser Akademie der Wissenschaften vorgeschlagene Projekt eines Lenkballons mit einem länglichen Ballonkörper zur Herabsetzung des Luftwiderstandes sowie einem Ballonett zur Erhaltung der prallen Form des Ballonkörpers. Drei zwischen dem Ballonkörper und der Gondel angeordnete Luftschrauben sollten dem Ballon eine gewisse Eigengeschwindigkeit verleihen und seine Lenkbarkeit ermöglichen. Da es zu dieser Zeit noch keine motorische Kraftquelle für den Antrieb der Luftschrauben gibt, schlägt Meusnier einen von Menschenkraft erzeugten Antrieb vor, ist sich aber auch der Problematik vollkommen bewußt und rechnet im günstigsten Falle mit einer Eigengeschwindigkeit von 4 Kilometern, die auf diese Weise zu erreichen sein könnten. Theoretisch hätte die Dampfmaschine als Antriebskraft in Betracht gezogen werden können, sie war aber zu kompliziert und schwer, als daß sie in die Überlegungen einbezogen worden wäre, so daß sich ihre Verwendung aus diesen Gründen von Anfang an verbot. Meusnier fiel 1793 bei der Belagerung von Mainz. Sein Projekt wurde nie realisiert. In mehreren europäischen Ländern wurden in den Folgejahren Vorschläge zur Lenkbarmachung des Ballons ausgearbeitet, bei denen Schaufelräder, Schwingen, Ruder und sogar die Muskelkraft von Pferden, die auf einer Plattform unter dem Ballonkörper laufend Antriebskraft für die Luftschrauben erzeugen sollten, vorgeschlagen wurden, die aber alle nicht verwirklicht werden konnten. Erst im Jahre 1852 erhob sich das erste lenkbare Luftschiff in die Luft zur ersten Versuchsfahrt.

Eine gut durchdachte Lenkballonkonstruktion stand 1834 in Paris kurz vor der Vollendung, wurde aber von ungeduldigen Zuschauern vor dem ersten Aufstieg bereits zerstört. Es war ein von Le Berrier de Lennox gebauter Ballonkörper von 45 m Länge und 14 m größtem Durchmesser mit kegelförmigem Bug und Heck. In der Gondel von 21 m Länge sollten 16 Personen Platz finden die gemeinsam die Schaufelräder für den Antrieb bewegen sollten. Eine geringe Eigengeschwindigkeit wäre wohl möglich gewesen, aber das Projekt wurde nach der Zerstörung nicht fortgeführt.

Die ersten experimentellen Luftschiffe des 19. Jahrhunderts

Am Ende des vorherigen Kapitels wurde auf das Schicksal des von Lennox fast fertiggestellten Ballons hingewiesen. Das Publikum war in den vergangenen Jahren zu oft von marktschreierischen Ankündigungen, das Problem der Lenkung des Ballons gelöst zu haben, zum Narren gehalten worden und verlor auch diesem Projekt gegenüber die Geduld. Die gebildeten Stände wandten sich von der Ballonfahrt ab, nachdem Gaukler und teilweise Betrüger sich der neuen Erfindung bemächtigt hatten und Ballonaufstiege zur Jahrmarktsensation verkommen waren. Das Militär verlor ebenfalls sein anfängliches Interesse am Ballon. Ernsthafte Ballonfahrer erkannten, daß das Lenkproblem nicht durch eine plötzliche Eingebung zu lösen sei, sondern nur die Erfindung eines geeigneten motorischen Antriebs helfen könne. Der erste Schritt auf diesem Wege wurde 1851 getan. Der französische Ingenieur Henri Giffard erwarb ein Patent auf die „Anwendung des Dampfes in der Luftschiffahrt" und wandte sich auch der praktischen Ausführung seiner Ideen zu. Unterstützt von zwei Studenten baute er einen spindelförmigen Ballon von 44 m Länge und einem größten Durchmesser von 12 m, der mit einem Netz überzogen war. Unter dem Ballonkörper hing an Tauenden des Netzes eine 20 m lange Stange, an der wiederum in 6 m Abstand eine Gondel befestigt war. Diese Gondel nahm außer dem Luftschiffer die den Antrieb erzeugende Dampfmaschine und den als Brennmaterial dienenden Koks auf. Die Dampfmaschine war eine Eigenkonstruktion von Giffard, die bei einem Gewicht von 150 kg eine Leistung von 3 PS erzeugte. Die als Zugschraube angeordnete Luftschraube wurde über eine Achse in Bewegung gesetzt. Das Brennmaterial war sorgfältig abgeschirmt, war sich Giffard doch der Explosionsgefahr bewußt, falls ein Funke die Gasfüllung in Brand setzen sollte. Giffard, der mit der Führung des Freiballons bereits vertraut war, wagte den ersten motorisierten Aufstieg mit seinem Luftschiff am 24. September 1852. Er erreichte 1800 m Höhe und konnte geringfügige Richtungsänderungen durchführen, doch der an diesem Tag herrschende Wind ließ das Luftschiff abdriften, ohne daß es zum Aufstiegsort zurückkehren konnte. Giffard löschte später das Feuer, ließ den Dampf entweichen und landet in der Dunkelheit. Der erste große Schritt in Richtung des lenkbaren Luftschiffes war getan worden.

Henri Giffard (1825—1882) baute 1852 das erste durch eine Dampfmaschine eigener Konstruktion angetriebene Luftschiff, mit dem eine gewisse Lenkbarkeit erreicht werden konnte.

Durch einige gute Erfindungen reich geworden, baute Giffard 1855 ein neues Luftschiff von 70 m Länge und 10 m größtem Durchmesser, mit dem er und sein Gehilfe Gabriel Yon beim ersten Aufstieg fast tödlich verunglückt wären. Giffard hatte den Einbau eines Ballonetts unterlassen, beim Aufstieg trat Gasverlust ein, der Ballonkörper verlor seine straffe Form und begann aus dem Netz herauszurutschen. Sie konnten gerade noch landen, als der Ballonkörper völlig frei vom Netz war und aufwärts schoß. Nicht entmutigt durch diesen Fehlschlag, entwarf Giffard nochmals ein Luftschiff, das einen verbesserten Antrieb erhalten sollte. Das Geld für den Bau war bei einer Bank hinterlegt worden, als er nach einer Krankheit sein Augenlicht verlor und alle Arbeiten einstellen mußte.

Modellbild des Giffard-Luftschiffes. Es besaß eine Länge von 44 m, unterhalb der Hülle war an einer mit Tauen befestigten Stange die Gondel angeordnet für den Luftschiffer, die Dampfmaschine und das Brennmaterial.

Die Verwendung der Dampfmaschine in der Luftschiffahrt blieb eine kurze Episode, interessant nur im geschichtlichen Rückblick. Von größerer Bedeutung war die Erfindung des Gasmotors durch den Franzosen Jean Etienne Lenoir im Jahre 1860, der zwar keine ausgereifte Konstruktion war, aber im Gegensatz zur bisherigen Dampfmaschine keinen Kessel mehr benötigte, bei dem vielmehr die im Zylinder durch Verbrennung erzeugte Energie aus einem Luft- und Gasgemisch durch einen elektrischen Funken zur Explosion gebracht direkt auf den Kolben übertragen wurde. Im Gasmotor von Lennoir haben wir die Urform des modernen Verbrennungsmotors zu sehen, der gegen Ende des 19. Jahrhunderts von Technikern wie Otto, Daimler und Benz zu immer größerer Reife vervollkommnet wurde.

Der 1835 in Mainz geborene Ingenieur Paul Haenlein war es, der als erster die neue Antriebsquelle für ein Luftschiff vorsah. 1865 nahm er ein Patent auf ein mit einem Gasmotor angetriebenes Luftschiff, das von seiner Konzeption her den Bemühungen seiner Zeitgenossen um gute 30 Jahre voraus war. Die Verwendung des Gasmotors, die sorgfältig ausgearbeitete Form des Luftschiffkörpers, die Aufhängung der Gondel, die Konstruktion der Luftschraube und nicht zuletzt die Kraftstoffzuführung zum Motor, bei der Gas aus dem Luftschiff entnommen wird, waren ein großer Fortschritt gegenüber früheren Konstruktionen. Um die Hülle des Luftschiffes bei der Gasentnahme straff zu halten, wurde das Ballonett entsprechend mit Luft aufgeblasen. Systematische Vorversuche mit Großmodellen gingen dem Bau des Luftschiffes voraus. Am 5. Oktober 1871 führte Haenlein ein 10 m langes Modell in Mainz vor, der Plan, das preußische Kriegsministerium für den Bau des geplanten Luftschiffes zu gewinnen, schlug allerdings fehl. Mehr Erfolg war ihm in Wien beschieden: er durfte dem Kaiser persönlich seine Pläne erörtern, und es gelang, eine Anzahl von Interessenten zur Bereitstellung der für den Bau des Luftschiffes benötigten Mittel zu bewegen.

Paul Haenlein konnte den Vertrag über den Bau seines Luftschiffes im Januar 1872 unterzeichnen, konstruiert und gebaut wurde es bei der Maschinenfabrik Paget & Cie. in Wien. Mit einer Länge von 50,4 m entsprach es einem heutigen Blimp. Das Luftschiff konnte sowohl mit Leuchtgas als auch mit Wasserstoff gefüllt werden. Der Motor entwickelte 3,6 PS, die vierblättrige Luftschraube besaß einen Durchmesser von 4,6 m. Nach der Fertigstellung wurde das Luftschiff nach Brünn gebracht, da die Wiener Gasfabrik nicht in der Lage war, das zur Füllung benötigte Gas zu liefern. In der Brünner Militärreitschule wurde die Füllung mit

Paul Haenlein (1835—1905) aus Mainz baute in Österreich 1872 ein vielversprechendes Luftschiff mit allen Merkmalen späterer Konstruktionen, konnte aber aus Geldmangel seine Arbeiten nicht beenden.

Aufstiegsvorbereitungen des Aluminium-Luftschiffes von David Schwarz. Bewegungsrichtung war mit der Spitze voraus. Auffällig ist das Fehlen aller Steuerflächen, vielmehr glaubte Schwarz, sein Luftschiff mit den verschiedenen Propellern lenken zu können. Nach seinem Tode wurde das Luftschiff unverändert seinen Plänen entsprechend fertiggestellt.

wurde. Es war ein Fehlschlag, denn die Gasbehälter waren undicht und das eingelassene Gas konnte entweichen. Ein weiterer Versuch begann am 27. August, der sich aber ebenfalls als Fehlschlag erwies. In seiner Verzweiflung über die undichten Gasbehälter ließ er diese entfernen und neues Gas einfach in die nun vollkommen leere Metallhülle einströmen. Da die Metallhülle ohne Ballonett war, begann sie nach Änderung des Gasdrucks einzuknicken, ohne daß etwas dagegen getan werden konnte. An einen Wiederaufbau war nicht zu denken. Nach harten Auseinandersetzungen mit den Militärbehörden verließ Schwarz im Oktober 1894 Rußland, das Wrack seines Luftschiffes wurde erst 1897 endgültig abmontiert. Alle Angaben, nach denen das Luftschiff in Rußland aufgestiegen ist, treffen nicht zu.

Kurz nach dem Start des Schwarz-Luftschiffes in Berlin-Tempelhof fielen die Treibriemen für die Luftschrauben ab, das Luftschiff trieb wie ein Freiballon weiter. Das Bild ist eine der wenigen Aufnahmen, die das Luftschiff in der Luft zeigen. Bei der kurze Zeit später erfolgten Landung brach die Aluminiumhülle in sich zusammen.

Daheim in Deutschland war es Carl Berg gelungen, am 16. Dezember 1894 mit den zuständigen Behörden einen Vertrag über den Bau eines Luftschiffes abzuschließen. Trotz des Fehlschlages in Rußland arbeitete er nochmals mit Schwarz zusammen, dessen Erfahrungen er als wertvoll für den Bau des neuen Luftschiffes ansah. In einem weiteren Vertrag vom 21. Dezember 1894 zwischen Berg und Schwarz war vereinbart worden, daß nach den Ideen von David Schwarz in dem Werk von Carl Berg die Konstruktionszeichnungen sowie die Teilefertigung für das Luftschiff durchgeführt werden sollten.

Das neue Luftschiff war bis auf geringe Abweichungen identisch mit dem in Rußland gebauten: die Länge betrug 38,32 m, der Durchmesser 12 m. Nach vorne lief es spitz zu. Ein Rahmen aus Gitterträgern bildete das Gerüst, das mit 0,18 bis 0,20 mm starken Aluminiumblechen beplankt wurde. Die Bleche waren vor dem Aufspannen luftdicht gefalzt und genietet worden. Das Innere der Luftschiffhülle war in 13 Kammern unterteilt, von denen jede an der Unterseite eine Füllöffnung für das Gas besaß. Im Abstand von 4,4 m hing die Gondel für den Führer und den Motor starr unter dem Luftschiffkörper. Als Antrieb diente ein 16 PS starker Daimler-Motor, der über Riemen und Achsen insgesamt vier Propeller antreiben sollte. Zwei der Propeller waren seitlich und einer zentral an der Gondel angeordnet für die Vorwärtsbewegung, ein Propeller befand sich unter der Gondel als zusätzlicher Auftrieb. Da das Luftschiff keine Steuerorgane besaß, dürfte es wahrscheinlich sein, daß Schwarz mit den Propellern lenken wollte.

Errichtet wurde das Luftschiff in einer Halle der Luftschifferabteilung in Berlin-Tempelhof. Die ersten Teile trafen im Juli 1895 ein, erst ein Jahr später konnte es fertiggestellt werden. Im August 1896 wurde ein erster Füllversuch unternommen, der mißglückte. Bei einem neuen Versuch am 9. Oktober stellte es sich heraus, daß das gelieferte Gas von schlechter Qualität war und den benötigten Auftrieb nicht erbringen konnte.

David Schwarz, dessen Gesundheitszustand sich verschlechtert hatte, starb am 13. Januar 1897 in Wien. Seiner Witwe Melanie gelang es, die Fortführung der Versuche mit dem Luftschiff zu erreichen. Schwierigkeiten traten bei der Frage auf, wer nach dem Tod von Schwarz nun die Führung des Luftschiffes übernehmen sollte, gab es doch in Deutschland zu diesem Zeitpunkt keinen Luftschiffführer. Den Offizieren der Luftschifferabteilung war es nicht erlaubt worden, die Führung des Luftschiffes zu übernehmen. Nach langem Zögern fand sich der frühere Unteroffizier der Luftschifferabteilung Ernst Jagels bereit, gegen Zahlung von 700 Mark trotz mangelnder Erfahrung den Aufstieg zu wagen. Zuvor unternahm er einige Aufstiege im Freiballon, um wenigstens einige Kenntnisse zu erlangen.

Mit Unterstützung der Luftschifferabteilung begann am Vormittag des 2. November 1897 die Füllung des Luftschiffes, der Aufstieg war für den nächsten Tag angesetzt worden. In der Zwischenzeit zeigte es sich, daß die Gasbehälter in der Hülle wieder nicht ganz dicht waren, aber der Gasverlust hielt sich in Grenzen. Am Morgen des 3. November wurde nochmals Gas in die insgesamt 18 Behälter und den dazwischen befindlichen freien Raum eingelassen, daraufhin wurden die Stoffbehälter entfernt und die Füllöffnungen bis auf eine für den Druckausgleich geschlossen. Jetzt stellte sich heraus, daß die Metallhülle nicht ganz gasdicht war und der Aufstieg bald begonnen werden mußte, bevor zuviel Gas entweichen konnte. Im Beisein zahlreicher Behörden- und Militärvertreter begann Jagels gegen 15 Uhr den Aufstieg bei trübem und leicht windigem Wetter. Geplant war zunächst ein gefesselter Aufstieg. Nach dem Abheben mußten die Haltemannschaften bald die Taue los lassen, da das Luftschiff rasch stieg. Jagels warf den Motor an, mußte aber erleben, daß kurz danach die Treibriemen für die Propeller abfielen und er sich jetzt in einem Freiballon befand. Das Luftschiff gewann weiter an Höhe und trieb vor dem Winde ab. Jagels versuchte nun so schnell wie möglich zu landen und begann die Ventile zu ziehen, um Gas abzulassen. Nach mehrmaligem Gasablassen gelang es ihm, das Luftschiff zu Boden zu bringen, wobei es mehrmals aufstieß, für kurze Zeit auf der Gondel stehen bleiben konnte, sich aber bald auf die Seite zu legen begann und eingedrückt wurde. An einen Wiederaufbau des Luftschiffes war nicht zu denken. Die Reste wurden zum Einschmelzen nach Eveding zurücktransportiert bis auf einige technisch besonders interessante Teile, die für Ausstellungszwecke aufbewahrt wurden. Carl Berg war bei dem Aufstieg nicht zugegen. In einem Telegramm an ihn sprach Melanie Schwarz von einem vollen Erfolg des Aufstiegs und versuchte alles zu tun für die Fortsetzung der Versuche, aber Carl Berg erkannte, daß die Ideen von David Schwarz sich in dieser Form nicht durchführen lassen konnten. Es war aber nicht das Ende seines Interesses am Luftschiffbau, denn kurze Zeit später begann seine Zusammenarbeit mit Graf Zeppelin, die nach anfänglichen Fehlschlägen zum Erfolg führte.

Die Luftschiffe von Alberto Santos-Dumont

Mitte September 1898 unternimmt in Paris ein junger Brasilianer, dessen Platz in der Geschichte des Luftschiffes nicht so sehr als technischer Neuerer, sondern als Propagandist zu sehen ist, seinen ersten Luftschiffaufstieg. Es ist Alberto Santos-Dumont, Sohn eines reichen Kaffeeplantagenbesitzers in Brasilien, der auf der elterlichen Plantage bereits in früher Jugend den Umgang mit allerlei technischem Gerät erlernte. Zwischen 1892—1894 hält er sich zum Studium in Paris auf und kommt dabei in Kontakt mit der beginnenden Automobiltechnik und der Luftfahrt. Seinen ersten Ballonaufstieg erlebt er 1897, von dem er so stark beeindruckt ist, daß er einen Ballon nach eigenen Vorstellungen in Auftrag gibt, dem später ein zweiter folgt. Vor der Fertigstellung seines ersten Ballons nimmt er zu Übungszwecken an einer Serie von mehr als 25 Aufstiegen teil und führt zum Abschluß seinen ersten Soloaufstieg durch. Sein erster Ballon wird von ihm auf den Namen »Brasilien« getauft. Es ist der Beginn der erstaunlichen Karriere von Santos-Dumont in der Frühzeit der Luftfahrt, mit der sein Name unauslöschlich verbunden bleibt. Santos-Dumont kannte die geschichtliche und technische Entwicklung der Luftfahrt und war erstaunt, daß insbesondere bei den Arbeiten am lenkbaren Luftschiff seit den Aufstiegen von Renard und Krebs in den Jahren 1884/85 mit dem Luftschiff »La France« keine weiteren Versuche auf diesem Gebiet in Frankreich unternommen worden waren. Er begann sich in die Problematik des lenkbaren Luftschiffes einzuarbeiten und stieß natürlich rasch auf das Hauptproblem, das Fehlen eines geeigneten Motors. Mit erstaunlicher Sicherheit führt er umfangreiche Vorarbeiten durch, die schließlich zu seinen Erfolgen in der Luftschiffahrt führen. Seine Freunde waren entsetzt, als er seine Vorstellungen mit ihnen diskutierte, unter einer länglichen Ballonhülle einen Verbrennungsmotor aufzuhängen, und wiesen auf die Explosionsgefahr hin, die damit verbunden sei. Santos-Dumont hatte dazu aber seine eigene Meinung und verwies auf das Beispiel von Giffard, der sogar eine Dampfmaschine unter seinem Luftschiff angebracht hatte, ohne damit eine Katastrophe zu erleben. Als Vorbild für seinen Luftschiffmotor diente ihm der De Dion-Motor seines Dreirades, der leicht und unkompliziert konstruiert war. Für seinen Luftschiffmotor ließ er zwei Zylinder übereinander anordnen, die eine Welle in Bewegung setzten, an der der Propeller angebracht war. Es gelang Santos-Dumont auf diese Weise, einen Motor mit einer für jene Zeit guten Leistung von 3,5 PS bei einem Motorgewicht von 30 kg zu schaffen. Im Frühjahr 1898 begannen die Probeläufe des Motors, und da bis zur Fertigstellung der Luftschiffhülle noch mehrere Monate veranschlagt worden waren, beschloß

Der in Paris lebende Brasilianer Alberto Santos-Dumont (1873—1932), Luftfahrtpionier auf den Gebieten »leichter als Luft« und »schwerer als Luft«, ein Exzentriker, dessen Arbeiten aber starke Impulse gaben für die Entwicklung der Luftfahrt in Europa.

Santos-Dumont, mit dem neuen Motor Probefahrten durchzuführen. Er ließ den Motor in sein kleines Dreirad einbauen und beteiligte sich für kurze Zeit an einem Automobilrennen, wobei er zu seinem Vergnügen herausfand, daß er sogar mit den schweren Rennwagen der offiziellen Teilnehmer mithalten konnte. Da er aber seinen Motor nicht ruinieren wollte, schied er nach kurzer Zeit aus dem Rennen, zu dem er offiziell mit seinem Dreirad sowieso nicht zugelassen war, wieder aus und fuhr zurück zu seiner Wohnung.

Sein Luftschiff Nr. 1 wurde im September 1898 fertig. Es war ein kleines Prallschiff mit einer zylindrischen, hinten und vorne konisch zugespitzten Hülle von 25 m Länge und 3,5 m Durchmesser, die einen Gasinhalt von 180 m^3 hatte. Von der Hülle herab hing die Aufhängevorrichtung der Gondel für ihn und den Motor. An einer der hinteren Leinen war ein in einen Metallrahmen eingepaßtes kleines Seitenruder aus Seide angebracht worden, für Auf- und Abwärtsbewegungen des Luftschiffes hatte Santos-Dumont unter dem Bug und Heck je ein herabhängendes Gewicht anbringen lassen, das er in die Gondel hineinziehen konnte, um somit eine Änderung der Schwerpunktlage des Luftschiffes zu erreichen. Alle Teile waren vor dem Einbau von ihm sorgfältig geprüft worden, um jedes Risiko auszuschließen.

Santos-Dumont wählte für seinen ersten Start einen Platz im Gelände des Jardin d'Acclimatation, des neuen zoologischen Gartens von Paris im Bois de Boulogne, auf dem bereits ein Fesselballon mit der zugehörigen Einrichtung zur Gaserzeugung und zum Füllen stationiert war. Am 18. September wurde der erste Aufstieg im Beisein der Erbauer der Hülle und des Motors sowie einer kleinen Gruppe von Zuschauern vorbereitet. Es war ein sonniger Tag mit leichtem Wind. Der Startplatz war von Bäumen umgeben, über die das kleine Luftschiff hinwegsteigen mußte. Wider besseres Wissen ließ Santos-Dumont sich von den anwesenden Ballonfahrern dazu verleiten, mit seinem Luftschiff mit dem Wind aufzusteigen, was dann auch prompt zum Fehlstart und leichter Beschädigung der Hülle führte. Der kleine Motor war nicht stark genug, um das Luftschiff in der kurzen zur Verfügung stehenden Zeit auf die zum Überfliegen der Bäume notwendigen Höhe zu bringen, es geriet statt dessen in das Astwerk der Bäume. Mit einem schnellen Sprung rettete Santos-Dumont sich auf die Erde. Zum Glück erwiesen sich die Beschädigungen als leicht. Am 20. September war das Luftschiff zurück am Startplatz, und Santos-Dumont unternahm seinen zweiten Startversuch, diesmal gegen den leichten Wind, und hatte Erfolg! Nach dem Aufstieg holte er das vordere Gewicht ein, das Luftschiff überstieg die Bäume zu einer ersten Fahrt. Auch die Seitensteuerung funktionierte. Langsam umzirkelte er den Aufstiegsort, um danach Kurs auf die Pferderennbahn von Longchamp zu nehmen. Inzwischen hatte er eine Höhe von 400 m erreicht, als sich erste Anzeichen kommenden Unheils bemerkbar machten. Solange er im Aufstieg war, besaß die Hülle aufgrund der Gasausdehnung eine pralle Form, als er jedoch niedriger ging, begann der Gasdruck nachzulassen. Santos-Dumont war sich dieser Tatsache bewußt gewesen und hatte eine Luftpumpe mit dem Motor gekoppelt, die für den Druckausgleich durch Lufteinblasen in die Hülle beim Abstieg sorgen sollte, die aber jetzt ihren Dienst versagte, so daß die Hülle immer schlaffer wurde und schließlich wie ein Taschenmesser in der Mitte zusammenklappte. Trotz des beginnenden Absturzes behielt er seine Unerschrockenheit und nahm kurz vor dem Aufprall geistesgegenwärtig auf einem Rasen einige Kinder wahr, die ihre Drachen steigen ließen. Denen rief er zu, das Führungsseil des Luftschiffes zu ergreifen und gegen den Wind anzulaufen. Die Kinder begriffen sofort, und auf diese Weise konnte Santos-Dumont eine glimpfliche Landung ausführen. Trotz des abrupten Endes seines ersten Aufstiegs mit einem Luftschiff war er von der Fahrt begeistert, und die Pariser wurden auf ihn in verstärktem Maße aufmerksam.

Von dem Erfolg angespornt, begann Santos-Dumont sein zweites Luftschiff zu entwerfen und in Auftrag zu geben. Manche Teile des ersten Modells, wie der Motor, der Propeller und die kleine Gondel, wurden für das neue Luftschiff übernommen, das außer einer vergrößerten Hülle ein Ballonett eingebaut bekam, das wiederum von einem kleinen Ventilator ständig mit Luft versorgt wurde. Vorsorge war getroffen, daß bei Überdruck in der Luftschiffhülle zunächst Luft aus dem Ballonett austreten konnte, bevor teures Gas geopfert wurde.

Der erste Aufstieg mit diesem Luftschiff war für den 11. Mai 1899 geplant worden, der Aufstiegsort war erneut die Ballonstation im Jardin d'Acclimatation. Der Tag war regnerisch, kühl und windig, dennoch gab Santos-Dumont das Signal zum Füllen des Luftschiffes, was unter freiem Himmel vorgenommen werden mußte. Trotz einiger Bedenken beschloß er am Nachmittag, im Regen aufzusteigen, aber kaum hatte er den Aufstieg begonnen, als die Hülle auch schon in der Mitte einzuknicken begann. Santos-Dumont stürzte in die umgebenden Bäume. Sein zweites Luftschiff wurde

Am 20. September 1898 stieg das erste Luftschiff von Santos-Dumont auf.

in Sekundenschnelle zu einem Wrack, aus dem er sich aber glücklicherweise unverletzt befreien konnte. Er sah auch ein, daß es sein eigener Fehler war, der zu dem Unglück geführt hatte, ließ er doch außer acht, daß das Gas sich an diesem kühlen Tag sehr schnell verdichten mußte und der Ventilator in der kurzen Zeitspanne nicht in der Lage war, zum Prallhalten der Hülle entsprechende Luft in das Ballonett zu pumpen.

Aber Santos-Dumont ließ sich nicht entmutigen. Er hatte seine eigene Werkstatt eingerichtet und beschäftigte einige Mechaniker, die nun gemeinsam mit den Herstellern der Luftschiffhüllen, Lachambre und Machuron, die Arbeit an seinem dritten Luftschiff aufgenommen hatten, das mit einer Länge von 20 m und einem größten Durchmesser von 7,50 m in seiner Form von den beiden Vorgängern abwich. Auch sonst gab es technische Änderungen beim dritten Luftschiff. Das größere Fassungsvermögen der neuen Hülle war gleichbedeutend mit erhöhtem Auftrieb, so daß Santos-Dumont in der Lage war, statt mit Wasserstoffgas sein Luftschiff mit dem billigeren und leichter zu beschaffendem Leuchtgas zu füllen. Dem Einknicken der Hülle wurde außer durch die mehr rundliche Form durch das Anbringen einer Bambusstange knapp unter der Hülle Einhalt geboten. An dieser Stange wurde die Gondel mit dem Motor befestigt. Motor und Propeller konnten aus dem Wrack des zweiten Luftschiffes gerettet werden und wurden nun ein drittes Mal eingebaut.

Am 13. November 1899 stieg Santos-Dumont erstmals mit seinem dritten Luftschiff auf und erlebte einen vollen Erfolg. Es gehorchte dem Steuer, vollführte Richtungsänderungen und Vollkreise, Auf- und Abwärtsbewegungen ließen sich mit Hilfe der verschiebbaren Gewichte ohne Problem ausführen. In weitem Abstand umkreiste er den Eiffelturm, steuerte verschiedene Plätze in Paris an und landete endlich auf der Rasenfläche von Bagatelle unweit der Stelle der Notlandung mit seinem ersten Luftschiff — diesmal jedoch im Triumph nach einer großartigen Leistung! Zum Bedauern von Santos-Dumont mußte für den Rücktransport des Luftschiffes das Gas abgelassen werden, aber das brachte ihn auf eine neue Idee: auf

Sein Luftschiff Nr. 4 aus dem Jahre 1900.

dem Gelände des Aéro Club de France in St. Cloud, nahe der Rennbahn von Longchamp, ließ er sich einen Hangar mit dazugehörender Gaserzeugungsanlage errichten, zu dem er nach Beendigung einer Fahrt zurückkehren konnte, ohne das Gas ablassen zu müssen wie beim Straßentransport des Luftschiffes. Mit seinem dritten Luftschiff unternahm Santos-Dumont weitere Fahrten, verlor aber das Steuer und mußte eine Außenlandung durchführen, was problemlos gelang, dennoch ließ er das Luftschiff nicht mehr reparieren und wandte sich statt dessen dem Bau verbesserter Modelle zu.

Das nächste Luftschiff entstand im Jahre 1900, dem Jahr der Weltausstellung in Paris. Es war mit einer Länge von 29 m bei einem größten Durchmesser von 5,1 m von der Form her ein Kompromiß zwischen der länglichen Gestalt der ersten beiden und der mehr bauchigen Gestalt des dritten seiner Luftschiffe. An Seilen befestigt hing unter der Luftschiffhülle ein starker Bambusstab, an dem der Motor mit einer Leistung von 7 PS aufgehängt war. Santos-Dumont ließ ferner an dem Stab einen Fahrradsattel sowie Teile des Fahrradrahmens mit der Lenkstange anbringen als Sitzgelegenheit und Steuerorgan. Über eine Art Fernwelle, die getrennt unter dem Bambusstab angeordnet worden war, wurde eine zweiflügelige Zugschraube angetrieben. Gefüllt wurde das Luftschiff wieder mit Wasserstoffgas, das Santos-Dumont jetzt in seiner eigenen Anlage herstellen konnte. Ab August 1900 unternahm er eine Reihe von Fahrten mit dem vierten Luftschiff, modifizierte es, indem er die Luftschraube nach hinten verlegte, so daß sie als Druckschraube arbeitete, baute einen neuen Motor ein, der sich als schwerer erwies als vorausberechnet und entschied sich daraufhin, das Luftschiff durch Einsetzen eines Mittelstücks zu vergrößern, um erhöhten Auftrieb zu erhalten, konstruierte einen neuen Kiel und arrangierte die verschiebbaren Gewichte neu. Aus seinem Luftschiff Nr. 4 wurde in dem Prozeß des Umbaus die Nr. 5. Diese Modifikationen hatten einen wichtigen Grund: Santos-Dumont hatte sich entschlossen, an dem Wettbewerb um den Deutsch-Preis teilzunehmen.

Dieser von dem Industriellen Henri Deutsch de la Meurthe im April 1900 gestiftete Preis von 100 000 Franken sollte dem Luftschiffer verliehen werden, dem es als erstem gelang, zwischen dem 1. Mai und dem 1. Oktober in den Jahren 1900, 1901, 1902, 1903 oder 1904 vom Gelände des Luftfahrtclubs in St. Cloud aus aufsteigend, den Eiffelturm zu umrunden und innerhalb von 30 Minuten zum Startplatz zurückzukehren. Santos-Dumont kalkulierte anhand der Bedingungen die benötigte Geschwindigkeit und fand, daß die bisher von seinen Luftschiffen erreichte Geschwindigkeit nicht ausreichend war, um diesen Preis zu gewinnen. Er hoffte, mit dem 15 PS starken Motor im fünften Luftschiff die erforderliche Geschwindigkeit zu erzielen, die er mit 25 Stundenkilometer errechnet hatte. Eine Anzahl von Fahrten mit dem Luftschiff Nr. 5 ließ erkennen, daß er Erfolg haben könnte.

Aber es kam anders. Den ersten Versuch unternahm Santos-Dumont am frühen Morgen des 13. Juli 1901. Er startete vor der Kommission des Aéro-Clubs, umkreiste 10 Minuten später den Eiffelturm und begann die Rückkehr nach St. Cloud bei heftigem Gegenwind, als plötzlich der Motor aussetze und Santos-Dumont sich wenige Augenblicke danach in einem Kastanienbaum im Park des Baron Rothschild wiederfand. Ihm war nichts weiter passiert, auch die Luftschiffhülle erlitt nur geringfügige Risse. Nach der in kurzer Zeit erfolgten Reparatur unternahm er weitere Testfahrten, fest entschlossen, den Deutsch-Preis noch in diesem Jahr zu erringen. Am 8. August 1901 war es wieder soweit: im Beisein der Zeugen stieg er auf, in 9 Minuten war der Eiffelturm erreicht und der Rückweg eingeschlagen worden, als Santos-Dumont den schwersten Unfall in seiner bisherigen Laufbahn als Luftschiffer erlitt. Schon bei der Fahrt zum Eiffelturm bemerkte er, daß eines der automatischen Ventile sich nicht schloß und Gas zu entweichen begann. Er wollte aber den Versuch nicht abbrechen und setzte die Fahrt fort. Alsbald begannen die Probleme: durch den Gasverlust verlor die Hülle ihre straffe Form und sackte zusammen, dabei kam der Propeller in Berührung mit der Aufhängevorrichtung des Kiels und zerschnitt einige der Halteleinen. Lediglich die nicht völlig entleerte Hülle bremste den Absturz. Santos-Dumont hoffte auf einer Ebene an der Seine herunterzukommen, als die Hülle am Dach des Trocadero-Hotels hängen blieb und mit lautem Knall aufriß. Glück im Unglück hatte Santos-Dumont dennoch, er hing unverletzt im Luftschiffkiel zwischen Himmel und Erde und wurde kurze Zeit später von der Feuerwehr aus seiner mißlichen Lage befreit.

Unbeeindruckt von diesem Unglück begann er sogleich sein nächstes Luftschiff zu bauen, die Nr. 6. Die Pläne dazu arbeitete er noch am Abend des Unglückstages aus.

Das Luftschiff Nr. 6 beim Aufstieg in St. Cloud. Mit diesem Luftschiff umrundete Santos-Dumont den Eiffelturm und gewann den Deutsch-Preis.

Nach einer Bauzeit von 22 Tagen war es fertig. Alle Teile waren mit größter Sorgfalt angefertigt worden. Die Länge betrug 33 m, der größte Durchmesser 6 m. Ein 20 PS starker wassergekühlter Motor trieb den Druckpropeller am Kielende an. Ende August war das neue Luftschiff fertig für die Erprobung, die zügig verlief, allerdings von kleineren Zwischenfällen gelegentlich unterbrochen wurde. Die notwendigen Reparaturen und Verbesserungen wurden in kurzer Zeit durchgeführt. Am 18. September unternahm er einen neuen Versuch zur Erringung des Deutsch-Preises, aber unmittelbar nach dem Abheben versagte das Ruder, und Santos-Dumont landete für die Reparatur, die in einer Stunde erledigt werden konnte. Abermals startete er, zunächst sah alles nach Erfolg aus, als er nach kurzer Zeit gezwungen war, auf der Rennbahn von Longchamp niederzugehen, da sich einige der Halteleinen ineinander verwickelt hatten. Die Kommission des Aéro-Clubs ging wieder auseinander, und erste kritische Stimmen gegen Santos-Dumont wurden laut, dessen Ehrgeiz in den letzten Wochen den Arbeitern auf seiner Luftschiffstation große Hingabe an die gestellte Aufgabe abverlangt hatte.

Auf seinen Wunsch durfte er Mitte Oktober nochmals einen Versuch um den Preis durchführen. Am 14. Oktober unternahm er eine Testfahrt, die zu seiner Zufriedenheit ausfiel.

Der 19. Oktober brachte nach einigen Tagen mit Schlechtwetter gute Voraussetzungen für die Fahrt um den Eiffelturm. Abermals wurden die Mitglieder der Kommission zusammengerufen, um den korrekten Ablauf zu protokollieren. Santos-Dumont warf um 14.30 Uhr den Motor an, 12 Minuten später hob er ab, nach einer Flugzeit von 9 Minuten umrundete er den Eiffelturm und begann den Rückweg, als der Motor nach einigen Fehlzündungen langsamer lief. Santos-Dumont riskierte alles, verließ seinen Sitz, kroch am Kiel entlang zum Motor und konnte ihn wieder auf die normale Tourenzahl bringen. Nach dieser kurzen Verzögerung setzte er die Rückfahrt fort und überquerte die Ziellinie 29 Minuten und 31 Sekunden nach dem Start. Sofort nahm er das Ruder herum, und mit gesenktem Bug steuerte er den Platz an, wo die Bodenmannschaft das Leitseil ergriff und das Luftschiff sicherte. Er stoppte den Motor und verließ das Luftschiff unter den Triumphrufen der Anwesenden. Die Kommission trat zu einer kurzen Beratung zusammen, nach der der Preisstifter erklärte, daß Santos-Dumont seiner Meinung nach den Preis gewonnen habe, allerdings 40 Sekunden länger in der Luft gewesen sei als vorgeschrieben und die Kommissionsmitglieder deshalb den Versuch als gescheitert erklärten. Proteste der Mitarbeiter und Zuschauer gegen diese Entscheidung wurden laut, konnten aber an der Sache nichts ändern. In den folgenden Tagen gab es viele Pressekommentare zugunsten Santos-Dumont. Das allgemeine Publikum stand auf seiner Seite, Santos-Dumont selbst kam selten an die Öffentlichkeit. Endlich gaben die Mitglieder der Kommission am 4. November nach einer Sitzung im Aéro-Club bekannt, daß Santos-Dumont der Gewinner des Deutsch-Preises sei. Den inzwischen auf 125 000 Franken erhöhten Geldbetrag teilte Santos-Dumont in einer großherzigen Geste auf: Dem Polizeipräsidenten von Paris übergab er 75 000 Franken zugunsten der Armen von Paris, die verbleibenden 50 000 Franken wurden unter seinen Mitarbeitern aufgeteilt.

Kurz danach erreichte ihn die Neuigkeit, daß die brasilianische Regierung ihm in Anerkennung seiner großartigen Leistung einen Geldbetrag von 125 000 Franken, zusammen mit einer Goldmedaille, zur Erinnerung an seinen Erfolg gestiftet hatte.

Santos-Dumont war der Held des Tages, zahlreiche Einladungen zu gesellschaftlichen Empfängen ergingen an ihn, der englische Aero-Club lud ihn zu einem Vortrag nach London ein, dem weitere gesellschaftliche Verpflichtungen folgten. All das erschöpfte ihn sichtlich. So war er froh, als vom Fürsten von Monaco das Angebot kam, seine Fahrten und Versuche am Mittelmeer fortzusetzen. Der Fürst bot an, für sein Luftschiff einen Hangar an der Küste errichten zu lassen. Santos-Dumont ließ sein Luftschiff Nr. 6 in Paris für den Transport nach Monaco vorbereiten und traf am 2. Januar 1901 dort ein. Der für ihn errichtete Hangar konnte am 18. Januar im Beisein vieler hochgestellter Persönlichkeiten eingeweiht werden, die als Hauptattraktion das wieder aufgebaute und gefüllte Luftschiff Nr. 6 betrachteten. Am 29. Januar unternahm Santos-Dumont seine erste Fahrt über dem Mittelmeer. Für die meisten Zuschauer war es wohl das erste Mal, daß sie den Flug eines Menschen sahen. Weitere Fahrten folgten, bei denen er das Leitseil des Luftschiffes zur Einhaltung der von ihm gewünschten Höhe auf das Wasser hinabließ. Das Gewicht des Leitseils glich Schwankungen des Luftschiffes nach oben oder unten sofort wieder aus, so daß Santos-Dumont sich voll auf die Kurshaltung und Überwachung des Motors konzentrieren konnte. Leider kam das Ende des Luftschiffes Nr. 6 sehr bald. Für einen Aufstieg am 14. Februar war es übersehen worden, daß der Gasdruck zu gering war. Santos-Dumont bemerkte es zwar unmittelbar nach

Die Nummer 9, die »Balladeuse«. Es war das populärste Luftschiff von Santos-Dumont, mit dem er niedrig über die Boulevards von Paris hinwegglitt, um es irgendwo für einen Restaurantbesuch festzubinden und seine Fahrt später fortzusetzen.

dem Aufstieg, konnte aber nicht verhindern, daß er die Kontrolle verlor und ins Wasser stürzte. Er konnte sich aus dem untergehenden Wrack befreien und wurde kurze Zeit später von einem Rettungsboot aufgenommen. Das berühmte Luftschiff Nr. 6 aber war verloren. Die Überreste wurden aus dem Wasser geborgen und nach Paris zurücktransportiert, aber es flog nie wieder. Lediglich zu einer Ausstellung in England wurde es noch einmal notdürftig aufgebaut.

Vor dem Aufbau wurde entdeckt, daß die Hülle mit einem scharfen Gegenstand aufgeschlitzt worden war. Der Urheber des Anschlages konnte nie ermittelt werden. Die Hülle wurde soweit repariert, daß das Luftschiff im Crystal Palace von der Decke herabhängend dem Publikum gezeigt werden konnte.

Während seines Aufenthalts in England erging an ihn die Einladung zum Besuch von St. Louis in den USA, wo 1904 eine Weltausstellung stattfinden sollte —mit der Hauptattraktion eines Luftschiff-Rennens. Santos-Dumont akzeptierte die Einladung und besprach den Plan mit den Organisatoren der Ausstellung, ohne sich jedoch mit einer festen Zusage zur Teilnahme festzulegen. Danach kehrte er nach Paris zurück.

Im Aéro Club kamen kritische Stimmen gegen Santos-Dumont auf, die seine Luftschiff-Aktivitäten als rein sportliche Angelegenheiten bezeichneten, ohne zum wirklichen Fortschritt in technischer Hinsicht beizutragen. Auf dem bisher von ihm benutzten Gelände in St. Cloud waren weitere Hallen errichtet worden, durch die er sich in seinen Aktivitäten behindert fühlte, außerdem störte ihn, ständig bei den Arbeiten an seinen Luftschiffen von zahlreichen Zuschauern beobachtet zu werden. All das bewog ihn, sich unabhängig vom Aéro Club einen eigenen Platz für seine Luftschiffstation zu suchen, die schließlich im Vorort Neuilly errichtet wurde. Noch in St. Cloud war der Bau eines neuen Luftschiffes, mit der Nummer 7, begonnen worden. Es sollte ein schnelles Luftschiff werden, mit einer Hülle von 40 m Länge und größtem Durchmesser von 7 m. Eingebaut war ein wassergekühlter Clement-Motor mit einer Leistung von 60 PS, der über Wellen einen Zug- und einen Schubpropeller antrieb. Die Hülle war erstmals im Innern mehrfach unterteilt worden, mit freiem Gasaustausch zwischen den einzelnen Sektionen. Dadurch sollte im Falle eines Lecks der plötzliche Verlust des gesamten Füllgases vermieden werden. Ein Ballonett, das von einer Pumpe aufgeblasen wurde, hielt die Hülle prall.

Im Frühjahr 1903 war die Station in Neuilly fertig und das Luftschiff Nummer 7 unternahm von hier aus seine ersten Fahrten. Mit diesem Luftschiff gedachte Santos-Dumont am Wettrennen in St. Louis teilzunehmen, wozu es aber nicht kam.

Santos-Dumont baute kein Luftschiff mit der Nummer 8; abergläubisch vermied er diese Zahl.

So wird das Luftschiff Nummer 9 das nächste, das er bauen läßt, es wurde das am häufigsten von ihm benutzte Luftschiff überhaupt. Es war klein und wendig mit einer Länge von lediglich 11 m und einem größten Durchmesser von 3,5 m. Ein kleiner luftgekühlter Clement-Motor mit einer Leistung von etwas über 3 PS bildete den Antrieb. Santos-Dumont nannte es die »Baladeuse« und benutzte das Luftschiff für zahlreiche Fahrten über Paris und der Umgebung, zum Besuch von Cafés und Restaurants, indem er niedrig über die breiten Boulevards dahinglitt und es nach der Landung an einem Baum oder Mast einfach festband, um nach dem Imbiß weiterzufahren. Überall tauchte er in den Sommermonaten des Jahres 1903 mit seinem kleinen Luftschiff auf und demonstrierte es auf besonderen Wunsch hoher Militärkreise anläßlich der großen Truppenparade zum 14. Juli vor den Ehrengästen, die voller Bewunderung zuschauten. Santos-Dumont war das Tagesgespräch der Pariser Gesellschaft in diesem Sommer. Im September 1903 fuhr er in sein Heimatland Brasilien, das ihm einen begeisterten Empfang bereitete.

Vor der Abreise hatten die Arbeiten am Luftschiff Nummer 10 begonnen, einem wahren Riesen unter seinen Luftschiffen mit 42 m Länge und größtem Durchmesser von 9,2 m. Santos-Dumont bezeichnete es als den »Omnibus«, war es doch für die Beförderung von 10 Passagieren geplant worden. Antrieb, Steuerung und der Kiel unter der Hülle ließen sich zwischen der Nummer 7 und der Nummer 10 austauschen. Über einige kurze Testfahrten im Jahre 1904 kam das Programm nicht hinaus.

Von Brasilien kehrte Santos-Dumont Ende 1903 nach Paris zurück. Während der Wintermonate ruhten seine Arbeiten und Fahrten mit den Luftschiffen.

Im Sommer 1904 schiffte Santos-Dumont sich nach den USA ein zur Teilnahme an dem Luftschiff-Wettrennen in St. Louis, das am 4. Juli stattfinden sollte. Sein Luftschiff Nummer 7 wurde in drei großen Kisten verpackt nach St. Louis gesandt, wo es eine böse Überraschung gab. Beim Öffnen der Kisten mußte Santos-Dumont feststellen, daß wieder einmal die Hülle mutwillig zerfetzt worden war. Auch in diesem Fall gelang es nie, den Täter ausfindig zu machen. Empört verließ er St. Louis am 1. Juli und kehrte nach Paris zurück.

Bisher hatte Santos-Dumont sich nur auf seine Luftschiffe konzentriert und in ihnen ein ideales Mittel für seinen sportlichen Ehrgeiz gesehen, waren sie doch zu dieser Zeit neben dem Ballon die einzigen erfolgreichen Luftfahrzeuge. Natürlich kannte er die Versuche zur Eroberung der Luft mit Geräten schwerer als Luft. Bei seinen Besuchen in Amerika lernte er Professor Samuel P. Langley kennen und stand in Verbindung mit Professor Octave Chanute, den beiden Gelehrten, die sich mit Flugversuchen mit Gleitern und Modellen befaßten und in ihren Publikationen davon berichteten. In den Zeitungen und Zeitschriften tauchten Berichte auf, denen zufolge zwei Brüder namens Orville und Wilbur Wright in den USA die ersten erfolgreichen Motorflüge durchgeführt haben sollten. Konkrete Angaben allerdings fehlten bei diesen Meldungen, so daß diese Mitteilungen mit einiger Skepsis aufgenommen wurden. Das Interesse von Santos-Dumont aber war geweckt, und er begann zusätzlich zu den Luftschiffaktivitäten, Studien zu dem Problem des Fluges mit Geräten schwerer als Luft durchzuführen, die in kurzer Zeit seine ganze Aufmerksamkeit beanspruchten und die Luftschiffe in den Hintergrund treten ließen, bis er schließlich nur noch mit seinen Flugzeugen experimentierte.

In den Jahren 1904 und 1905 führte Santos-Dumont gelegentliche Aufstiege durch mit den Luftschiffen Nummer 7, das aus St. Louis zurückgesandt und dessen zerstörte Hülle wieder in Ordnung gebracht worden war, der Baladeuse und dem Luft-Omnibus, seiner Nummer 10. Ferner gab es 1905 zwei Neubauten in seiner Luftschiffserie: Zunächst entwarf er die Nummer 13, ein Luftschiff mit spindelförmiger Hülle, das von ihm als Luft-Yacht für lange Fahrten benutzt werden sollte. Um den zu erwartenden Gasverlust ausgleichen zu können, war geplant, in einer Art Brennkammer unter der Hülle Heißluft zu erzeugen, die in die Hülle hineingeblasen werden sollte, um auf diese Weise die Hülle jederzeit prall zu halten. Die Hülle und der Kiel dieses Luftschiffes wurden fertiggestellt, ein Motor und die Anlage zur Erzeugung der Heißluft wurden nie eingebaut und das Luftschiff ist nicht vollendet worden. Das Luftschiff Nummer 14 dagegen wurde fertigge-

1907 baute Santos-Dumont als letztes Luftschiff die Nr. 16, die aber kein Erfolg wurde. Anschließend wandte er sich völlig dem Flugzeugbau zu.

stellt, es wurde mehrmals von Santos-Dumont für Auffahrten benutzt, diente aber letztlich als Testgerät für das erste Flugzeug, das Santos-Dumont baute und mit dem er noch einmal weltweiten Ruhm erzielen sollte. Anstelle des Kiels, wie bei allen früheren Luftschiffen von Santos-Dumont, wurde nach dem Umrüsten des neuen Luftschiffes, das von ihm in Zusammenarbeit mit Gabriel Voisin konstruierte Flugzeug unter der Hülle angebracht. Mit diesem Hybridfluggerät unternahm Santos-Dumont einige Versuche, die aber nicht zu seiner Zufriedenheit ausfielen. Die Luftschiffhülle schwankte in alarmierender Weise hin und her und ließ sich von den Helfern kaum am Leitseil halten, als Santos-Dumont den Motor des an der Hülle angebrachten Flugzeuges anwarf. Er selbst hatte die größten Schwierigkeiten, die Kontrolle überhaupt zu behalten. Er ließ das Flugzeug wieder abmontieren und testete es ohne die Luftschiffhülle weiter bis zum endgültigen Erfolg. Noch einmal entwarf Santos-Dumont ein Luftschiff, es wurde 1907 gebaut und erhielt die Nummer 16 in der Reihenfolge seiner Konstruktionen, die nun auch Gleiter und erste Flugzeuge umfaßte. Trotz der schlechten Erfahrungen mit dem Kombinationsgerät Nummer 14, versuchte Santos-Dumont erneut eine Kombination aus Luftschiff und Flugzeug, entgegen dem Rat wohlmeinender Freunde. Anstelle des Kiels der früheren Luftschiffe bekam dieses eine Art Rumpf, an dem das Leitwerk befestigt war und das außerdem zur Erhöhung des Auftriebs kleine seitliche Flächen besaß.

Das Luftschiff wurde fertiggestellt, aber nie geflogen, da es beim ersten Herausbringen aus der Halle bereits am Boden zerstört wurde. Santos-Dumont wandte sich nach diesem Fehlschlag ganz dem Flugzeug zu und konnte in der Folgezeit auch auf diesem Gebiet große Erfolge erringen, seine Luftschiffe aber blieben ungenutzt in ihrem Hangar in Neuilly hängen, bis er sich entschloß sie demontieren und die Luftschiffstation schließen zu lassen.

Santos-Dumont baute zwölf Luftschiffe, einige waren Fehlschläge, andere große Erfolge, die ihn weltberühmt werden ließen. Kritiker warfen ihm vor, mit seinen Luftschiffen keine wirklichen technischen Fortschritte erzielt, sondern sie lediglich zu seinem sportlichen Vergnügen gefahren zu haben. Das mag zum Teil berechtigt sein, dem entgegenzuhalten ist aber, daß er alle Luftschiffe mit privaten Mitteln finanzierte und mit seinen Fahrten Anstöße gab für die offiziellen Stellen, die lange ruhenden Arbeiten auf dem Gebiet des lenkbaren Luftschiffes wieder aufzunehmen und weiterzuführen, wie es dann auch geschah. Ohne seine Aktiväten wäre hier weitere Zeit versäumt worden. Santos-Dumont gab durch sein Beispiel einen Teil der Impulse, die Frankreich zu Beginn des zwanzigsten Jahrhunderts zur führenden Luftfahrt-Nation werden ließen!

Graf Zeppelins Kampf um das Starrluftschiff

Nichts deutet bei dem am 8. Juli 1838 in Konstanz am Bodensee geborenen Ferdinand Graf von Zeppelin in seiner ersten Lebenshälfte auf die außerordentlichen und für einen Mann seiner Herkunft und seines Werdegangs ungewöhnlichen Interessen an der Eroberung der Luft hin, die ihn in der zweiten Lebenshälfte zu einem der Pioniere der Luftfahrt werden ließen, bei denen im Laufe der Zeit der Name und das geschaffene Fluggerät zu einem Sammelbegriff verschmelzen. Seine Luftschiffe, Konkurrenzprodukte und technisch völlig unterschiedliche Systeme der Luftschiffahrt wurden und werden auch heute noch in der breiten Öffentlichkeit oftmals als »Zeppelin« bezeichnet!

Der Werdegang von Graf Zeppelin verlief in den üblichen Bahnen des Adels: Nach Beendigung der schulischen Grundstudien mit Privatlehrern, erfolgte 1855 der Eintritt in die Kriegsschule in Ludwigsburg, mit anschließender Übernahme als Leutnant in die Kgl. Württembergische Armee. Nach Ausbruch des amerikanischen Bürgerkrieges erwirkt er seine Beurlaubung, um als Beobachter des Kriegsgeschehens weitere militärische Studien zu treiben. 1863 kommt Graf Zeppelin in Amerika an und, versehen mit einem Empfehlungsschreiben vom Präsidenten Lincoln, besucht die verschiedenen Truppenteile, wobei er auch erstmals mit dem Fesselballon als Beobachtungssystem in Berührung kommt und an einem Aufstieg teilnimmt, ohne daß zu sagen ist, daß hier der Beginn seines Interesses an Fragen der Luftschiffahrt liegt. Ende 1863 verläßt Graf Zeppelin Amerika wieder und kehrt nach Deutschland zurück, wo er nach kurzer Zeit Adjutant beim König von Württemberg wird.

Durch einen verwegenen Erkundungsritt zu Beginn des deutsch-französischen Krieges 1870/71 wird Graf Zeppelin zu einer in mehreren Publikationen geschilderten populären Gestalt. Verschiedene Beförderungen folgen in den kommenden Jahren. Ab 1883 wird Graf Zeppelin zum Königlich-Württembergischen Gesandten in Berlin ernannt, 1890 übernimmt er das Kommando der 30. Kavallerie-Brigade in Saarburg, scheidet aber nach Differenzen mit vorgesetzten Dienststellen nach einer Manöverkritik, verbunden mit der Entscheidung, ihm kein Kommando über eine Division zu übertragen, aus dem aktiven Militärdienst aus und geht in den Ruhestand. Von vielen hohen Offizieren wurde die Manöverkritik und die daraufhin erfolgten Entscheidungen gegen Graf Zeppelin als ungerechtfertigt kritisiert.

Nun ist der Weg frei für seine eigentliche Lebensaufgabe, — das lenkbare Starrluftschiff zu schaffen. Interesse an diesem Thema war bei Graf Zeppelin seit längerer Zeit vorhanden, nur stand es nie im Vordergrund seiner Bestrebungen.

Am 24. Januar 1874 hielt der Generalpostmeister Dr. Heinrich von Stephan in Berlin einen Vortrag zum Thema »Weltpost und Luftschiffahrt«, den Graf Zeppelin nach der Veröffentlichung kennenlernte. Hier dürfte

Ferdinand Graf von Zeppelin (1838—1917), Reitergeneral, Diplomat und Erfinder des Starrluftschiffes.

Modell des 1895 patentierten »lenkbaren Luftzugs«.

wohl der Anstoß gegeben worden sein für das beginnende Interesse an den Fragen der Luftschiffahrt durch Graf Zeppelin. In diesem Vortrag spricht von Stephan von den Möglichkeiten, zukünftig Reisen mit einem Luftschiff sicher und schnell durchführen zu können und führte weiter aus, daß es einer »starken Kraftmaschine von möglichst geringem Gewicht und Feuerungefährlichkeit« bedarf, um die Lenkbarkeit zukünftiger Luftschiffe als eine der wichtigsten Grundvoraussetzungen eines regelmäßigen Verkehrs zufriedenstellend zu erreichen. In den Tagebüchern von Graf Zeppelin ist unter dem Datum des 25. März 1874 mit der Überschrift »Gedanken über ein Luftschiff« der erste Hinweis zu finden, wie sehr die Visionen des Generalpostmeisters hier auf fruchtbaren Boden gefallen waren. Der entscheidende Eintrag lautet: »Das Fahrzeug würde auf die Dimensionen eines großen Schiffes auszurechnen sein. Die Gasräume so berechnet, daß das Fahrzeug bis auf ein geringes Übergewicht getragen wird. Die Erhebung wird dann erreicht durch das Angehen der Maschine, welche das Fahrzeug gewissermaßen auf die nach aufwärts gestellten Flügel treibt. In der gewollten Höhe angelangt, werden die Flügel weniger steil gestellt, so daß das Luftschiff in der horizontalen Ebene bleibt. Zum Sinken stellt man die Flügel noch weniger steil, oder läßt die Geschwindigkeit abnehmen... Die Gasräume sollten womöglich in Zellen getheilt sein, welche einzeln gefüllt und geleert werden können. Die Maschine muß das Gas stets ergänzen können...« (Zitiert nach Eckener.)

In diesen Sätzen ist von Graf Zeppelin in den Grundzügen das Starrluftschiff skizziert worden, wie es ein Vierteljahrhundert danach praktisch am Bodensee entstand. Seine ersten Berechnungen schon deuteten an, daß ein Luftschiff über große Ausmaße verfügen müsse, wenn es eine hohe Zuladung zu befördern in der Lage sein sollte. Es ist nicht möglich, einen Luftschiffkörper in diesen Dimensionen einfach mit Gas zu füllen um fahrbereit zu sein, vielmehr schlägt Graf Zeppelin einzelne Gaszellen vor, die unabhängig voneinander zu füllen und zu entleeren sein sollen. Daß Graf Zeppelin in dem Luftschiff primär ein Verkehrsmittel sah, belegt ein Eintrag im Tagebuch vom 4. April 1875: »Auf eine nicht unwesentliche Änderung in der Verkehrsweise durch die Luftschiffahrt möchte ich im voraus aufmerksam machen. Die Beschaffungskosten der Fahrzeuge werden zwar groß sein, dagegen die Unterhaltungskosten und Betriebskosten sehr unbedeutend. Es wird also anfangs die Luftschiffahrt theils Luxusvergnügen sein, theils nur dort eingeführt werden, wo für den Erd- resp. Wasserverkehr besondere Schwierigkeiten zwischen zwei Punkten liegen, die einer leichten, sicheren und schnellen Verbindung fortwährend bedürfen (Luftfähren). Ohne Zweifel wird die Verallgemeinerung des neuen Verkehrsmittels nicht lange auf sich warten lassen.«

Überlegungen über eine mögliche militärische Verwendung von Luftschiffen werden erstmals im Zusammenhang mit den erfolgreichen Fahrten der französischen Offiziere Renard und Krebs mit dem Luftschiff »La France«, die in den Jahren 1884/85 stattfanden, geäußert. Graf Zeppelin faßte seine Gedanken über einen möglichen militärischen Einsatz von Luftschiffen in einer dem König von Württemberg im Frühjahr 1887 übergebenen Denkschrift zusammen, in der die offiziellen französischen Bestrebungen hinsichtlich der Schaffung eines lenkbaren Luftschiffes geschildert werden und auf die Gefahren hingewiesen wird, die für Deutschland entstehen würden, sollte es weiterhin bei den Arbeiten auf diesem Gebiet untätig bleiben. Aber die Denkschrift fand weiter kein Echo, was sich für Graf Zeppelin in Zukunft noch mehrmals wiederholen wird. Nach dem Ausscheiden aus dem aktiven Militärdienst, Ende 1890, widmet Graf Zeppelin sich mit vermehrter Energie seinen Luftschiffplänen. Wie bereits seine früheren Tagebucheintragungen erkennen lassen, denkt er an ein Luftschiff von großen Dimensionen mit einer Anzahl einzelner Gaszellen. Graf Zeppelin ist kein Techniker, was von ihm in späteren Diskussionen über seinen Luftschiffentwurf immer wieder betont wird, er erfaßt aber intuitiv bereits in seinem ersten Entwurf alle entscheidenden Merkmale eines Starrluftschiffes, wie seine großen Ausmaße und den Gesamtaufbau des Luftschiffkörpers aus einem Gerippe von in Längsrichtung miteinander verbundenen Ringen, die dem Luftschiff seine feste Form geben und den in den Zwischenräumen eingehängten, voneinander unabhängigen Gaszellen. In dem starren Gerüst lassen sich ferner die Motoren, Treibstofftanks und Steuerorgane unterbringen. Das Gerüst wird mit Stoff bespannt zur Herabsetzung des Luftwiderstandes und bildet so einen glatten Körper, unter dem die Gondeln für Besatzung und Passagiere angeordnet werden. Durch Aneinanderreihen mehrerer solcher Körper sollte es möglich sein, je nach Bedarf ein in der Größe variierendes Luftschiff in der Art eines »Luft-Zuges« zu schaffen. Graf Zeppelin läßt diesen Entwurf in den Jahren 1892—1894 von dem Ingenieur Theodor Kober durchrechnen und bearbeiten. Dieses erste von Ingenieur Kober ausgearbeitete Zeppelin-Luftschiff wies eine Länge von 123 m und einen Durchmesser von 11 m auf. Graf Zeppelin versuchte in diesen Jahren, den Kontakt zu führenden Wissenschaftlern, Militärs und Industriellen herzustellen und sie zur Unterstützung seiner Pläne zu gewinnen, stößt aber überall auf Ablehnung. Im Frühjahr 1894 faßte Graf Zeppelin die ausgearbeiteten Luftschiffpläne von Theodor Kober und die von ihm angestellten Überlegungen in einer neuen Denkschrift zusammen, über die eine vom Kaiser berufene Kommission aus Wissenschaftlern und Angehörigen des Luftschifferbataillons am 10. März 1894 zu einer Sitzung zusammentritt. Professor Helmholtz führte den Vorsitz, die Professoren Slaby, Müller-Breslau und Aßmann sowie Major Nieber, Hauptmann Michaelis und Oberleutnant Groß waren die weiteren Mitglieder der Kommission. Professor Müller-Breslau erhob Bedenken hinsichtlich der Festigkeit des Gerippes und äußerte Zweifel an der errechneten Geschwindigkeit des Luftschiffes, gab aber andererseits wertvolle konstruktive Ratschläge zur Verbesserung des Entwurfs, die Graf Zeppelin zu einer Überarbeitung veranlaßten. Hauptmann Michaelis als Vertreter des Kriegsministeriums erhob Einwände gegen den Luftschiffentwurf wegen dessen Größe, die das Luftschiff auf weite Entfernung dem Gegner sichtbar werden läßt und der zu geringen Geschwindigkeit. Ferner wurde als Mangel empfunden, daß ein Luftschiff der vorgeschlagenen Größe am Boden schwierig zu handhaben sei und sehr aufwendiger Bodeneinrichtungen bedürfe, die seine Verwendung im Kriegsfalle stark beeinträchtigen dürften. Darf der Kommission wirklich ein Vorwurf gemacht werden wegen der Skepsis gegenüber dem Luftschiffprojekt des Grafen Zeppelin? Bis zu diesem Zeitpunkt gab es lediglich einige wenige einigermaßen als erfolgversprechend zu bezeichnende Pralluftschiffe kleiner Dimensionen, aber zahlreiche Projekte von »Erfindern«, zu deren Prüfung es keiner wissenschaftlichen Kommission bedurfte, so laienhaft wurden sie vorgestellt. Hatte nicht auch Graf Zeppelin betont, er sei von Haus aus kein Techniker? Allein die Tatsache, daß eine aus Wissenschaftlern und Vertretern des Militärs gebildete Kommission zur Prüfung seines Luftschiff-Entwurfs auf höchste Order gebildet worden war und eine kritische Untersuchung durchführte, stellte eine Anerkennung der zielstrebigen Arbeit dar, die Graf Zeppelin als Privatmann in der Absicht geleistet hatte, seinem Vaterland beim Kampf um die Eroberung der Luft zu einer führenden Stellung zu

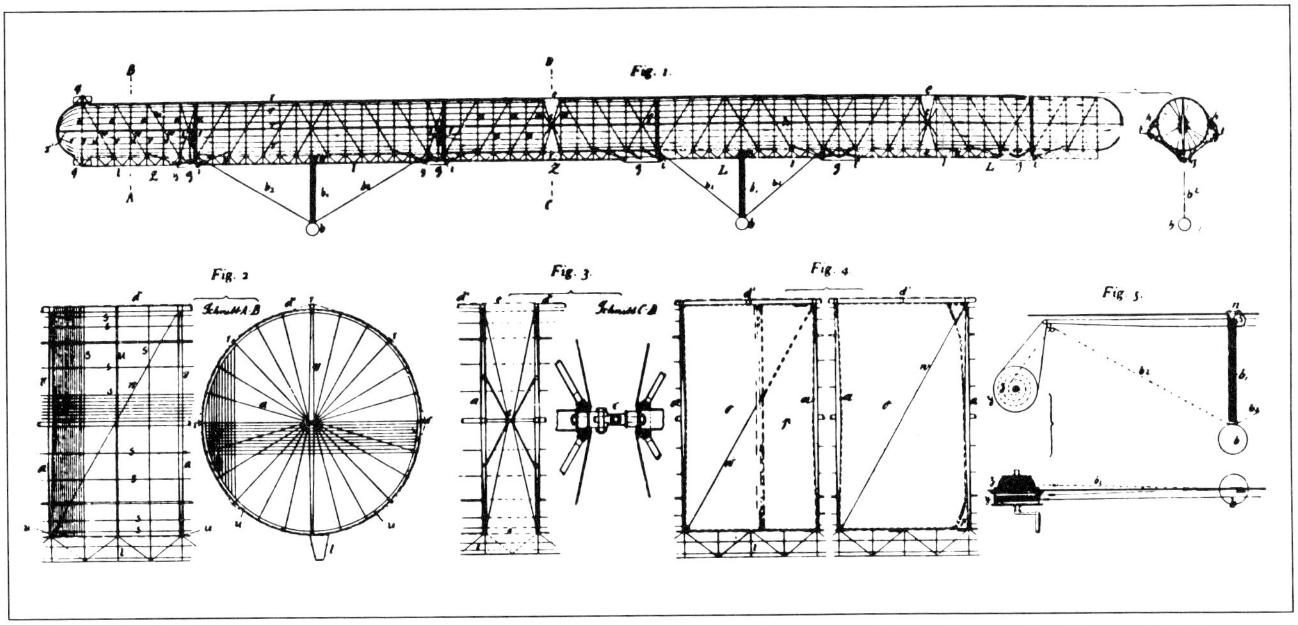

Zeichnung zu dem Patent DRP 98 580, welches dem Grafen Zeppelin am 31. August 1895 auf einen »Lenkbaren Luftfahrzug mit mehreren hintereinander angeordenten Tragkörpern« erteilt wurde. Die grundlegenden Ideen aller späteren Zeppelin-Luftschiffe sind hier bereits vorhanden: die Ringe und Längsträger zum Bau des zylinderähnlichen Hohlkörpers, die in dessen Inneren angebrachten Gaszellen, die Stoffhülle für den Luftschiffkörper — ausgearbeitet wurden die technischen Einzelheiten des ersten Entwurfs von Ing. Theodor Kober im Auftrage des Grafen Zeppelin.

verhelfen. Durfte die Kommission wirklich ihre Zustimmung geben zur Bereitstellung von nicht unerheblichen Geldmitteln für einen aus einem Zugfahrzeug und beweglich damit verbundenen Lastfahrzeugen, wie Graf Zeppelin die Sektionen seines Luftschiffes bezeichnete, aufgebauten D-Zug der Luft, für dessen Antrieb der Einbau von zwei je 8 PS leistenden Motoren geplant war? Natürlich konnte Graf Zeppelin bei diesen Anfangsentwürfen nur mit den technischen Mitteln seiner Zeit arbeiten, konnte er nur die noch recht bescheidenen Kenntnisse über die Vorgänge in der Atmosphäre in seine Berechnungen einbeziehen. Die kritische Prüfung aller Faktoren ließen aber nur ein ablehnendes Urteil, verbunden mit einer Anzahl von Vorschlägen zur Verbesserung des Luftschiff-Entwurfs zu. Auf der Schlußsitzung der Kommission, am 10. Juli 1894, wurde der Luftschiff-Entwurf von Graf Zeppelin in der vorgelegten Form abgelehnt. Diesem Bescheid folgte eine scharfe Polemik des Grafen Zeppelin gegenüber den Mitgliedern der Kommission, von denen er sich ungerecht behandelt glaubte.

Im Winterhalbjahr 1894/95 trat die Kommission abermals zur Prüfung der abgeänderten Entwürfe zusammen, die Graf Zeppelin unter Berücksichtigung der geforderten Verbesserungen eingereicht hatte. Die hauptsächlichsten Einwände der Kommission bezogen sich auf die mangelnde Horizontalversteifung und die ungenügende Knickfestigkeit der Gurtungen, ferner wurde die geringe Geschwindigkeit und die nicht ausreichende Steighöhe besonders kritisiert. Graf Zeppelin glaubte mit dem umgearbeiteten Projekt diese Mängel hinreichend beseitigt zu haben.

Die erneut zusammengerufene Kommission begutachtete das verbesserte Projekt wiederum sehr sorgfältig und widmete den Punkten Festigkeit, Luftwiderstand, Motorenstärke, Leistung der Propeller, Gewicht der Hülle und der Gaszellen sowie deren Füllung, den Windverhältnissen und ihren Auswirkungen auf den Fahrbetrieb und der zu erwartenden militärischen Verwendungsmöglichkeit des Luftschiffes ihre besondere Aufmerksamkeit. Im Abschlußbericht wurde anerkannt, daß gegenüber dem ersten Entwurf Verbesserungen zu erkennen seien, daß das Luftschiff aber insgesamt auch in der neuen Form als nicht geeignet zu bewerten und von einem Bau abzuraten sei. Es waren insbesondere die im Abschlußbericht der Kommission geäußerten Einwände, daß mit dem Luftschiff höchstens eine Geschwindigkeit von 5 Metern pro Sekunde und eine Höhe von 1000 Metern zu erreichen seien, die Graf Zeppelin zu neuer Polemik veranlaßten. Am 6. Mai 1895 richtete Graf Zeppelin eine neuerliche Eingabe an den Kaiser mit der Bitte, seinen Luftschiff-Entwurf nochmals unter Berücksichtigung neu ermittelter Angaben bezüglich der Leistungen überprüfen zu lassen. Dieser Bitte wurde nicht mehr stattgegeben. Graf Zeppelin, der immerhin einen beträchtlichen Teil seines Vermögens für die Projektarbeiten ausgegeben hatte, erhielt in Anerkennung seiner Arbeiten die geringe Summe von 6000 Mark als Entschädigung.

Jeder andere hätte wohl bei diesem Stand der Dinge aufgegeben, nicht aber Graf Zeppelin! Mit neuer Energie versuchte er, seine Luftschiffpläne zu verwirklichen. Am 31. August 1895 wurde ihm das erste Patent unter der Nummer DRP 98580 erteilt auf einen »lenkbaren Luftfahrzug mit mehreren hintereinander angeordneten Tragkörpern«.

Auf seiner Suche nach Unterstützung des Luftschiff-Entwurfs wandte Graf Zeppelin sich nun nicht mehr an die amtlichen Stellen in Deutschland, er suchte Rat und Unterstützung vielmehr bei den Männern der Praxis, den Technikern und Ingenieuren. Einen ersten Erfolg finden die Bemühungen bald. Der Ballistiker und Direktor in der Firma Krupp in Essen, Groß, überprüfte das Material von Graf Zeppelin und kam zu dem Schluß, daß das Luftschiff wohl in der Lage sei, eine Geschwindigkeit von 12,4 Metern in der Sekunde zu erreichen, wie es behauptet worden war. Aufgrund der Aussagen von Direktor Groß, die sich später als viel zu optimistisch erwiesen, arbeitete Graf Zeppelin abermals eine Denkschrift aus und wandte sich mit der Bitte um finanzielle Unterstützung an Vertreter der Wirtschaft und des Adels. Graf Zeppelin wollte versuchen, durch die Ausgabe von Gutscheinen über 20 und mehr Mark ein Kapital von 800 000 Mark für den Bau seines Luftschiffes zusammenzubringen, aber es kamen bei dieser Aktion lediglich 100 000 Mark zusammen. Für Graf Zeppelin war es eine schlimme Zeit, denn mit seinen Polemiken gegenüber Mitgliedern der amtlichen Kommission, die teilweise sehr hitzig vorgetragen wurden, hatte er sich Feinde geschaffen, die ihren Einfluß geltend machten und gegen ihn argumentierten. Das Kriegsministerium warnte in einem Erlaß sogar die Angehörigen des Militärs vor dem Erwerb von Gutscheinen des Grafen Zeppelin. Retter in der Not wurde der »Verein deutscher Ingenieure«, an den Graf Zeppelin sich im Sommer 1896 wandte mit der Bitte um Überprüfung seiner Pläne. In einem Vortrag vor dem württembergischen Bezirksverein des VDI konnte Graf Zeppelin seine Vorstellungen über ein lenkbares Luftschiff bereits vor der Prüfung durch den Vorstand des angesehenen Vereins darlegen. Endlich fand Graf Zeppelin ein gewichtiges Forum, das bereit war, ihn zu unterstützen und öffentlich für das Bereitstellen der notwendigen Mittel für den Bau eines Starrluftschiffes nach seinen Plänen einzutreten.

Am 21. Dezember 1896 erließ der Verein deutscher Ingenieure den berühmten Aufruf, sich der Sache Graf Zeppelins anzunehmen und finanziell zu unterstützen. Es wurde ausgeführt, »daß die Naturgesetze keinerlei Hindernis bieten, und daß die heutigen technischen Hilfsmittel für die statischen und dynamischen Anforderungen an den Bau von Luftfahrzeugen ausreichen. — Die Schwierigkeiten und Bedenken übersteigen nach der Meinung hervorragender Physiker und Ingenieure nicht diejenigen, welche sich vor Zeiten der Schiffahrt auf hohem Meer und dem Eisenbahnbetriebe bei den damaligen technischen Hilfsmitteln entgegenstellten. Das Ziel dieser Bestrebungen ist: Sicherer Transport in der Atmosphäre, also unabhängig von Straßen jeder Art, mit bisher unerreichten Geschwindigkeiten. So fern dieses Ziel heute noch erscheinen mag, jeder, der es naturgesetzlich und technisch für erreichbar hält, wird es vieler Opfer und Anstrengungen für wert halten. — Nur Schritt für Schritt... wird man diesem Ziel sich nähern können. Einen solchen Schritt würde nach der von uns geteilten Meinung hervorragender Sachverständiger der Bau eines Luftfahrzeuges auf der Grundlage des Zeppelinschen Entwurfs und der vorausgehenden experimentellen Ermittlungen bedeuten.« Dieser Aufruf mit der positiven Aussage, der andererseits aber nicht die zu erwartenden großen Schwierigkeiten in Abrede stellt, ist als der Wendepunkt der langjährigen Bemühungen des Grafen anzusehen. Zwar gingen nach der Veröffentlichung des Aufrufs die erhofften Gelder der Industrie und Privatpersonen nicht in dem gewünschten Umfang ein, sie versetzten Graf Zeppelin aber doch in die Lage, im Mai 1898 die »Aktiengesellschaft zur Förderung der Luftschiffahrt« zu gründen, zu deren Kapital von 800 000 Mark er allerdings die Hälfte aus eigenen Mitteln beisteuerte. Zu den Zeichnern von Aktien gehörten u. a. Gottlieb Daimler, der Dichter-Ingenieur Max von Eyth und Carl Berg, der bereits das Luftschiff von David Schwarz finanziert hatte. Carl Berg, mit dem Graf Zeppelin bereits zu einem früheren Zeitpunkt wegen des Aluminiums für ein geplantes Luftschiff Verbindung aufgenommen hatte, bot nach dem Fehlschlag des Aufstiegs des Schwarz'schen Luftschiffes noch im Dezember 1897 dem Grafen die Zusammenarbeit an. Schwierigkeiten bei der Zusammenarbeit ergaben sich allerdings wegen eines Vertrages zwischen Carl Berg und der Witwe Melanie Schwarz hinsichtlich finanzieller Zuwendungen aus Einkünften beim Bau von Luftschiffen nach dem Prinzip von David Schwarz, die aber nach Verhandlungen mit Melanie Schwarz in Form einer Abfindung gelöst werden konnten. Kritiker von Graf Zeppelin behaupteten, daß dessen Luftschiff auf den Ideen von David Schwarz beruhe und nur aufgrund der Abfindungsbedingungen, durch die er Zugang zu den Plänen von David Schwarz erhalten habe, überhaupt gebaut werden konnte. Daß diese Kritik völlig aus der Luft gegriffen ist, zeigt ein Blick auf die Konstruktionsprinzipien beider Luftschiffe — alles, was sie verband, war das Baumaterial, geliefert von der Firma Berg!

Graf Zeppelin konnte nun endlich mit dem Bau seines ersten Starrluftschiffes beginnen. Die Einzelteile des Gerippes wurden in Lüdenscheid im dortigen Werk von Carl Berg hergestellt und zur Endmontage nach Manzell bei Friedrichshafen am Bodensee versandt. Am Ufer des Bodensees war nach den Plänen der Stuttgarter Baufirma Hangleiter 1899 auf einem von König von Württemberg zur Verfügung gestellten Gelände mit dem Bau einer schwimmenden Luftschiffhalle begonnen werden, die 140 m lang, 24 m breit und 21 m hoch war und auf 95 Pontons schwamm. Die Halle war an einem in 20 m Tiefe lagernden Ankerklotz mit einem Drahtseil befestigt. Graf Zeppelin entschloß sich zur Wahl des Bodensees für den Bau seines Luftschiffes, weil er hier die Halle auf einem großen freien Gebiet des Sees errichten konnte und damit erreichte, daß die Halle stets in die vorherrschende Windrichtung schwenkte, was für das Aushallen des großen Luftschiffes von großer Bedeutung war. Ein weiterer Grund, die ersten Versuchsfahrten über Wasser durchzuführen, lag in der Ungewißheit, ob das Luftschiff nicht bei zu hartem Aufsetzen auf Festland beschädigt werden könnte.

Im Frühjahr 1899 richtete Graf Zeppelin sein Konstruktionsbüro in Friedrichshafen ein, nachdem in der Zeit davor die Arbeiten in Stuttgart ausgeführt worden waren. Zu den wichtigsten Mitarbeitern gehörten seit 1898 Ingenieur Fritz Burr, der das Luftschiff durchkonstruierte, sowie Oberingenieur Hugo Kübler. Zu diesen Männern kamen im Frühjahr 1899 als weitere Mitarbeiter die Ingenieure Ludwig Dürr und Endriß sowie als kaufmännischer Leiter der Aktiengesellschaft zur Förderung der Luftschiffahrt Ernst Uhland hinzu.

Die Arbeiten konnten endlich beginnen. Lieferungsverzögerungen ließen sich nicht vermeiden, und auch die Kosten überstiegen die Voranschläge teilweise erheblich, so daß das erhoffte Ziel, mit dem Bau des Luftschiffes noch vor Jahresende 1899 fertig werden zu können, sich nicht erreichen ließ. Dennoch nahmen die Arbeiten einen stetigen Fortgang, und in Fachzeitschriften sowie der Tagespresse im In- und Ausland mehrten sich die Berichte über das neue Luftschiff und den Stand der Bauarbeiten. Staunenerregend waren die Dimensionen: Mit einer Länge von 128 m und einem größten Durchmesser von 11,2 m überbot es alle bis dahin gebauten Luftschiffe um ein Mehrfaches. Im Querschnitt bildete der Luftschiffkörper ein 24-Eck. Das Gerippe bestand aus 16 verspannten Ringen, die durch Längsträger miteinander verbunden waren. 17 Gaszellen waren im Innenraum des Luftschiffgerippes zwischen den Ringen eingebaut, die gegeneinander abgeschottet waren, so daß bei einer etwaigen Beschädigung einer der Gaszellen nur aus dieser das Gas entweichen konnte und die Tragfähigkeit des Luftschiffes erhalten blieb. Das Gerippe war mit Ballonstoff bespannt worden und bildete somit einen geschlossenen windschlüpfrigen Körper. Zwischen den einzelnen Gaszellen und der Außenbespannung war ein freier Raum verblieben, um zu vermeiden, daß es bei der durch Erwärmung des Traggases entstehenden Ausdehnung der Gaszellen zu Reibungen zwischen den beiden Stoffen kam. Für die Ableitung des bei Erwärmung austretenden Wasserstoffgases waren Überdruckventile an den Gaszellen so angebracht worden, daß das entweichende Gas mittels Entlüftungsöffnungen auf der Oberseite des Luftschiffes abströmen konnte.

Als Antrieb des Luftschiffes dienten zwei Daimler-Motoren von je knapp 15 PS Leistung, die Graf Zeppelin zuvor in ein Boot eingebaut und bei Fahrten auf dem Bodensee erprobt hatte. Die Motoren lagerten in den beiden Gondeln unter dem Luftschiffkörper und trieben an Auslegerböcken angebrachte Vierblattluftschrauben an, deren Durchmesser 1,2 m betrug.

Gesteuert sollte das Luftschiff mittels kleiner am Bug und Heck befindlicher Steuerruder werden; das Aufsteigen und Sinken wurde durch ein in einem Abstand von 26 m unter dem Luftschiff hängenden verschiebbaren Laufgewicht unterstützt, dessen Gewicht 100 kg betrug.

Im Juni 1900 näherte sich das Luftschiff langsam seiner Fertigstellung in der schwimmenden Halle, und es wurden Vorbereitungen getroffen für die Unterwei-

LZ 1 im Bau in der schwimmenden hölzernen Halle vor Manzell.

sung der Hilfsmannschaften in der Halle und auf dem aus der Halle herauszuziehenden Floß, auf dem das Luftschiff auflag. Die Mitglieder des örtlichen Turnvereins und der freiwilligen Feuerwehr von Friedrichshafen sagten auf Anfrage des Grafen Zeppelin ihre volle Unterstützung zu. Zu beiden Seiten des Luftschiffes hingen 14 Halteleinen von je 30 m Länge herunter, die durch Farben in Meterabständen eingeteilt waren.

Auch die Mitfahrenden des ersten Aufstiegs wurden auf ihre Aufgaben vorbereitet. Graf Zeppelin hatte die Gesamtleitung übernommen, ihn unterstützend zur Seite standen Freiherr von Bassus für die aerostatische Führung des Luftschiffes, Ingenieur Burr und Monteur Groß für die Bedienung des vorderen bzw. hinteren Motors sowie der Publizist Eugen Wolff für die Berichterstattung. Alle waren in den vorangegangenen Wochen bei Ballonfahrten mit den sie erwartenden Verhältnissen in der Luft vertraut gemacht worden.

Weitere Vorbereitungen betrafen die termingerechte Bereitstellung des Traggases in ausreichender Menge und den Füllvorgang der 17 Gaszellen, der in der Halle vorgenommen wurde und erstmalig in einem solchen Umfang durchzuführen war. Weiter mußten Vorkehrungen der Wetterbeobachtung und -übermittlung geschaffen sowie die Bahnverfolgung, Aufzeichnung des Kurses und Feststellung der erreichten Höhe gewährleistet werden.

Und es waren die zahlreichen Ehrengäste zu betreuen sowie für die zahllosen Zuschauer am Bodensee entsprechende Anlagen und Absperrungen zu errichten.

Ab dem 30. Juni wurde die Luftschiffhalle abgesperrt, und die Boote waren angewiesen, einen Mindestabstand von 300 Metern einzuhalten. Mittags, kurz vor 12.00 Uhr, wurde mit dem Füllen der Gaszellen begonnen, und es wurde der Hoffnung Ausdruck verliehen, noch am Spätnachmittag nach dem Beendigen des Füllvorgangs den Aufstieg durchzuführen, zumal die Wetterbedingungen sehr günstig waren. Das Füllen beanspruchte aber erheblich mehr Zeit als erwartet worden war, und so sah Graf Zeppelin sich gezwungen, gegen Abend den Aufstieg abzusagen.

Am 1. Juli wurde die letzte Gaszelle gefüllt und alles war fertig, leider zeigte sich nun das Wetter nicht von der gewünschten guten Seite: Die Windgeschwindigkeiten waren zu hoch, so daß auch dieser Tag verging, ohne daß es zum Aufstieg gekommen wäre — sicherlich eine bittere Enttäuschung der zahllosen Zuschauer auf den Booten und an den Ufern des Bodensees, aber im Interesse der Sicherheit des Luftschiffes eine absolut richtige Entscheidung. Die Zeit wurde genutzt, um in der Halle nochmals die notwendigen Handgriffe am Luftschiff zu üben, die für die sichere Handhabung notwendig waren. Gegen Abend flaute der Wind überraschend ab, und Graf Zeppelin entschloß sich nach kurzer Beratung mit den hauptverantwortlichen Mitarbeitern, die Gelegenheit zum probeweisen Aushallen des Luftschiffes zu nutzen. Gegen 19.00 Uhr wurde das Floß mit dem darauf verankerten Luftschiff im Schlepp des Dampfers »Buchhorn« aus der Halle gezogen, die Motoren wurden kurz gestartet und gesichert an den Halteleinen erhob es sich einige Meter in die Luft. Bei diesem Versuch konnte das Funktionieren aller für die Führung des Luftschiffes erforderlichen Kontrollorga-

Das fertiggestellte Luftschiff LZ 1 bereit zum Ausbringen aus der Schwimmhalle, die Spitze des Hecks ist zu sehen.

ne und Steuerungen nachgewiesen werden, bevor es in die Halle zurückgeschleppt wurde. Der 2. Juli 1900 war nun endgültig für den ersten freien Aufstieg vorgesehen worden, zumal das Luftschiff sich als gut ausbalanciert erwiesen hatte und zu keinen Beanstandungen Anlaß gab. Graf Zeppelins Kampf um das Starrluftschiff hatte vor mehr als einem Vierteljahrhundert mit den ersten Tagebuchnotizen seinen Anfang genommen, allen ablehnenden Gutachten und Anfeindungen zum Trotz war das von ihm ersonnene Luftschiff fertiggestellt worden — der nächste Tag mußte den Beweis erbringen, daß er sich nicht geirrt hatte in dem Glauben an seine Idee und dem Kampf um ihre Verwirklichung.

Der große Augenblick, LZ 1 beim ersten Aufstieg am 2. Juli 1900 über dem Floß schwebend.

Die ersten Fahrten und die Schicksale der Luftschiffe LZ 1 bis LZ 4

Am 2. Juli 1900 begannen die Arbeiten an den Aufstiegsvorbereitungen erst um 13.00 Uhr, am Luftschiff wurden nochmals Kontrollen der Gaszellen und allgemeine Überprüfungen des Gesamtzustandes vorgenommen, die keinen Grund zu Beanstandungen ergaben. Graf Zeppelin und die weiteren am Aufstieg teilnehmenden Mitarbeiter betraten die Gondeln kurz vor 19.00 und bereiteten sich auf das lange herbeigesehnte Ereignis vor. Graf Zeppelin, Freiherr von Bassus und Ingenieur Burr hatten in der vorderen, Monteur Groß und Eugen Wolff in der hinteren Gondel ihre Plätze eingenommen. Um 19.30 wurde das Floß mit dem Luftschiff aus der Halle herausgezogen, nach 20minütigem Manövrieren lag es seitlich der Halle bereit zum Aufstieg. Meter für Meter wurde es von den Haltemannschaften hinaufgelassen. Als in 30 Meter Höhe das Laufgewicht frei unter dem Luftschiff hing, erscholl um 20.03 Uhr das Kommando zum Loslassen der Leinen und das Luftschiff stieg mit dem Bug voran langsam in die Höhe. Der hintere Motor wurde als erster gestartet, gefolgt von dem Motor in der vorderen Gondel. Das Luftschiff legte sich horizontal, Graf Zeppelin begann die Ruder zu bewegen und gehorsam führte das Luftschiff die gewünschten Richtungsänderungen durch. Anschließend daran wurde das herabhängende Laufgewicht getestet. Dabei stellten sich erste Schwierigkeiten ein, da die Kurbel für das Laufgewicht beim Versuch des Rückkurbelns in die Normallage brach und das Luftschiff mit dem Bug voran sich nach unten zu neigte, was nur durch Stoppen und anschließenden Rückwärtslauf der Luftschrauben ausgeglichen werden konnte. Weitere Schwierigkeiten gab es mit dem Seitensteuer. Nach einer Fahrtdauer von etwa 15 Minuten gab Graf Zeppelin das Signal zum Landen, um 20.20 Uhr berührten die Gondeln die Wasseroberfläche nahe der Dampferanlegestelle bei Immenstaad — der erste Aufstieg war beendet. Nach der Landung gab es eine leichte Havarie, als das Luftschiff vor dem Befestigen der Leinen des Schleppboots auf einen im Wasser stehenden Pfahl zutrieb und bei der Kollision leicht beschädigt wurde. Das Luftschiff wurde zur Halle zurückgeschleppt, auf das Floß verbracht und anschließend wieder in die Halle hineingezogen.

Der erste Aufstieg, bei dem eine Höhe von etwa 370 m erreicht wurde, hatte die grundsätzliche Richtigkeit der Ideen von Graf Zeppelin bestätigt, wenngleich es verfrüht war, von einem brauchbaren Luftschiff zu sprechen, wie es in zahlreichen enthusiastischen Berichten in der Presse zum Ausdruck kam. In der Halle wurden am Luftschiff eine Reihe von technischen Verbesse-

Dr. Hugo Eckener (1868—1954) vollendete das Werk des Grafen Zeppelin. Durch skeptische Berichte aufmerksam geworden, lud Graf Zeppelin ihn zum Besuch der Werft ein und gewann auf diese Weise seinen besten Mitstreiter. (Aufnahme aus dem Jahre 1925.)

LZ 3 steigt nahe der schwimmenden Reichshalle auf. Im Hintergrund ist die feste Landhalle zu sehen.

Aber bereits am 23. Juni war der LZ 4 mit kleinen Änderungen an der Steueranlage wieder in der Luft. Als erstes fiel die am Bug angebrachte zusätzliche Seitensteuerung weg, da sie sich als völlig unwirksam gezeigt hatte. Am Heck wurden zwischen den beiden horizontalen Stabilisierungsflächen zwei zusätzliche vertikale Steuerflächen zur Unterstützung des zentralen Seitensteuers angebracht. Bei diesem Aufstieg führte Graf Zeppelin erstmals Zwischenlandungen auf dem Bodensee durch, um mehrere Personen, darunter seine Tochter, für die Fortsetzung der Fahrt an Bord zu nehmen. Der Aufstieg verlief gut, nur die Wirkung des Seitensteuers war immer noch nicht zufriedenstellend, und es wurde abermals abgeändert, bevor am 29. Juni zur dritten Fahrt aufgestiegen wird. Das zentrale Seitensteuer wurde vergrößert, die vertikalen Steuerflächen zwischen den Stabilisierungsflächen verdoppelt und sowohl oberhalb als auch unterhalb des Hecks wurden zusätzliche vertikale Stabilisierungsflächen angebracht. In dieser Form bewährte sich das Seitensteuer offensichtlich, da keine neuen Änderungen vorgenommen wurden.

Der dritte Aufstieg dauerte etwas über 6 Stunden und wurde nur beendet, weil sich am Bodensee Gewitter auszubilden begannen. Dieser Aufstieg stand unter der Führung von Baron C. von Bassus, Graf Zeppelin war nicht zugegen. Nach seiner Rückkehr nach Friedrichshafen beschloß Graf Zeppelin, die neue Steuerung auf einer längeren Fahrt selbst auszuprobieren. Aus diesem Anlaß wurde am 1. Juli gegen 08.30 Uhr der vierte Aufstieg begonnen, der zu einem neuen Triumpf des Grafen werden sollte — es war der Beginn der berühmten Schweizer Fahrt, bei der der LZ 4 in 12 Stunden eine Strecke von 384 Kilometern zurücklegte bis zur Landung auf dem Bodensee.

Die Strecke führte von der Reichshalle aus entlang des nördlichen Bodenseeufers nach Konstanz, weiter nach Schaffhausen und von dort aus mit südlichem Kurs bis nach Luzern, wo ein nördlicher Kurs eingeschlagen wurde, der das Luftschiff über Küssnacht nach Zürich führte. Konnte bislang mit gutem Rückenwind gefahren werden, so traf das Luftschiff nach der Kursänderung auf einen Nordostwind, der sich in den engen Gebirgstälern durch starke Böen unangenehm bemerkbar machte. Um die Streckenführung einzuhalten, mußte der LZ 4 den Paß von Horgen

LZ 4 in seiner ersten Ausführung mit Bugsteuer, das nach wenigen Aufstiegen bereits als unwirksam abmontiert wurde.

durchfahren, der mit seinen Fallwinden ein ziemliches Hindernis darstellte. Langsam und mühevoll wurde die zum Überqueren der Paßhöhe notwendige Höhe erreicht. Das Luftschiff stand zeitweise in der Luft still, einige Male wurde es sogar durch den starken Gegenwind zurückgetrieben, und nur ganz langsam gelang es, den Paß zu überwinden und über Zürich mit seinen jubelnden Menschen hinweg mit östlichem Kurs nach Bregenz zu fahren, um dort zu wenden und zur Halle zurückzukehren. Bei dieser denkwürdigen Fahrt befanden sich 12 Personen an Bord des Luftschiffes, das alle bisher erzielten Leistungen der Luftschiffahrt überboten hatte. Die Leistungsfähigkeit des Starrluftschiffes überzeugte nach dieser Fahrt die meisten Gegner, und Graf Zeppelin begann, ein Nationalheld und Volksliebling zu werden. Zwei Tage nach der Schweizer Fahrt nahmen der König und die Königin von Württemberg an getrennten Aufstiegen teil — es war ein neuer Triumpf für Graf Zeppelin, der weniger im technischen Bereich lag, sondern einen großen Vertrauensbeweis für sein Luftschiff darstellte.

Wegen der Feierlichkeiten zum 70. Geburtstag des Grafen Zeppelin am 8. Juli gab es eine Unterbrechung von 11 Tagen im Fahrbetrieb. Versehen mit einer neuen Gasfüllung startete das Luftschiff am 14. Juli erneut. Die geforderte Dauerfahrt sollte begonnen werden, aber durch Abkühlung des noch vom Aufenthalt in der Halle erwärmten Traggases verlor das Luftschiff an Auftrieb, außerdem stellte sich ein Motorschaden ein, so daß die Fahrt schon nach kurzer Dauer abgebrochen und das Luftschiff in die Halle zurückgebracht wurde.

Auch die 7. Fahrt am 15. Juli war vom Pech verfolgt und hätte fast zu einem ernsten Unfall geführt, als nach dem Aushallen bei regnerischem und böigem Wetter das Luftschiff nicht schnell genug Höhe gewinnen konnte und längsseits gegen die Halle gedrückt wurde, wobei es zu größeren Beschädigungen kam, deren Ausbesserung mehr als zwei Wochen dauerte.

Zur Durchführung der Fernfahrt entschloß sich Graf Zeppelin nach einigen geheim getroffenen Vorbereitungen für den 4. August. Bei dieser entscheidenden, für die Zukunft äußerst wichtigen Fahrt wurde der Graf von elf seiner Mitarbeiter begleitet. Tags zuvor war das Luftschiff bereits neu gefüllt worden, alle Steuersysteme und die Motoren erhielten eine letzte Kontrolle und arbeiteten zufriedenstellend. Im frühen Morgengrauen begannen die Arbeiten in der Halle für das Ausbringen

LZ 4 mit geänderter Seitensteueranlage über dem Bodensee.

des Luftschiffes, der Aufstieg erfolgte um 06.22 Uhr. Die Fahrt verlief westwärts bis nach Basel, dort wurde nördlicher Kurs gesetzt, der das Luftschiff über Straßburg entlang des Rheins über die Städte Speyer, Mannheim und Worms führte. In der Nähe von Worms trat ein Defekt am Motor in der vorderen Gondel auf, der stillgelegt werden mußte. Durch die stetige Erwärmung des Gases unter der Sonneneinstrahlung stieg das Luftschiff auf über 1000 m Höhe, wobei durch Abblasen Gasverlust eintrat, der sich unangenehm bemerkbar machte, als nach dem Abkühlen in den Abendstunden das Luftschiff rasch zu sinken begann und nur noch mühsam gehalten werden konnte. Graf Zeppelin entschloß sich zu einer Zwischenlandung auf dem Rhein, die um 17.24 Uhr bei Kornsand mit dem Bug stromaufwärts glatt gelang. Nach der Verankerung wurde mit der Reparatur des Motors begonnen, die über 5 Stunden in Anspruch nahm. Dann konnte wieder gestartet werden, allerdings war es wegen des eingetretenen Gasverlustes erforderlich geworden, eine Reihe entbehrlicher Ausrüstungsgegenstände sowie fünf der Mitfahrenden zurückzulassen, so daß das Luftschiff um 1270 kg entlastet werden konnte.

Gegen 23.00 Uhr erhob sich LZ 4 wieder und erreichte nach 30 Minuten Mainz, wo für die Rückfahrt gewendet wurde. Aber der vordere Motor bereitete abermals Sorgen — nach mehr als einer Stunde Fahrt brach eine Ventilfeder, allerdings ließ sich dieser Schaden mit Bordmitteln beheben. Die Fahrt wurde fortgesetzt und gegen 01.15 Uhr befand sich das Luftschiff auf der Höhe von Mannheim, als kurze Zeit danach der vordere Motor durch Heißlaufen und Ausschmelzen eines Kurbelstangenlagers endgültig zusammenbrach. Graf Zeppelin entschloß sich daraufhin, Stuttgart anzusteuern, in der Nähe auf freiem Felde zu landen und durch die dortigen Daimler-Werke den Motor ersetzen zu lassen. Am Morgen des 5. August wurde um 07.51 Uhr auf der Fildernebene nahe Echterdingen glatt gelandet, das Luftschiff mit Bordmitteln verankert und der Motor durch herbeieilende Monteure der Daimler-Werke ausgebaut. Um den Gasverlust zu ersetzen, wurde von der Werft in Manzell Ersatz auf den Weg gebracht, so daß erst gegen Abend mit der Fortsetzung der Fahrt gerechnet werden konnte. Von Stuttgart und der weiteren Umgebung begann unterdessen eine wahre Völkerwanderung zum Landeplatz des Luftschiffes, hatten doch die Zeitungen in zahlreichen Sonderausgaben die Bevölkerung ständig über den Verlauf der Fahrt unterrichtet, die zu einem bedeutenden Ereignis auch für breite Volksschichten geworden war. Zur Sicherung des Luftschiffes war Militär herbeibeordert worden, Graf Zeppelin hatte in einem Gasthof in Echterdingen Quartier bezogen, um sich auszuruhen und auch mit der Werft zu sprechen. Das Wetter zeigte sich als nicht besorgniserregend, Windböen ließen zwar das Luftschiff hin und her schwenken, es wurde aber durch die Haltemannschaft aus Soldaten gesichert. Erste Anzeichen einer rasch heranziehenden Gewitterfront mit ihrer Böenwalze machten sich gegen 15.00 Uhr bemerkbar, was zu besonderer Wachsamkeit aller beim Luftschiff verbliebenen Mannschaften und Soldaten führte. Die herannahende Katastrophe ließ sich aber nicht mehr aufhalten: Plötzlich riß eine unerwartete starke Windbö das Luftschiff aus seiner Verankerung, die Haltemannschaften mußten die Leinen loslassen, und das Luftschiff trieb ab. Zwar versuchten zwei an Bord befindliche Monteure durch Öffnen der Ventile das Gas entweichen zu lassen, es war aber zu spät und durch Funkenbildung beim Schleifen über den Boden und durch Bäume geriet das Luftschiff in Brand und wurde in kürzester Zeit vernichtet.

Sofort nach Bekanntwerden des Unglücks eilte Graf Zeppelin zum Ort des Geschehens, wo ihn die Menge schweigend empfing. Wieder einmal stand er vor den Trümmern eines seiner Luftschiffe, die geforderte 24-Stunden-Fahrt war gescheitert, und es hätte wohl das Ende seiner Luftschiff-Arbeiten überhaupt bedeutet, wenn nicht die Popularität des Grafen beim deutschen Volk eine so ungeheuer große gewesen wäre. Daß diese Popularität sich mit einem übersteigerten Nationalgefühl vermischte, muß aus der Zeit des wilhelminischen Deutschland vor dem 1. Weltkrieg heraus begriffen werden. Das Luftschiff des Grafen Zeppelin mit seinen Dimensionen wurde als ein Zeichen deutscher Größe angesehen. Man wollte sich dieses Symbol einfach nicht nehmen lassen, und so kam es nach dem Echterdinger Unglück zu der einmaligen Spendenaktion in Deutschland, die hauptsächlich getragen von der Industrie, Vereinen und einflußreichen Verbänden, aber auch unterstützt durch zahllose einfache Bürger, in wenigen Monaten einen Betrag von über 6 Millionen Mark erbrachte. Dieser gewaltige Betrag enthob Graf Zeppelin aller finanzieller Sorgen, aber auch aller Auflagen seitens staatlicher Behörden bezüglich zu erbringender Leistungsbeweise seiner Luftschiffe. Mit den Mitteln der Nationalspende wurde der Luftschiffbau auf industrieller Basis vorbereitet. Am 8. September 1908 wurde in Friedrichshafen die »Luftschiffbau Zeppelin GmbH« gegründet, zum Geschäftsführer ernannte Graf Zeppelin einen Schwiegersohn von Carl Berg, den Industriellen Alfred Colsman, mit dem er seit einiger Zeit bereits geschäftlich verbunden war.

In der Bauhalle am Ufer bei Manzell lag der LZ 3, der zusammen mit dem LZ 4 nach der erfolgreichen Durchführung der Dauerfahrt vom Reich übernommen werden sollte. Trotz einer Reihe kritischer Stimmen aus Militärkreisen bezüglich der vom LZ 4 bei seiner Fahrt gezeigten Leistungen konnte unter dem Eindruck der ungeheuren positiven Stimmung in Deutschland gegenüber Graf Zeppelin von der gegebenen Zusage nicht mehr Abstand genommen werden. Vor der Übernahme durch die Heeresverwaltung wurde der LZ 3 umgebaut und von ursprünglich 128 m auf 136 m Länge bei gleichbleibendem Querschnitt vergrößert, ferner wurden stärkere Motoren von je 100 PS eingebaut.

Am 23. Oktober 1908 unternahm das Luftschiff seinen ersten Aufstieg nach dem Umbau, gefolgt von mehreren Fahrten, deren Höhepunkt eine 8 Stunden dauernde Fahrt mit 25 Personen an Bord war. Beim Besuch der Werft in Manzell am 10. November 1908 bestätige Kaiser Wilhelm II. die Übernahme des Luftschiffes für militärische Zwecke. Die militärische Bezeichnung lautete Z I, das Luftschiff hatte seinen Standort in Metz, von dem aus 45 Fahrten durchgeführt wurden. Erst im März 1913 wurde das Luftschiff als veraltet abgewrackt.

In den acht Jahren seit dem ersten Aufstieg des LZ 1 gelang es Graf Zeppelin nach schweren Schicksalsschlägen, die sein Werk und auch seinen eigenen Glauben daran auf eine harte Probe stellten, das deutsche Volk und nach anfänglichem Zögern die Militärverwaltung vom Wert seiner Luftschiffe zu überzeugen und zu einem der populärsten Deutschen seiner Zeit zu werden. Unterstützt von Technikern wie Theodor Kober, Ludwig Dürr und Gottlieb Daimler, von Wissenschaftlern wie Conrad v. Bassus und Professor Hugo Hergesell, der den wichtigen flugmeteorologischen Dienst begründete, von Industriellen wie Carl Berg und Alfred Colsman und unermüdlich propagiert von Männern wie Hugo Eckener und Hermann Moedebeck kann Graf Zeppelin sein Luftschiff von einem Versuchsmuster mit geringen Leistungen zu einem Fahrzeug entwickeln, das in der Lage ist, eine beachtliche Nutzlast über weite Entfernungen zu befördern und so eine Entwicklung einleiten, die erst 30 Jahre später ihren Höhepunkt, aber auch ihr Ende finden wird.

Die Luftschiffe der Delag blieben in der Anfangsphase vom Pech verfolgt: Hier liegt die Ersatz-»Deutschland« LZ 8 vom Seitenwind gepackt auf den Hallen von Düsseldorf. Die Passagiere steigen über eine Feuerwehrleiter aus der Kabine ab.

schiff mit einer Gruppe wichtiger Passagiere bis auf den letzten Platz belegt, das Wetter zeigte sich leider von einer schlechten Seite mit starken Böen. Hugo Eckener, der die Führung hatte, gab entgegen seinem inneren Wunsch dem Druck der Passagiere nach und gab den Befehl zum Ausbringen des Luftschiffes aus der Halle. Unmittelbar nach dem Aushallen wurde es von starken Böen gepackt und war kurze Zeit danach ein groteskes, teilweise auf dem Hallendach liegendes, mehrmals geknicktes Wrack. Niemand kam zu Schaden, die Passagiere mußten mit Hilfe von Feuerwehrleitern aus der Kabine befreit werden. Das Ansehen der Luftschiffe und der Delag erlitt erneut einen schweren Schlag, und sogar auf der Werft kamen Zweifel am Erfolg dieser großen wetteranfälligen Fahrzeuge auf.

Graf Zeppelin, der der Idee und den Aktivitäten der Delag von Anbeginn an nicht sehr positiv gesinnt war, wurde angesichts dieser Verlustserie von Zweifeln an der endgültigen Richtigkeit seiner Idee vom Starrluftschiff befallen. Nur mit großer Mühe konnten die Widerstände gegen die Bereitstellung weiterer Mittel für das Unternehmen überwunden werden. Ein Luftschiff sollte noch für die Delag gebaut werden, bei seinem etwaigen Verlust war die Auflösung des Unternehmens vorgesehen.

Am 26. Juni 1911 erhob sich auf dem Werftgelände in Friedrichshafen das Luftschiff LZ 10 »Schwaben« zum ersten Aufstieg, am 15. Juli wurde es der Delag übergeben. Der Grundaufbau entsprach dem der vorangegangenen Luftschiffe, geändert worden war die am Heck angeordnete Steueranlage, die eine symmetrische Anordnung der Ruderflächen zeigte. Als Antrieb waren 3 Maybach-Motoren von jeweils 145 PS Leistung in den Gondeln eingebaut worden, die der »Schwaben« eine Geschwindigkeit von 75 km/std gaben. Dieses Luftschiff wurde das glückhafte Schiff der Delag, mit dem der Durchbruch gelang und die Zweifel an der Betriebssicherheit der Luftschiffe beseitigt werden konnten. Unter der Führung von Hugo Eckener konnten in der Saison 1911 von der Basis in Baden-Oos aus über 200 Fahrten erfolgreich durchgeführt werden, bevor es für die Wintermonate in der Halle für die nächste Fahrsaison vorbereitet wurde.

Ende März 1912 wurde der Fahrbetrieb mit der »Schwaben« wieder aufgenommen. Außer in Baden-Oos wurden Rundfahrten mit diesem Luftschiff von Gotha, Berlin-Johannisthal, Potsdam und Frankfurt a. M. aus durchgeführt. Ende Juni wurde die »Schwaben« zum neuen Standort Düsseldorf überführt, und auf diesem für die Delag unglückseligen Platz fand das

Erst mit den Fahrten der »Schwaben« stellte sich das Vertrauen zu den Zeppelin-Luftschiffen wieder ein. Weitere Luftschiffe folgten, wie die »Viktoria Luise«, die hier zur Landung ansetzt.

Luftschiff auch sein Ende. Bei ungünstigen Windverhältnissen stieß es bei der Landung stark auf den Boden auf, einige Streben des Laufganges knickten ein, woraufhin das Luftschiff aus zunächst ungeklärter Ursache in Brand geriet und völlig zerstört wurde. Laborversuche zur Klärung der Brandursache ergaben, daß zwischen den gummierten Gaszellen Reibungselektrizität entstehen kann, die zur Funkenbildung und Entzündung des Wasserstoffgases führt. Rückschließend war damit auch die Entstehung des Brandes geklärt, dem das Luftschiff LZ 4 bei Echterdingen zum Opfer fiel. Statt der Gaszellen aus Gummi mußte unbedingt ein neues Material für die Zellen gefunden werden. Bereits 1908 waren erste Versuche mit Goldschlägerhaut durchgeführt worden, der äußerst gasundurchlässigen äußeren Haut vom Blinddarm des Rindes. Ihren Namen verdankt dieses Material dem Umstand, daß schon im Mittelalter die Goldschmiede sich dieser Haut beim hauchdünnen Ausklopfen von Blattgold bedienten. Die Goldschlägerhaut erwies sich als sehr gut geeignet für die Herstellung der Gaszellen und verminderten die Brandgefahr, so daß alle neuen Luftschiffe trotz des erheblichen Mehraufwandes bei der Fabrikation mit Zellen aus diesem Material ausgerüstet wurden.

Wenn auch der Verlust der »Schwaben« schmerzlich war, so konnte der Fahrbetrieb dennoch aufrechterhalten bleiben, denn seit dem 4. März 1912 stand als zweites Luftschiff die »Viktoria Luise« mit der Baunummer LZ 11 im Dienst. Im Gesamtaufbau glich es den Vorläufern, modifiziert war das Hecksteuer, außerdem kamen stärkere Motoren der Firma Maybach von je 170 PS zum Einbau, mit denen eine Reisegeschwindigkeit von 80 km/std erzielt wurde. Die Nutzlast belief sich auf 6500 kg. Bis zum Kriegsausbruch stand die »Viktoria Luise« bei der Delag im Einsatz, führte 489 Fahrten durch und beförderte dabei 2995 Passagiere von den wechselnden Luftschiffhäfen aus. Bei Kriegsbeginn wurde das Luftschiff für die Ausbildung von Besatzungen für Heer und Marine eingesetzt, bis es am 8. Oktober 1915 beim Einbringen in die Halle beschädigt und anschließend abgewrackt wurde. Am 15. Juni 1915 führte dieses Luftschiff seine 1000. Fahrt durch, ein Beweis, daß es sich bei den Luftschiffen des Grafen Zeppelin doch nicht nur um ein »Schönwetterfahrzeug« handelte, aber auch für den inzwischen erreichten hohen Stand bei der Führung und Handhabung der Luftschiffe.

Als weitere Luftschiffe nahm die Delag bis zum Kriegsanfang noch LZ 13 »Hansa« und LZ 17 »Sachsen« in Betrieb, die in der Hauptsache von Hamburg und Leipzig aus ihre Fahrten durchführten. Das Luft-

Überall in Deutschland entstanden die großen Luftschiffhallen der Delag. Die Doppelhalle von Leipzig, die 1913 eingeweiht wurde, besaß eine Länge von 193 m, eine Breite von 67 m und eine Höhe von 32 m. Das Luftschiff »Sachsen« liegt verankert in der Halle.

schiff »Hansa« nahm im September 1912 an den Hochseemanövern der deutschen Flotte teil und wurde ab August 1914 als Übungsschiff für das Heer verwendet, bis es im Sommer 1916 als veraltet abgewrackt wurde. Mit dem LZ 17 »Sachsen« führte Graf Zeppelin vor Inbetriebnahme durch die Delag eine Fahrt von Baden-Oos nach Wien durch, die vom 9.—10. Juni 1913 stattfand, und bei der die 950 km lange Strecke in 9 Stunden zurückgelegt wurde. Nach dem Einsatz bei der Delag wurde das Luftschiff für Heereseinsätze verwendet. Von seiner Basis Köln aus wurde mit diesem Luftschiff in der Nacht des 2. September Antwerpen bombardiert. Gegen Ende des Jahres nach Verlegung an die russische Front erfolgten Einsatzfahrten auf diesem Kriegsschauplatz, bis es im September 1915 an die Marine für Schulzwecke überstellt wurde. Im Herbst 1916 wurde es ebenfalls abgerüstet.

In den wenigen Jahren ihres Bestehens war es der Delag trotz der schweren Rückschläge der Anfangsjahre gelungen, das Vertrauen des Publikums in die Luftschiffe des Grafen Zeppelin zu gewinnen, das in ständig größer werdender Anzahl an den Rundfahrten teilnahm. Die Statistik weist 10 197 zahlende Passagiere bei der Delag aus, hinzu kommen noch weit mehr beförderte Personen, die von der Delag selbst oder von Heer und Marine zu Ausbildungszwecken auf den Delag-Schiffen mitfuhren. Beim Militär war es auch unter dem Eindruck der erfolgreichen Delag-Arbeit zu einem Umdenken gegenüber den Luftschiffen aus Friedrichshafen gekommen, gefolgt von Bauaufträgen.

Zu einem Linienverkehr mit den Luftschiffen kam es bis zum Ausbruch des 1. Weltkrieges nicht mehr, die Planungen sahen allerdings einen solchen vor, der die wichtigsten europäischen Großstädte miteinander verbinden sollte. Durchgeführte Untersuchungen zur Wirtschaftlichkeit des Luftschiffbetriebs zeigten die Notwendigkeit, die Luftschiffe auf langen Strecken einzusetzen, daß bedingt durch den hohen Aufwand an technischem Personal während der Fahrt und bei der Bodenabfertigung kurze Fahrten sich nicht rentabel zeigen würden. Schon zu dieser frühen Zeit wurde klar erkannt, daß das Flugzeug, dessen Entwicklung zu einem leistungsfähigen Transportmittel erst bevorstand, für den Verkehr auf den kürzeren Strecken besser geeignet sei als das Luftschiff. So blieb die Delag in finanzieller Hinsicht ein defizitäres Unternehmen — es war von Anfang an allerdings darauf verwiesen worden, daß keine Gewinne zu erwarten seien. Das Hauptverdienst der Delag war das Sammeln von Erfahrungen im Fahrbetrieb mit den Luftschiffen, die bei der Werft in Friedrichshafen bestellt wurden und deren Existenz damit gesichert werden konnte.

Das Luftschiff im militärischen Einsatz

Die Entwicklung des Luftschiffes ist eng verbunden mit dem Militär, das seit dem ausgehenden 18. Jahrhundert in der Folge der ersten geglückten Ballonaufstiege versuchte, aus dem nicht lenkbaren Freiballon ein lenkbares Luftschiff abzuleiten, das für Beobachtungszwecke, Angriffs- und Transportaufgaben einzusetzen wäre. Nach vielen Rückschlägen erzielten französische Offiziere und Techniker erste Erfolge mit Prallluftschiffen, deren militärischer Wert zwar gering war, die aber für die Zukunft mit einer geeigneten leichten Antriebsquelle versehen ein leistungsfähiges Luftschiff erwarten ließen.

Die Rivalitäten zwischen Deutschland und Frankreich im 19. Jahrhundert bedingten, daß diese Versuche in Deutschland aufmerksam verfolgt wurden. Insbesondere die Erfolge der Franzosen mit Ballonen, die bei der Belagerung von Paris durch preußische Truppen zwischen September 1870 und Januar 1871 mit wichtigen Meldungen und Persönlichkeiten an Bord in Paris aufstiegen und auf diese Weise eine Verbindung zwischen der eingeschlossenen Hauptstadt und der Außenwelt ermöglichten, gaben Anlaß zu erneuten Anstrengungen bei den Arbeiten zur Schaffung einer leistungsfähigen Luftschiffertruppe und dem benötigten technischen Gerät. So groß die französischen Erfolge mit den Ballonen auf der einen Seite waren, zeigten diese Einsätze andererseits die Schwachstelle beim militärischen Balloneinsatz deutlich auf: Die Fahrten aus der eingeschlossenen Stadt heraus gelangen, eine gezielte Fahrt in die Stadt hinein war mit dem nicht lenkbaren Ballon unmöglich.

Frankreich gab seinem Willen, die Arbeiten zur Schaffung eines einsatzfähigen lenkbaren Luftschiffes staatlich zu fördern, im Jahre 1877 durch die Errichtung der Militärluftschifferschule und Luftfahrtforschungsanstalt in Chalais-Meudon bei Paris Ausdruck. In der Folgezeit konnten beachtliche Fortschritte erzielt werden, die insbesondere der energischen Arbeit von Charles Renard zu verdanken waren, der mit dem gemeinsam mit Arthur C. Krebs erbauten Luftschiff »La France« 1884/85 bei sieben Aufstiegen fünfmal zum Startplatz zurückkehren konnte. Trotz dieser Anfangserfolge konnte sich das Luftschiff generell im französischen Heeresflugwesen in der Folgezeit nicht durchsetzen. Mehrheitlich standen Pralluftschiffe oder Luftschiffe halbstarrer Bauart im begrenzten Einsatz; ein erfolgreiches Starrluftschiff wurde in Frankreich nicht gebaut. Im Mittelpunkt des französischen Interesses beim militärischen Flugwesen stand das Flugzeug.

Die Situation in Deutschland war gekennzeichnet durch das Bestreben von Konstrukteuren wie Haenlein, Baumgarten, Wölfert und Schwarz, für ihre unter großen persönlichen finanziellen Opfern gebauten Luftschiffe staatliche, also militärische Aufträge zu erhalten als Entschädigung für die großen Ausgaben an Eigenkapital. Trotz aller Bemühungen und erster Erfolge blieb die erhoffte Unterstützung aus, lediglich bei einigen Luftschiffaufstiegen stellte das Militär den Platz, die Halle und Hilfsmannschaften zur Verfügung. Unter dem Eindruck der Balloneinsätze von Paris aus konzentrierte sich das Interesse der deutschen militärischen Führung mehr auf Probleme des Balloneinsatzes, wobei der Fesselballon als erhöhte Beobachtungsstation im Mittelpunkt der Versuche stand. Dem Luftschiff wurde wenig Aufmerksamkeit geschenkt. Die Versuche mit Ballonen beim preußischen Heer führten am 1. Juni 1884 zur Aufstellung des Ballondetachements in Berlin für zunächst ein Jahr. Als Hauptaufgabe hatte es Untersuchungen über die Möglichkeit des Beobachtens von Artilleriefeuer vom Fesselballon aus durchzuführen. 4 Offiziere, 4 Unteroffiziere, 29 Mannschaftsgrade sowie ein ziviler Ballonführer bildeten den Anfang der Militärluftfahrt in Deutschland. 50 000 Mark stellte die Militärverwaltung für das erste Jahr zur Verfügung. Nach Ablauf des Jahres blieb das Ballondetachemet bestehen und konnte die grundlegenden Untersuchungen sowie Versuche mit dem Ballon und dem technischen Zubehör unter militärischen Gesichtspunkten fortsetzen. Als eines der wichtigsten Ergebnisse der Arbeiten ist die Schaffung und spätere Einführung des Drachen-Fesselballons beim deutschen Heer anzusehen, der in gemeinsamer Arbeit von den Offizieren August von Parseval und Hans Bartsch von Sigsfeld mit Unterstützung des in Augsburg ansässigen Ballonfabrikanten August Riedinger geschaffen wurde. Durch die längliche Hülle, Verwendung von Flächen am Heck und Einhalten der prallen Form, die durch künstlichen Überdruck erzeugt wurde, zeigte sich der Drachenballon dem herkömmlichen Kugelballon für die gestellten Beobachtungsaufgaben überlegen. Auf der Grundlage des Drachenballons entwickelten von Parseval und von Sigsfeld, der

Das erste für das Militär beschaffte Zeppelin-Luftschiff war die Baunummer LZ 3, beim Heer als Reichsluftschiff Z. 1 bezeichnet. Es war ab 1909 in Metz an der französischen Grenze stationiert und wurde erst 1913 als veraltet abgebrochen.

1902 anläßlich einer wissenschaftlichen Ballonfahrt bei der Landung im Sturm nahe Antwerpen tödlich verunglückte, ein Pralluftschiff, das ebenfalls mit Unterstützung von A. Riedinger in Augsburg gebaut und 1906 in Berlin dem Luftschifferbataillon vorgeführt wurde.

Natürlich sah auch Graf Zeppelin in seinem Starrluftschiff eine Waffe und hoffte auf Bestellungen durch die Militärverwaltung. Das schließt nicht aus, daß weitere Pläne bestanden, das Luftschiff außerdem für Verkehrseinsätze und als Mittel für Forschungsfahrten bei geographischen Expeditionen einzusetzen. Es sollte lange Jahre, angefüllt mit großen Anstrengungen, schweren Rückschlägen und finanziellen Opfern, dauern, bis sich die Militärverwaltung zum Ankauf der ersten Luftschiffe entschloß, und auch dieses geschah nur halbherzig und mehr unter dem Druck der öffentlichen Meinung. Konnte das Heer damit wenigstens erste Erfahrungen hinsichtlich der militärischen Einsatzmöglichkeiten des Luftschiffes sammeln und das benötigte Personal ausbilden, so zeigte das Reichs-Marine-Amt zunächst keine Neigung zum Erwerb von Luftschiffen. Allerdings wurde die technische Entwicklung der Zeppelin-Luftschiffe aufmerksam verfolgt und auch finanziell unterstützt, stammte doch das für den Bau der schwimmenden Reichshalle auf dem Bodensee zur Verfügung gestellte Geld aus dem Marineetat. Außerdem entsandte das Reichs-Marine-Amt im Jahre 1910 den Marine-Schiffbaumeister Felix Pietzker zum Zeppelin-Luftschiffbau nach Friedrichshafen, dessen Aufgabe es war, die technischen Fortschritte beim Bau der Luftschiffe zu beobachten und die Entwicklung eines für die Belange der Marine geeigneten Luftschiffentwurfs zu fördern. Das Hauptinteresse der Marine war auf den Einsatz von Luftschiffen für Aufklärungsfahrten über der Nordsee gerichtet, für die die Leistungen der bisher gebauten Luftschiffe als nicht ausreichend angesehen wurden. Erst 1912 bestellte das Reichs-Marine-Amt das erste Luftschiff, das am 7. Oktober 1912 erstmals aufstieg und anschließend unter der Bezeichnung L 1 in Dienst gestellt wurde. Es war eine militärische Version der Klasse der Delag-Luftschiffe mit einer größeren Läge von 158 m, drei Maybach-Motoren von je 165 PS und 18 Traggaszellen mit einem Gasinhalt von 22 470 m^3. Unter der persönlichen Führung von Graf Zeppelin und mit 20 Personen an Bord stieg das erste Marineluftschiff am 13. Oktober zu einer Dauerfahrt auf, die von Friedrichshafen aus bis nach Helgoland führte und erst nach 34 Stunden endete. Nach Übernahme durch die Marine diente das Luftschiff L 1 als Schul- und Ausbildungsschiff, der Standort war zunächst Berlin-Johannisthal, später wurde es nach Hamburg-Fuhlsbüttel überführt. Von dort aus unternahm es in Zusammenwirken mit der Hochseeflotte während der Herbstmanöver im September 1913 Fahrten über der Nordsee, um erste Erfahrungen bei Beobachtungseinsätzen zu sammeln. Während einer Beobachtungsfahrt am 9. September, die bei zunächst gutem Wetter bis Helgoland führte, geriet L 1 in einen schweren Gewittersturm mit starken Böen, die das Luftschiff außer Kontrolle geraten ließen. Es wurde hochgerissen, unmittelbar danach von einer Fallböe gepackt und trotz verzweifelter Gegenmaßnahmen der Besatzung auf die Meeresoberfläche hinabgeschleudert, wo es auseinanderbrach und 14 Mann der Besatzung mit in die Tiefe riß. Herbeieilende Schiffe konnten nur 6 Mann retten. Erstmals waren bei einem Unglück mit einem Zeppelin-Luftschiff Menschenleben zu beklagen.

Das zweite für die Marine bestimmte Luftschiff, L 2, hatte am 6. September 1913 seine erste Fahrt durchgeführt. Von den bisher gebauten Luftschiffen wich es in einigen wesentlichen technischen Einzelheiten ab, die der Marinebeauftragte Pietzker entworfen und gegen den Willen der Werftleitung durchgesetzt hatte. Um der wichtigsten Forderung der Marine nach verbesserter Leistung zu entsprechen, erhielt das neue Luftschiff, das die Werkbaunummer LZ 18 trug, einen größeren Gasinhalt von 27 000 m^3 bei gleicher Länge von 158 m wie der L 1. Der Durchmesser allerdings wurde von den 14,9 m des L 1 auf 16,6 m erweitert. Als Antrieb dienten erstmals bei einem Luftschiff 4 Maybach-Motoren, die je 180 PS leisteten. Die Dimensionen wurden einerseits durch die Größe der Hallentore der Werft in Friedrichshafen, andererseits durch die Ausmaße der Luftschiffhalle in Hamburg-Fuhlsbüttel, dem geplanten späteren Standort des L 2, bestimmt. Bedingt durch die vorgegebenen Maße wurde erstmals der bisher unter dem Schiffskörper angebrachte Laufgang in das Innere des Luftschiffes verlegt sowie die Führer- und Motorengondeln näher als bei den früheren Baumustern an den Schiffskörper gerückt. Das ermöglichte, daß die Gondeln eine Verglasung als Windschutz erhalten konnten, während sie zum Laufgang im Luftschiffinneren hin mit einer aus Baumwollstoff bestehenden Trennwand verkleidet wurden. Daß diese Trennwand gasdurchlässig war, ist nicht beachtet worden. Die Verglasung und die entgegen bei den früher gebauten Luftschiffen sehr nahe am Schiffkörper angebrachten Gondeln führten zu Kontroversen zwischen Ludwig Dürr als dem leitenden Ingenieur beim Luftschiffbau Zeppelin und Schiffbaumeister Pietzker, der aber auf dieser Bauausführung bestand.

Nach den ersten Werkstattfahrten wurde das neue Luftschiff zum Flugplatz Berlin-Johannisthal überführt für weitere Schulungsfahrten, bevor es endgültig zum vorgesehenen Standort Fuhlsbüttel überstellt werden sollte. Eine für den 17. Oktober 1913 angesetzte Fahrt mit Vertretern der Admiralität, Felix Pietzker, Ingenieuren der Zeppelin-Werft und weiteren 14 Mann Besatzung an Bord, mußte wegen eines Motorschadens um mehrere Stunden verschoben werden, während der das Luftschiff in der Sonne lag. Dabei dehnte sich das Gas aus und entwich aus den überprallen Zellen, konnte aber nicht abziehen, da das Luftschiff über keine nach oben gerichteten Gasabzugschächte verfügte. Nach dem Aufstieg bildete sich hinter der Verglasung der Führergondel ein Unterdruck, der das ausgetretene Gas durch die Stofftrennwand hindurch ansog, so daß sich in diesem Bereich ein hochexplosives Luft-Gas-Gemisch bilden konnte, das sich an den Motoren entzündete. Daraufhin explodierte das Luftschiff in etwa 400 m Höhe, alle 28 Insassen kamen ums Leben. Bei dieser schrecklichen Katastrophe verlor die Marine nicht nur ihr zweites Luftschiff, sondern fast das gesamte ausgebildete Führungspersonal der Luftschiffe. Trotz des Verlustes beider Luftschiffe und vieler Menschenleben hielt die Marine an ihren Plänen fest, das Luftschiffbauprogramm allerdings wurde bis zur Klärung der Unglücksursache des L 2 vorläufig gestoppt.

Die Delag erklärte sich bereit, bei den Fahrten ihrer Luftschiffe »Sachsen«, »Viktoria Luise« und »Hansa« Marine-Personal zum raschen Ausgleich der erlittenen tragischen Verluste auszubilden. Mit der Führung der Marine-Luftschiffabteilung wurde Korvettenkapitän Peter Strasser beauftragt, der in den folgenden Jahren durch seine energischen Anstrengungen die Luftschiffe zu einer gefürchteten Waffe entwickelte.

Am 21. März 1914 bestellte die Marine ein neues Luftschiff, das am 23. Juli übernommen wurde. Mit 3 Motoren ausgerüstet, erreichte es eine Höchstgeschwindigkeit von 75,6 km/std. Zur Verteidigung befanden sich auf einer auf dem Rücken des Luftschiffes

Die Marine, die sich später als das Heer zur Beschaffung von Zeppelin-Luftschiffen entschloß, verlor ihre ersten beiden Luftschiffe L 1 und L 2 bei tragischen Unfällen mit hohen Verlusten an Menschenleben. Das Luftschiff L 2 (LZ 18) war unter Verantwortung von Marinebaumeister Pietzker gebaut worden und wich bei der Gondelkonstruktion und -aufhängung von der Zeppelin-Praxis ab, was als Mitursache für die Katastrophe des Luftschiffes am 17. Oktober 1913 in Berlin-Johannisthal angesehen wird.

Marineluftschiff L 3 (LZ 24) beim Einhallen in Hamburg-Fuhlsbüttel. Die Luftschraubenanordnung der frühen Zeppelin-Luftschiffe mit ihren Fernwellen ist gut zu sehen auf diesem Bild.

angebrachten Plattform 2 Maschinengewehre. In seinen Leistungen unterschied sich ansonsten das neue Marineluftschiff L 3 nicht wesentlich vom ersten. Seitens der Marine wurde bekanntgegeben, daß vorläufig keine weiteren Luftschiffe bestellt werden würden, da sich die Zeppelin-Werft außerstande sah, in kurzer Zeit einen neuen leistungsfähigeren Luftschifftyp zu schaffen, wie er von der Marine-Luftschiffabteilung gefordert wurde. Somit stand bei Kriegsbeginn nur das Luftschiff L 3 im Dienst der Marine. Vorsorge war allerdings getroffen worden für die Beschaffung weiterer Luftschiffe und für den Aufbau ihrer Standorte, die in Nordholz und Ahlhorn mit großen Hallen und Doppeldrehhallen entstanden. Mit den Forderungen nach erhöhten Leistungen der Luftschiffe durch die Marineverwaltung wurde die technische Entwicklung der Luftschiffe stark beeinflußt und vorangetrieben, der Luftschiffbau Zeppelin wurde dadurch in die Lage versetzt, innerhalb kurzer Zeit neue Typen zu entwickeln, die mit ihrer Geschwindigkeit, Nutzlast und Steigfähigkeit geeignet waren, Aufklärungs- und Angriffsfahrten durchzuführen, wie sie bereits am Beginn der Zusammenarbeit zwischen der Werft in Friedrichshafen und dem Reichs-Marine-Amt bei der Schaffung dieser neuen Waffe gefordert worden waren.

Das Heer bekam in der Vorkriegszeit Gelegenheit, Erfahrungen mit Luftschiffen aller drei Systeme —prall, halbstarr und starr — zu sammeln und entschloß sich nach Auswertung der mit den verschiedenen Systemen erbrachten Leistungen sowie nach einem Wandel in der Einsatzdoktrin im Kriegsfalle für die Starrluftschiffe des Grafen Zeppelin und Schütte-Lanz.

Professor Johann Schütte entwickelte ebenfalls ein Starrluftschiff, das auf der Bauwerft des Mannheimer Industriellen Dr. Karl Lanz in Rheinau bei Mannheim in den Jahren 1909—1911 entstand, dessen Gerippe aber im Gegensatz zu den Luftschiffen Graf Zeppelins aus Holz hergestellt wurde. Entscheidender Anlaß für die Heeresverwaltung, sich mit dem Problem des Luftschiffes aktiv zu befassen, waren die in Frankreich erzielten Erfolge mit Luftschiffen der halbstarren Bauart von Lebaudy und Julliot, die ab 1905 in der Erprobung standen und deren Einführung beim französischen Heer unmittelbar bevorstand.

In Deutschland arbeitete mit großem Eifer August von Parseval an der Vollendung seines Pralluftschiffes, dessen erste Versuchsfahrten 1906 und 1907 stattfanden und die Brauchbarkeit von Luftschiffen dieses Systems bewiesen. Vom militärischen Standpunkt her war es von großem Wert, ein leicht zu transportierendes Luftschiff zu erhalten, das erst beim Eintreffen im Einsatzgebiet aufgebaut und betriebsfertig gemacht werden sollte und nach Beendigung der Einsatztätigkeit genau so leicht abmontierbar sein mußte. Die bei der Entwicklung des Drachenfesselballons durch von Parseval und Bartsch von Sigsfeld erworbenen Erfahrungen flossen in die Konstruktion des Luftschiffes ein. Und nach erfolgreicher Erprobung des ersten Pralluftschiffes beschloß die Militärbehörde, die Weiterentwicklung durch Erteilen von Aufträgen zu fördern. Weitere entscheidende Förderung erhielt August von Parseval durch die am 31. Juli 1906 auf Anregung Kaiser Wilhelm II. gegründete Motorluftschiff-Studiengesellschaft, deren Aufgabe in der Untersuchung der Bedingungen für eine erfolgreiche Entwicklung der Luftschiffahrt unter technischen Aspekten einschließlich der Konstruktion des Luftschiffkörpers und von Luftschiffmotoren sowie der meteorologischen Gesichtspunkte bestand. Das erste Parseval-Luftschiff sowie die Patente darauf wurden 1907 von der Motorluftschiff-Studiengesellschaft erworben. Von Parseval trat der Gesellschaft als deren technischer Leiter bei, nachdem er bereits 1901 vom Militärdienst beurlaubt worden war, um sich voll der Konstruktion seines Luftschiffes widmen zu können. Die Tochtergesellschaft »Luftfahrzeug-Gesellschaft« baute in der Folgezeit in Bitterfeld eine Anzahl von Pralluftschiffen, die außer von der Preußischen Heeresverwaltung für die zivile »Luft-Verkehrs-Gesellschaft« für Rundfahrten über deutschen Städten und in einigen Exemplaren an das Reichs-Marine-Amt geliefert wurden. Weitere Exemplare wurden an die österreichische, russische, türkische, japanische, italienische und englische Heeresverwaltung geliefert, ein Beweis für die Qualität dieser Luftschiffe. Die günstigen Fahrergebnisse der Parseval-Luftschiffe und der französischen Lebaudy-Julliot-Luftschiffe standen in starkem Kontrast zu den Mißgeschicken, die Graf Zeppelin mit seinen Starrluftschiffen ereilten. LZ 1 wurde nach drei Fahrten abgerüstet, wobei hier Geldmangel ausschlaggebend war. LZ 2 war bei der ersten Fahrt abgetrieben und anschließend nach Sturmschäden abgewrackt worden. Geld für den Bau eines neuen Luftschiffes war nicht vorhanden —es war also nicht verwunderlich, daß die Heeresverwaltung von der Überlegenheit des starren Systems nicht überzeugt war. Eine zu Beginn des Jahres 1906 einberufene »Kommission zur Beratung der Frage des Baues von Motorluftschiffen« kam im Verlaufe mehrerer Sitzungen, bei denen die Luftschiffkonstruktionen und die damit erzielten Leistungen miteinander verglichen

Marineluftschiff L 31 (LZ 72) 1916 im Aufklärungseinsatz über der Nordsee mit dem Zerstörer »Ostfriesland«. Als das »fliegende Auge« der Flotte konnten die Luftschiffe mehrfach in Seekriegshandlungen eingreifen, wenn auch oftmals ihr Wert als Beobachter durch ungünstige Wetterbedingungen stark beeinträchtigt wurde.

Hauptziel, sondern erfaßten alle Landesteile bis nach Schottland, was die Aufgaben der Luftverteidigung erschwerte.

Einmal allerdings war es bereits geglückt, einen Zeppelin in der Luft zu vernichten. Das geschah am 7. Juni 1915, als es dem Sub-Lt. Warneford gelang, das Armee-Luftschiff LZ 37 durch Bombentreffer über der Stadt Gent in Brand zu setzen und zum Absturz zu bringen. Bei dem LZ 37 handelte es sich um ein technisch veraltetes Luftschiff, dessen Steigfähigkeit unter dem der gegnerischen Flugzeuge lag, die es aus überhöhter Position angriffen. Die Armee verlegte danach die verbliebenen Luftschiffe Z XII und LZ 39 an die Ostfront, wo die Abwehr schwächer war und verfügte darum für einige Wochen über kein Luftschiff an der Westfront. Erst Ende Juli 1915 trafen technisch verbesserte Luftschiffe bei der Truppe im Westen ein. Einige der neuen Luftschiffe, die sowohl von der Zeppelin-Werft als auch der Schütte-Lanz-Werft geliefert wurden, befanden sich nicht lange im Einsatz, so trug der S.L. V bei einer Probefahrt Beschädigungen am Gerippe davon und wurde vom Exerzierplatz Gießen, wo er für die Reparaturarbeiten lag, am 3. Juli bereits durch einen Gewittersturm abgetrieben und zerstört, bevor er überhaupt an die Front kam. Der von der Zeppelin-Werft gelieferte LZ 72 erwies sich wegen der schlechten Aluminiumlegierung des Gerippes, das zu häufigen Brüchen von Trägern führte, als nicht fronttauglich und wurde lediglich für Übungsfahrten benutzt, bis es im Februar 1917 abgerüstet wurde. In der Folgezeit griffen Heeresluftschiffe Ziele im Frontgebiet an, wobei es nicht selten zu ernsten Zwischenfällen kam, hervorgerufen durch feindliches Abwehrfeuer, aber auch durch technische Mängel an den Luftschiffen, die wegen der notwendigen Reparaturarbeiten teilweise wochenlang nicht einsatzfähig waren. Etwas günstiger sah es für die Luftschiffe an der Ostfront aus, wo die feindliche Abwehr nicht so intensiv war, aber auch hier gab es wetterbedingte Verluste. Behindert wurden die Luftschiffe in hohem Maße durch ungünstige Wetterverhältnisse und die starke Kälte, die zum Einfrieren des Betriebsstoffes führte. In Zusammenarbeit mit der Marine übernahmen Heeresluftschiffe Aufklärungsfahrten über der Ostsee, in deren Verlauf ein feindliches Unterseeboot in der Nähe von Brüsterort am 24. Juni 1916 vernichtet wurde. An dieser Aktion war das Luftschiff LZ 87 beteiligt.

Marine-Luftschiffe führten außer ihren Aufklärungseinsätzen über der Nordsee ihre Angriffsfahrten auf England fort, wenn auch die angerichteten Schäden oftmals in keinem Verhältnis zu dem Aufwand standen, mit dem sie ausgeführt wurden. Unzureichende Navigation über den verdunkelten und oftmals durch Wolken und Nebel zusätzlich erschwert zu erkennenden Zielen führten immer wieder zu Bombenfehlwürfen auf nichtmilitärische Ziele oder offenes Land, verlangten aber den Besatzungen im Verlaufe der meistens über 20 Stunden dauernden Fahrten bei oftmals widrigem Wetter das Äußerste an Konzentration und Einsatzwillen ab. Bei der Admiralität wuchs allmählich die Skepsis hinsichtlich des Einsatzwertes der Luftschiffe im Bombenkrieg gegen England. Nur der energischen Fürsprache von Peter Strasser als dem Führer der Luftschiffe war es zu verdanken, daß diese Einstellung überwunden wurde und weitere Angriffe geplant werden konnten. Stiegen bisher nur einige Luftschiffe zu diesen Angriffsfahrten auf, so erlebte England im Sommer 1916 stärker werdende Angriffe mit einer größer werdenden Anzahl von Luftschiffen mit London als dem wichtigsten Ziel. In der Nacht vom 2.—3. September erfolgte der zahlenmäßig größte Angriff auf England, zu dem 16 Luftschiffe aufstiegen, unter ihnen 4 des Heeres. Erstmals griffen Marine- und Heeresluftschiffe gemeinsam an. Die Heeresluftschiffe waren LZ 90, LZ 97, LZ 98 und der erst vor gerade einem Monat fertiggestellte S.L. 11. Seitens der Marine nahmen die Zeppelin-Luftschiffe L 11, L 13, L 14, L 16, L 17, L 21, L 22, L 23, L 24, L 30 und L 32 sowie das Schütte-Lanz-Luftschiff S.L. 8 am Angriff teil. Bei dem L 30 und L 32 handelte es sich um die ersten in Friedrichshafen gebauten Luftschiffe der neuen 56 000m^3-Klasse, die mit 6 Maybach-Motoren, die jeder 240 PS leisteten, ausgerüstet waren. Die Länge betrug 198 m, der Durchmesser 23,9 m, 19 Gaszellen gaben den Luftschiffen eine Nutzlastkapazität von 32 500 kg, von der 4500 kg auf die mitzuführende Bombenlast entfielen. Graf Zeppelin war persönlich an Bord, als das erste Luftschiff dieser neuen Klasse nach Nordholz überführt wurde. Mit ihrer größeren Bombenlast sollte der Luftkrieg intensiviert werden, zumal Peter Strasser nach wie vor davon über-

Größter Befürworter der Zeppeline als Angriffswaffe gegen England war Fregattenkapitän Peter Strasser, der »Führer der Luftschiffe«. Er fiel in der Nacht vom 5.—6. August 1918 beim Abschuß des L 70 (LZ 112) bei einer der letzten Angriffsfahrten gegen England. Das Bild zeigt ihn gemeinsam mit Graf Zeppelin und Hugo Eckener 1916 in Nordholz.

Fahrbetrieb auf dem Luftschiffhafen Ahlhorn. Die Luftschiffe bekamen an der Unterseite einen dunklen Tarnanstrich, um sie besser vor dem Entdecktwerden im Scheinwerferlicht bei den Nachtangriffen auf England zu schützen. Das abgebildete Luftschiff L 44 (LZ 94) führte am 1. April 1917 seinen ersten Aufstieg durch und wurde am 20. Oktober 1917 über Frankreich abgeschossen.

zeugt war, mit den Angriffen auf Ziele in England eine Wende des Krieges zugunsten Deutschlands herbeiführen zu können. Aus diesem Grunde plante er eine Serie von Großangriffen, an denen eine größere Zahl von Luftschiffen teilnehmen sollte als es bisher der Fall war.

Das Wetter am 2. September 1916 war nicht gerade ideal für den geplanten Großangriff, es herrschten westliche Winde, deren Böen den Luftschiffen zu schaffen machten, über Norfolk und dem Großraum London gab es Wolkenfelder und Nebelbänke, die die Zielerfassung erschwerten. Der Startbefehl wurde dennoch erteilt, und von ihren Basen in Hage, Nordholz, Tondern, Ahlhorn, Mannheim, Darmstadt, Wildeshausen und Spich erhoben sich die Luftschiffe, um Kurs auf England zu nehmen. Die englische Abwehr war frühzeitig gewarnt worden und befand sich in voller Bereitschaft. Gegen Mitternacht erreichten die Luftschiffe die englische Küste, und im Verlauf des Angriffs fielen Bomben auf London und eine Reihe kleinerer Ortschaften, ohne jedoch starke Schäden anzurichten.

Wie bereits bei vorangegangenen Zeppelin-Angriffen waren von den Flugplätzen im Südosten Englands Flugzeuge zur Abwehr aufgestiegen, auf die die Bordschützen der Luftschiffe ein besonderes Augenmerk richteten. Was sie nicht ahnen konnten, war der erstmalige erfolgreiche Einsatz von Brandmunition in dieser Nacht.

Man war sich in England völlig im klaren darüber, daß die Luftschiffe mit ihren riesigen Gasinhalten durch einen Funken in eine lodernde Masse von brennendem Gas, zerfetzter Leinwand und zerbrechender Gitterteile verwandelt werden konnten, aus der es für die Besatzung kein Entrinnen gab, wenn sie als lodernde Fackel vom Himmel stürzten.

Zuerst war versucht worden, durch Abwurf von Brandbomben aus überhöht fliegenden Flugzeugen die Luftschiffe zu zerstören, was auch einmal am 7. Juni 1915 gelungen war, als der veraltete LZ 37 zerstört wurde. Inzwischen aber war die Steigfähigkeit der Luftschiffe verbessert worden, und die Flugzeuge waren abermals im Nachteil.

In England wurde fieberhaft an der Entwicklung von Leuchtspur- und Brandmunition gearbeitet, die Angriffstaktik der Piloten verfeinerte sich ständig unter besonderer Ausnutzung der toten Winkel am Luftschiff, die es den Besatzungen unmöglich machte, die angreifenden Flugzeuge rechtzeitig zu entdecken. Die Steigleistung neuer Flugzeugtypen hielt Stand mit der der Luftschiffe — es war ein tödliches Duell zwischen Luftschiff und Flugzeug, das von letzterem gewonnen wurde!

Unter den Piloten, die zur Abwehr der eindringenden Luftschiffe am Abend des 2. September 1916 aufgestiegen waren, befand sich William Leefe Robinson, dessen Be2c-Doppeldecker eine Mischung herkömmlicher und neuer Brandmunition geladen hatte. Scheinwerferlicht erfaßte über London ein seine Bomben abwerfendes Luftschiff, das bereits von der Bodenabwehr unter allerdings schlecht gezieltes Abwehrfeuer genommen worden war. Robinson ergriff die sich bietende Gelegenheit und stürzte sich aus überhöhter Position auf das Luftschiff, wobei es im Sturzflug unter dieses kam und eine Salve hineinschoß, die aber keine sichtbare Wirkung zeigte. Ein von der Seite her geführter zweiter Angriff blieb ebenfalls erfolglos; ruhig zog das Luftschiff seine Bahn weiter. Nun setzte der Pilot des »Nachtjägers« zum dritten Angriff an und schoß aus der Nähe von schräg unter dem Heck eine volle Salve aus gemischter Munition konzentriert auf eine Stelle in den riesigen Leib des Luftschiffes hinein. Zuerst war nur ein dunkles Glühen an dieser Stelle zu erkennen, Sekunden später war der Himmel über London taghell erleuchtet von dem brennenden Luftschiff, das einer riesigen Fackel gleich unter dem Jubel zahlloser Zuschauer, die das Duell im Scheinwerferlicht verfolgt hatten, zur Erde fiel. London erlebte erstmals den schaurigen Anblick eines in Brand geschossenen Luftschiffes. Die Besatzungen der deutschen Luftschiffe sahen es zum Teil aus weiter Entfernung mit Entsetzen. Vernichtet worden war das Schütte-Lanz S.L. 11-Heeresluftschiff unter dem Kommando von Hauptmann Wilhelm Schramm, der zusammen mit der gesamten Besatzung den Tod fand.

Das Ergebnis des größten Luftschiffangriffs auf Ziele in England stand in keinem Verhältnis zum Aufwand und dem Verlust des S.L. 11. Aus englischen Unterlagen geht hervor, daß insgesamt 463 Bomben auf englisches Territorium fielen, davon 60 auf London. 4 Personen wurden getötet, weitere 12 erlitten Verletzungen, der materielle Schaden wurde mit 21 072 Pfund Sterling angegeben. Unabhängig von dem vielfach höheren Aufwand bei der Vorbereitung und Durchführung des Angriffs, war es die für die zukünftige Luftkriegführung entscheidende Tatsache und Lehre, daß das Luftschiff nicht mehr unumschränkter Beherrscher des feindlichen Luftraums war, daß eine tödliche Abwehrwaffe entwickelt worden war, mit der die militärische Bedeutung des Luftschiffes als Angriffswaffe ein für allemal beendet wurde, die den Angriff und die Folgen in der Nacht vom 2.—3. September 1916 von so großer Bedeutung werden ließen.

Nach diesem Verlust nahm kein Heeresluftschiff mehr an Angriffsfahrten gegen England teil. Ein knappes Jahr danach wurde die gesamte Heeresluftschiffahrt eingestellt und die noch vorhandenen Luftschiffe der Marine überstellt.

Unbeeindruckt von dem Verlust des Luftschiffes über London, plante Peter Strasser weitere Angriffsfahrten, wobei er besonders große Hoffnungen auf die erhöhte Leistung der neuen Zeppelin-Klasse setzte. Aber auch hier sollte die Enttäuschung nicht lange auf sich warten lassen.

Seit längerer Zeit bereits wurde durch Vermeidung von Verlusten durch die feindliche Abwehr die Zeit des Neumondes für die Angriffsfahrten gewählt, da sich dann die riesigen Leiber der Luftschiffe schlecht am Himmel erkennen ließen. Die Nacht vom 23.—24. September fiel in eine Neumond-Periode und wurde für einen neuen Angriff auf England mit dem Hauptziel London bestimmt. Diesmal nahmen 12 Luftschiffe teil, unter ihnen die neuen Zeppeline L 30, L 31, L 32 und L 33. Der bei diesem Angriff angerichtete Schaden war bedeutend höher als bei dem Angriff vor 3 Wochen: 40 Personen wurden getötet, allein in London waren es 37, weitere 130 Personen erlitten Verletzungen. Erheblich war auch der angerichtete Sachschaden. Zwei der angreifenden Luftschiffe kehrten jedoch nicht zu ihren Heimathäfen zurück, und was noch schmerzlicher war, es handelte sich um den L 32 und L 33 aus der neuesten Bauserie von Friedrichshafen, auf die Peter Strasser so große Hoffnungen gesetzt hatte.

In dieser Nacht fiel zunächst L 33 unter dem Kommando von Kapitänleutnant d. R. Aloys Böcker der Bodenabwehr zum Opfer, nachdem es London mit Bomben belegt hatte. Getroffen von zahlreichen Einschüssen, die Gaszellen und Ringträger beschädigten, begann das Luftschiff Höhe zu verlieren und kam schließlich nordöstlich von London, nahe der Ortschaft Colchester, zu Boden. Es war ein Wunder, daß das Luftschiff kein Feuer gefangen hatte bei den Einschüssen. Die gesamte Besatzung verließ das Luftschiff, das daran anschließend von Böcker mit gezielten Revolverschüssen in Brand gesetzt wurde. Der Versuch der Besatzung die Küste zu erreichen, mißlang, und sie gerieten in Gefangenschaft. Englische Experten untersuchten sorgfältig das Gerippe des L 33 und nahmen die gewonnenen Erkenntnisse zur Grundlage eigener Luftschiffbauten.

Weniger Glück als die Besatzung des L 33 hatte in dieser Nacht die Besatzung des Luftschiffes L 32 unter dem Kommando von Oberleutnant z. S. Peterson. Beim Angriff auf London geriet er in das Licht mehrerer Scheinwerfer und zog das Feuer der Luftabwehrgeschütze auf sich, die das Luftschiff aber nicht trafen. Alarmiert durch die Scheinwerfer und die zerplatzenden Granaten wurde Lieutenant Frederick Sowrey in seiner Be2c, der daraufhin Kurs auf das Luftschiff nahm, um es anzugreifen. Die ersten beiden Angriffe schlugen fehl, sein Flugzeug wurde mit heftigem Abwehrfeuer aus den Gondeln heraus belegt, ohne allerdings getroffen zu werden. Der dritte Angriff führte das Ende des L 32 herbei, als brennende Fackel stürzte es zu Boden, es gab keine Überlebenden.

Für Peter Strasser waren es Verluste, die um so schwerer wogen, da zugleich mit den neuesten Zeppelinen auch seine erfahrensten Kommandanten und Besatzungen fielen oder in Gefangenschaft gerieten. Nur eine Woche später stand ihm wiederum ein neuer schwerer Verlust bevor, abermals kehrte eines der neuen Luftschiffe mit einem der erfolgreichsten Kommandanten nicht zurück.

11 Luftschiffe griffen in der Nacht vom 1.—2. Oktober Ziele in England an, unter ihnen befand sich L 31 unter dem Kommando von Kapitänleutnant Heinrich Mathy, der sich auf seiner 15. Angriffsfahrt gegen England befand. Er wußte, wo die stärkste Konzentration von Abwehrgeschützen war und versuchte mit gedrosselten Motoren den Abwehrring um London zu durchbrechen, wurde aber entdeckt, als er erneut volle Motorenleistung gab und in gezieltes Abwehrfeuer geriet. Der Bodenabwehr konnte er entrinnen, gegen das angreifende Flugzeug — wiederum vom Typ Be2c — hatte Mathy keine Chance mehr. Sein Luftschiff geriet durch den Beschuß in Brand und stürzte bei Potters Bar nördlich von London ab, ohne daß es einen Überlebenden gegeben hätte.

Unter dem Eindruck dieser verheerenden Verlustserie gerade der neuesten Zeppelin-Luftschiffe erhob sich abermals die Frage nach der Fortsetzung dieser zunehmend riskanteren und verlustreicheren Angriffsfahrten gegen England. Unbestreitbar war die Tatsache, daß wegen dieser Angriffe große Mengen an Personal und Material, die an der Front dringend benötigt wurden, für die Abwehrmaßnahmen in England stationiert bleiben mußten. Unbestreitbar hatten sich auch die Minensuchfahrten und mehr noch die Aufklärungsfahrten über der Nordsee von einigem Wert für die Operationen der deutschen Hochseeflotte erwiesen, wobei oftmals witterungsbedingte Schwierigkeiten und technische Mängel an den Luftschiffen und ihrer Ausrüstung den vollen Erfolg verhinderten. Graf Zeppelin äußerte sich selbst manchmal skeptisch über die Leistungsfähigkeit der Luftschiffe und erhob die Frage, ob es nicht doch besser gewesen wäre, seine Energie voll der Flugzeugentwicklung zuzuwenden. Er tat dies jedenfalls gegen Ende seines Lebens und leitete die Entwicklung des Baus von Riesenflugzeugen ein, die in der Endphase des 1. Weltkrieges effektiver am Luftkrieg teilnahmen als die Luftschiffe. Als Graf Zeppelin am 8. März 1917 im 79. Lebensjahr verstarb, war die Frage, ob das Luftschiff oder das Flugzeug für den strategischen Bombenkrieg besser geeignet sei, allerdings noch nicht entschieden. Das Luftschiff näherte sich seiner Vollendung als wetter- und sturmerprobtes Fluggerät, das darüber hinaus in der Lage war, eine für die damalige Zeit große Bombenlast über weite Entfernungen zu transportieren. Noch hatten die Befürworter des Luftschiffes einige Trümpfe zum Ausspielen in den Händen. Tatsache war, daß die Luftschiffe ein leichtes Opfer der Flugzeuge werden konnten, deren Steigleistung die der Luftschiffe erreichte. Was also lag näher, als den neuerlichen Versuch zu unternehmen, durch erhöhte Steigleistung die Luftschiffe aus dem tödlichen Angriffsbereich der Flugzeuge herauszubringen. Um dieses Ziel zu erreichen, wurde der Luftschiffkörper einschließlich der Gondeln nach den neuesten Erkenntnissen der Aerodynamik gestaltet, auf den sechsten Motor verzichtet, die Motoren- und Propelleranordnung verbessert und das Schiffsgerüst so leicht wie möglich gebaut. Ferner fielen die Maschinengewehre, die Abwehrstände, ein Teil der Bombenzielgeräte sowie die besonderen Aufenthaltsräume der Besatzung und jeglicher weiterer Komfort fort. Auf diese Weise erleichtert und unter Verwendung neu entwickelter Höhenmotoren konnten die neuen Zeppeline bis auf 6000 m Höhe steigen. Um sie am Nachthimmel noch schwieriger auffinden zu können, wurde die Unterseite schwarz gestrichen. Die Geschwindigkeit der Höhen-Zeppline betrug etwa 110 km/std. Bemerkenswert hoch war die Tragfähigkeit der Luftschiffe dieser Klasse, die fast 60 % des Gesamtauftriebs erreichte.

Die Baunummer LZ 91 war das erste in Friedrichshafen hergestellte Luftschiff für Höhenfahrten. Es führte die erste Werkstattfahrt am 22. Februar 1917 durch und wurde mit der Marinekennung L 42 am 28. Februar übernommen und nach Nordholz überführt. Bei den ersten Höhenversuchsfahrten traten neue Probleme auf, die bisher nicht beachtet zu werden brauchten: Sauerstoffmangel machte sich bemerkbar, wegen der starken Minusgrade gab es Erfrierungen, auch das in den Ballastbehältern mitgeführte Wasser gefror und mußte durch Sand ersetzt werden; aber auch diese Probleme konnten überwunden werden.

Bei dem letzten Angriff auf England im Jahre 1916, der in der Nacht vom 27.–28. November durchgeführt worden war, wurden die Luftschiffe L 21 und L 34 abgeschossen. Erst am 16. März 1917 erfolgte ein neuer Angriff auf Ziele in England, von dem L 39 nicht mehr zurückkehrte. Der erste Angriff unter Teilnahme der neuen Höhen-Zeppeline war von ungünstigen Wetterbedingungen begleitet mit starken Winden aus nordnord-westlicher Richtung, vor denen wegen fehlender Wetterbeobachtungen die Besatzungen nicht gewarnt werden konnten. Der Sturm erfaßte die Luftschiffe, die nur unter größter Anstrengung die englische Küste erreichen konnten und trieb sie teilweise bis tief nach Frankreich hinein. L 39 geriet bis in die Nähe von Paris und wurde beim Versuch, die deutschen Linien zu erreichen, in der Nähe von Compiégne brennend abgeschossen mit dem Verlust aller Besatzungsmitglieder. Es wird angenommen, daß wegen eines Motorschadens das Luftschiff in den Bereich der Bodenabwehr gelangte. Trotz des Verlustes des L 39 und dem Mißerfolg des Angriffs auf England zeigte es sich aber bei anschließenden Angriffsfahrten, daß es der Bodenabwehr und auch den Flugzeugen nicht möglich war, die in großer Höhe einfliegenden Luftschiffe abzuwehren. Andererseits zeigte sich wieder mit großer Deutlichkeit, wie notwendig eine verläßliche Wettervorhersage für den Erfolg eines Angriffs war, die aber wegen des Fehlens der dazu benötigten exakten Wetterbeobachtungen weitab von den Luftschiffhäfen nicht gegeben werden konnte. Insbesondere die starken Höhenwinde, deren Vorhandensein und Intensität oft nicht vorhergesagt werden konnten, sollten sich bei zukünftigen Angriffen als verhängnisvoll auswirken, wie es sich in der Nacht vom 19.–20. Oktober 1917 erwies, als von 11 angreifenden Luftschiffen 4 durch den starken Sturm, der nicht vorhergesagt worden war, nach Frankreich abgetrieben und dort vernichtet wurden. Peter Strasser hatte Befehl zu einem Geschwaderangriff auf England gegeben. Das Wetter war nach den vorliegenden Wetterberichten gut geeignet für einen solchen Angriff. Nicht erkannt werden konnte das riesige Tief über Island, das in Richtung England zog. In der Höhe der anfliegenden Luftschiffe entwickelten sich nordwestliche Winde mit Sturmstärke. Trotzdem gelang es England zu erreichen und eine Reihe von Zielen mit Bomben zu belegen. Bei der Rückfahrt erfaßte dann der Sturm die Luftschiffe mit voller Wucht und trieb sie vor sich her. Schwierigkeiten mit den Motoren in der eisigen Höhenluft trugen zusätzlich dazu bei, daß es den Besatzungen teilweise nicht gelang, zu den Einsatzhäfen zurückzukehren. Das Luftschiff L 35 wurde sogar bis nach Dresden abgetrieben!

Bei den Aufklärungsfahrten über der Nordsee war es bislang nicht zwingend notwendig gewesen, große Höhen aufzusuchen. Englische Versuche mit Seeflugzeugen, die Luftschiffe anzugreifen, waren gescheitert, außerdem behinderten die Wolkenschichten die für die Aufklärung notwendigen guten Sichtweiten stark, so daß die Besatzungen keine großen Höhen aufzusuchen gezwungen waren. Aber auch hier erwuchs den Luftschiffen ein Feind, dem sie am Ende nicht mehr gewachsen waren. Es waren amerikanische Curtiss-Flugboote des Typs H. 12, die dank ihrer Reichweite in der Lage waren, den bislang ungestört operierenden Luftschiffen entgegenzufliegen und anzugreifen. Als erstes fiel das Luftschiff L 22 am 14. Mai 1917 einem dieser Flugboote zum Opfer, ohne daß die deutschen Stellen erkannten, wie es vernichtet wurde. Man glaubte an ein nicht entdecktes feindliches Kriegsschiff. Erst als ein Angriff auf ein von einem Englandeinsatz zurückkehrendes Luftschiff fehlschlug, wurde das Vorhandensein der Flugboote über der Nordsee bekannt. In den folgenden Monaten fielen L 43 und L 23 feindlichen Flugzeugen über der Nordsee zum Opfer. In anderen Fällen gelang es den Besatzungen lediglich durch frühzeitiges Erkennen der Flugboote, sichere Höhen aufzusuchen und der Vernichtung zu entgehen. Waren die Luftschiffe im Verlauf des Krieges für Aufklärung, Minensuche und strategische Bombenangriffe zum Einsatz gelangt, so sollte im Jahr 1917 das Potential für Langstreckenfahrten zur Versorgung abgeschnittener Truppen in den damaligen afrikanischen Kolonien benutzt werden. Oberleutnant zur See d. R. Ernst A. Lehmann, der später bei der »Hindenburg«-Katastrophe ums Leben kommen sollte, führte Ende Juli 1917 von Seerappen bei Königsberg, dem Standort des Ostsee-Luftkommandos, mit dem Heeresluftschiff LZ 120 über der Ostsee kreuzend eine Dauerfahrt von

Das Afrika-Luftschiff L 59 (LZ 104) verläßt die Bauwerft in Friedrichshafen.

101 Stunden durch, wobei nach der Landung noch für weitere 33 Stunden Betriebsstoff in den Behältern vorhanden war.

Unter dem Eindruck dieser Leistungen wurde ein von dem Oberstabsarzt der Kolonialtruppen, Professor Zupitza, vorgeschlagener Plan in Angriff genommen, der vorsah, dem in Deutsch-Ostafrika kämpfenden General von Lettow-Vorbeck dringend benötigte Munition, Arzneimittel und sonstige Hilfsgüter mit einem Luftschiff zu senden. Dieser Plan wurde vom Kaiser persönlich gutgeheißen.

Als Ausgangsbasis dieser Hilfsfahrt wurde der Luftschiffhafen Jamboli in Bulgarien gewählt, der geographisch dem Bestimmungsort am nächsten lag. Für die 5800 km lange Strecke nach Mahenge in Tanganjika, dem vorgesehenen Landeort, wurde eine Fahrzeit von 4—5 Tagen veranschlagt.

Die Fahrt sollte mit dem neuen Luftschiff LZ 102, das die Marinenummer L 57 erhielt, durchgeführt werden. Das Luftschiff besaß eine Länge von 211,5 m und einen Durchmesser von 23,9 m, als Antrieb dienten 5 Maybach HSLu-Motoren von je 240 PS. Um aber wie geplant 16 Tonnen Nachschubmaterial über diese lange Strecke befördern zu können, genügten die Leistungen des Luftschiffes nicht, es wurde um 15 m verlängert und erhielt 2 weitere Traggaszellen, so daß es nach dem Umbau in der Lage war, die Fahrt durchführen zu können.

Kapitänleutnant Bockholt, der für die Afrikafahrt vorgesehen war, überführte das Luftschiff nach Jüterbog, wo es mit den Nachschubgütern beladen wurde. Bei einer am Abend des 7. Oktober angesetzten Versuchsfahrt mit dem voll beladenen Luftschiff geriet er in einen schweren Herbststurm, dessen böige Querwinde das Einbringen in den Hangar nach der Landung verhinderten. Der sich verstärkende Sturm erfaßte schließlich das Luftschiff, entriß es den Haltemannschaften und trieb es ab. Schwer beschädigt vom Aufprall, geriet es in Brand und wurde vollkommen zerstört. Auch die gesamte Ladung wurde ein Raub der Flammen.

Die Hilfsexpedition für die in Ostafrika kämpfende Truppe sollte aber dennoch durchgeführt werden. In der Staakener Werft des Luftschiffbau Zeppelin stand der LZ 104 kurz vor der Fertigstellung, und es wurde angeordnet, dieses Luftschiff für die Ostafrikafahrt einzusetzen. Es wurde auf 226,5 m verlängert und entsprach damit den Abmessungen des LZ 102. Da eine Rückkehr des Luftschiffes von Ostafrika nicht geplant war, wurde bereits beim Bau darauf geachtet, daß soviel Material wie möglich nach der Demontage des Luftschiffes von der Truppe zu verwerten sein sollte.

Am 3. November 1917 verließ das Luftschiff unter dem Kommando von Bockholt und mit der Marinenummer L 59 die Werft in Berlin-Staaken in Richtung Jamboli, das am folgenden Nachmittag erreicht wurde. An der Überführung nahm als Vertreter der Werft Hugo Eckener teil.

Zweimal mußte die Fahrt nach Ostafrika wegen unglücklicher Umstände abgebrochen werden. Am 13. November war es ein mißglückter Startversuch, am 16. November stellte sich ein starkes Gewitter dem Luftschiff in den Weg, außerdem wurde es zu allem Überfluß von türkischen Soldaten unter Beschuß genommen und mehrmals getroffen, als es auf der Höhe von Ak Hissar gegen den Gewittersturm ankämpfte und ein riesiges Ziel bot. Das Heck begann wegzusacken, und da es nicht möglich war festzustellen ob es die regennassen Heckflossen oder eventuell entweichendes Gas aus einer getroffenen Zelle waren, die es bewirkten, entschloß sich Bockholt zur Rückkehr nach Jamboli. Erst beim dritten Versuch, am Morgen des 21. November, war alles in Ordnung, und die lange Fahrt konnte beginnen. Sie führte über Adrianopel zum Marmarameer, das überquert wird. Weiter geht es bis in die Nähe von Kreta, wo ein mächtiges Gewitter das Luftschiff einholt und durchfahren wird. Den afrikanischen Kontinent erreicht L 59 bei Solum, dann wird die lybische Wüste überquert, wobei das Luftschiff wegen der Hitzeböen erheblich stampft. Von der Besatzung erforderte diese Fahrt äußerste Anstrengungen, zu groß sind die Hitzeeinwirkungen, die Augen schmerzen von dem grellen auf dem Wüstenboden reflektierten Sonnenlicht. Nur gelegentlich bietet eine Oase Abwechslung in dem Einerlei der Wüstenlandschaft. Mit südöstlichem Kurs zog das Luftschiff in 700—1000 m seine Bahn, gelegentlich stieben Karawanen voller Entsetzen vor dem riesigen Ungeheuer am Himmel auseinander. Langsam näherte sich L 59 dem Nil. Aus Sorge vor dem Entdecktwerden wurde die Stadt Khartum großräumig umfahren, aber die Engländer wußten schon längst Bescheid, daß sich ein deutsches Luftschiff auf dem Weg nach Ostafrika befand. Auf halbem Weg erreichte L 59 ein Funkspruch, der die Rückkehr befahl, da Lettow-Vorbeck sich ergeben habe. Später stellte sich heraus, daß es ein von den Engländern fingierter Funkspruch war, der zum Abbruch des Unternehmens führte. L 59 traf gegen starken Gegenwind ankämpfend und nach Abwurf eines Teils der Ladung, nachdem eine Fallbö das Luftschiff fast bis auf den Boden niedergedrückt hatte, am Morgen des 25. November wieder in Jamboli ein — das afrikanische Abenteuer war beendet. Während der Fahrt von 95 Stunden hatte das Luftschiff eine Entfernung von 6757 Kilometer mit einer Durchschnittsgeschwindigkeit von 71 km/std zurückgelegt, was der Strecke Friedrichshafen—Chicago entspricht. Nach der Landung befand sich noch Betriebsstoff für weitere 64 Stunden an Bord. L 59 wurde nach der unerwarteten Rückkehr zur Heimatwerft überführt, für Angriffsaufgaben umgerüstet und anschließend nach Jamboli zurückgebracht. Am 21. Februar 1918 wurde es für einen Angriff auf Neapel eingesetzt. Das Schicksal von L 59 und seines Kommandanten Bockholt mit der gesamten Besatzung erfüllte sich am 7. April, als das Luftschiff über der Straße von Otranto brennend ins Mittelmeer stürzte. Feindeinwirkung wurde ausgeschlossen. Als Unglücksursache wurde Selbstentzündung durch ausgetretenen Treibstoff als wahrscheinlich angenommen, gab es doch verschiedene Meldungen, in denen die Besatzung auf die schadhafen Treibstoffleitungen hinwies.

Der 1. Weltrieg hatte zu dieser Zeit bereits einen für Deutschland unglücklichen Gang genommen. Angriffe der Luftschiffe auf England fanden kaum noch statt. Erkundungsfahrten über der Nordsee hatten Vorrang bekommen. Dabei gab es neue schmerzliche Verluste, die Lücken konnten nicht mehr gefüllt werden. In England waren die ersten primitiven Flugzeugträger einsatzbereit geworden; am 19. Juli 1918 gelang es vom Deck eines dieser Schiffe gestarteten Kampfflugzeugen, den Luftschiffhafen Tondern anzugreifen und die Hallen mit den Luftschiffen L 54 und L 60 zu bombardieren und zu vernichten.

In Friedrichshafen wurde mit Hochdruck an neuen, noch leistungsfähigeren Luftschiffen gearbeitet, und im Juni konnte die Baunummer LZ 112, die die Marinenummer L 70 erhielt, übergeben werden. Mit diesem Luftschiff, das mit 7 neuen Maybach IVa-Motoren von je 260 PS ausgerüstet war und das 130 km/std erreichte, erhielt die Marine ihre leistungsfähigste Luftschiffklasse überhaupt. Noch einmal wurde ein Angriff auf England beschlossen, 5 Zeppeline nahmen daran teil, unter ihnen L 70. Von ihren Basen Nordholz, Ahlhorn und Wittmundhaven stiegen L 53, L 56, L 63, L 65 und L 70 am frühen Nachmittag des 5. August auf. Wie bereits des öftern bei früheren Angriffsfahrten nahm der

Das auf Reparationskosten für die amerikanische Marine gebaute Luftschiff LZ 126, dem späteren ZR III »Los Angeles«. Der durch Hugo Eckeners Bemühungen erteilte Bauauftrag sicherte den Fortbestand des Luftschiffbau Zeppelin in Friedrichshafen.

gen, ein hohes Risiko einzugehen: Zwar wurden die Baukosten über das staatliche Reparationskonto abgerechnet, für die Überführung nach den USA jedoch wollte das Reich keine Haftung übernehmen, auch wollte keine Versicherung das Risiko tragen, so daß Hugo Eckener gezwungen war, das Gesamtvermögen des Zeppelin-Konzerns als Haftung zur Verfügung zu stellen, sollte das Luftschiff auf der Fahrt über den Atlantik verunglücken. Mit dieser Entscheidung setzte er sich in Gegensatz zu Alfred Colsman, der das Risiko als zu hoch erachtete und die Existenz des Unternehmens gefährdet sah, seine Ansicht aber nicht durchzusetzen vermochte. Das Luftschiff erhielt die Baunummer LZ 126 und wurde im Dienst der U.S. Navy als ZR III mit dem Namen »Los Angeles« bezeichnet. Da der Bau von Militärflugzeugen aller Art für Deutschland verboten war, wurde es als Verkehrsluftschiff ausgelegt und erhielt erst in den USA die militärischen Einbauten.

Es war das 116. Luftschiff, das auf der Zeppelin-Werft entstand, 10 Entwürfe wurden aus verschiedenen Gründen nicht ausgeführt. Chefkonstrukteur war Ludwig Dürr, wie schon bei allen vorher gebauten Zeppelinen. Der Baubeginn des LZ 126 war in der zweiten Jahreshälfte 1922, nachdem in den vorausgegangenen Wochen und Monaten mit den Vertretern der U.S. Navy die Konstruktionseinzelheiten besprochen worden waren. Das neue Luftschiff hatte eine Länge von 200 m, einen Durchmesser von 27,6 m und einen Gasinhalt von 70 000 m^3. Angetrieben von 5 Maybach VL 1-Motoren erzielte es eine Höchstgeschwindigkeit von 126 km/std und eine Reisegeschwindigkeit von 109 km/std. Zur ersten Fahrt stieg es am 26. August 1924 auf, denen sich weitere anschlossen. Krönender Abschluß war eine Deutschland-Fahrt mit 71 Personen an Bord, die Ende September als letzter Test für die Überführungsfahrt nach Amerika durchgeführt wurde. Am 12. Oktober 1924, einem Sonntag, verließ LZ 126 unter der Führung von Hugo Eckener Friedrichshafen und fuhr via Frankreich, die Azoren, Boston, New York zu dem Luftschiffhafen Lakehurst, wo es nach einer Fahrzeit von 81 Stunden und Zurücklegung von 8050 Kilometern unter dem Jubel Tausender Zuschauer in den Hangar eingebracht wurde und in den Besitz der U.S. Navy überging.

Mit dieser Fahrt gelang der Nachweis, daß das Luftschiff zu einem Verkehrsmittel der Zukunft entwickelt werden kann, denn seine Reichweite und Nutzlastkapazität können für lange Jahre von keinem Flugzeug erreicht werden.

Entscheidender aber als die rein technischen Aspekte dieser Atlantiküberquerung waren die positiven Auswirkungen dieser Tat auf das Verhältnis zwischen den USA und Deutschland. Bereits beim Erscheinen des Luftschiffes über New York setzte ein ungeheuerer Begeisterungssturm ein, am Landeplatz Lakehurst hatte sich eine riesige Menschenmenge eingefunden, die die Besatzung jubelnd empfing. Der amerikanische Präsident Coolidge lud die Offiziere zu einem offiziellen Empfang in das Weiße Haus ein, dem sich in New York die traditionelle Konfetti-Parade sowie zahlreiche Empfänge und Ehrungen in anderen Städten der USA anschlossen. Hatte man bislang in Deutschland den ehemaligen Kriegsgegner gesehen, so vollzog sich im amerikanischen Volk ein Umschwung der Meinung zugunsten normaler und freundschaftlicher Beziehungen zwischen den beiden Staaten.

Auch in Deutschland gab es ein positives Echo auf die Überführung des Luftschiffes, das Hugo Eckener und Mitglieder der Besatzung, die an der Fahrt teilgenommen hatten, in einer Serie von Lichtbildervorträgen in deutschen Städten in der Folgezeit wachhielten, ging es doch längerfristig um die Bewilligung neuer Mittel für die Fortsetzung der Luftschiff-Bautätigkeit in Friedrichshafen. Durch den Vertrag zur Lieferung eines Luftschiffes an die USA konnte die Demontage der Werftanlagen verhindert werden, nun waren aber neue Bauaufträge notwendig, um den Fortbestand zu sichern und das Luftschiff zu einem Glied des sich entwickelnden Luftverkehrs werden zu lassen. Erste Schritte zum Aufbau einer zukünftigen deutsch-amerikanischen Luftverkehrgesellschaft mit Zeppelinen waren im Anschluß an die LZ 126-Überführung durch Hugo Eckener eingeleitet worden. Mit einem Versuchsfahrzeug soll der endgültige Beweis erbracht werden, daß ein solcher Verkehr sicher, komfortabel und gewinnbringend betrieben werden kann.

Da die Eigenmittel des Zeppelin-Konzerns nicht ausreichend waren für den Bau eines solchen Luftschiffes, wandte sich Hugo Eckener an die Öffentlichkeit mit einer »Zeppelin-Eckener-Spende«, und abermals gab das deutsche Volk Geld zur Fortsetzung des von Graf Zeppelin begonnenen Werkes, wie es bereits 1908 nach dem Unglück von Echterdingen spontan geholfen hatte. Trotz der wirtschaftlich schlechten Zeit wurden 2,5 Millionen Mark gespendet; die deutsche Regierung beteiligte sich mit 1,2 Millionen Mark an dem Neubau, die restlichen Mittel stammten aus dem Eigenkapital des Zeppelin-Konzerns. Im Mai 1926 war der Baubeginn des Luftschiffes LZ 127. Voraussetzung hierfür war neben der Beschaffung der erforderlichen Mittel der am 7. Mai 1926 auf der Botschafter-Konferenz in Paris gefaßte Beschluß, die nach dem Ende des Weltkrieges erlassenen Beschränkungen des Luftschiffbaus aufzuheben, unter denen noch der Bau des LZ 126 gelitten hatte, trotzdem das Luftschiff für Amerika bestimmt war.

Mit 236 m Länge und einem Gasinhalt von 105 000 m^3 entstand das größte bisher gebaute Luftschiff. Der größte Durchmesser betrug 30,5 m. Hieraus ergab sich eine ästhetische Form des Luftschiffkörpers, die allerdings bedingt durch die Ausmaße der Bauhalle in Friedrichshafen von der aerodynamisch günstigsten Gestaltung etwas abwich. Als Antrieb dienten 5 Maybach VL2-Motoren von je 550 PS Maximalleistung, die dem Luftschiff eine Höchstgeschwindigkeit von 128 km/std gaben. Die Reiseleistung der Motoren betrug 450 PS, die Reisegeschwindigkeit ermäßigte sich auf 110 km/std. Eine Besonderheit der Motoren, die in einer früheren Ausführung bereits beim LZ 126 eingebaut worden waren, bestand darin, daß sie nach geringen Änderungen des Vergasers sowohl mit flüssigem als auch mit gasförmigem Brennstoff arbeiteten. Dieses Verfahren war von Dr. Lempertz entwickelt worden. Der Augsburger Forscher Dr. Blau erzeugte ein nach ihm als Blaugas bezeichnetes Gasgemisch, das als Brenngas für die Motoren beim LZ 127 benutzt und in 17 Tanks unterhalb der Traggaszellen mitgeführt wurde. Die ersten Versuchsfahrten allerdings wurden mit Benzin als Treibstoff durchgeführt, da die industrielle Erzeugung des Blaugases erst in Vorbereitung war.

Die Nutzlast des LZ 127 betrug 60 000 kg, damit war das Luftschiff in der Lage, eine zahlende Last von 15 000 kg über eine Entfernung von 10 000 km zu befördern. Als Baumaterial für das Gerippe wurde Duralumin verwendet, die Außenhülle aus kräftigem Baumwollgewebe erhielt mehrere Lagen Lack und Metallpulver und zum Abschluß nochmals einen Lacküberzug für eine möglichst glatte Oberfläche. Durch die Beifügung von Metallpulver bekam das Luftschiff

Nach langen Bemühungen gelang es die Mittel zum Bau des Luftschiffes LZ 127 »Graf Zeppelin« aufzubringen. Beim Entwurf mußte auf die Abmessungen der Bauhalle in Friedrichshafen Rücksicht genommen werden. Wie gering der Spielraum zwischen dem Luftschiff und der Halle war, ist hier beim Aushallen des LZ 127 gut zu sehen.

»Fahrscheine hier beim Pförtner . . .« — LZ 127 in der Halle bei den Vorbereitungen zu einer neuen Südamerika-Fahrt.

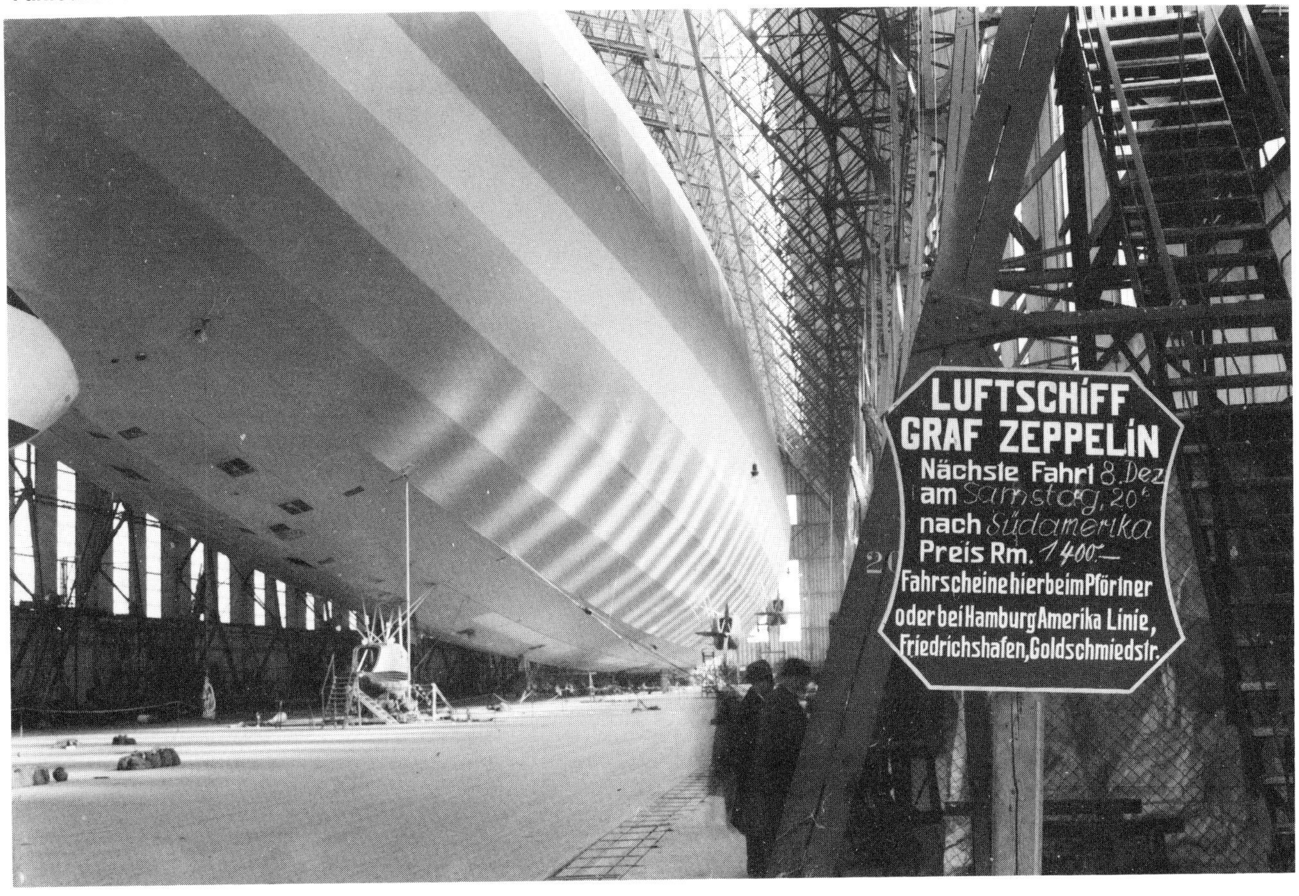

Komfort im Luftschiff »Graf Zeppelin«. Auf den Tischen das speziell angefertigte Porzellan, heute ein begehrtes Sammlerobjekt!

ein silbriges Aussehen, der Hauptgrund für die Verwendung aber war der dadurch ermöglichte Schutz vor der Wärme der Sonnenstrahlen und die Verhinderung unnötigen Abblasens von Traggas. Das Traggas selbst wurde in 17 voneinander abgeschotteten Zellen mitgeführt.

Die Schiffsführung und die Passagiere waren in einer gemeinsamen Gondel unter dem Bug des Luftschiffes untergebracht. Es waren Doppelkabinen für 20 Passagiere vorhanden, denen sich die Waschräume anschlossen, ein geräumiger Gesellschafts- und Speiseraum war in der Vordergondel eingerichtet.

Die Tochter des Grafen Zeppelin, Hella Gräfin von Brandenstein-Zeppelin, taufte das neue Luftschiff am 90. Geburtstag ihres Vaters in der Werfthalle auf den Namen »Graf Zeppelin«.

Zur ersten Fahrt stieg das Luftschiff am 18. September 1928 auf, Anfang Oktober folgte eine 35 Stunden dauernde Deutschlandfahrt, lag doch Hugo Eckener sehr viel daran, LZ 127 in Dankbarkeit für die zu seinem Bau gespendeten Geldbeträge möglichst vielen Deutschen zu zeigen und die Zeppelin-Begeisterung wachzuhalten. Auf der vierten Versuchsfahrt, die mit einer Reihe wichtiger Persönlichkeiten an Bord, unter ihnen Oskar von Miller, Schöpfer des Deutschen Museums in München, von Friedrichshafen aus über München und Salzburg führte, wurde erstmals ein Motor mit Blaugas betrieben. Der Versuch gelang in der Praxis genauso wie auf dem Prüfstand.

Nach diesen erfolgreichen Versuchsfahrten, die mit Versuchen und Überprüfungen aller technischen Einzelheiten und der Motoren verbunden waren, konnte der große Test in Angriff genommen werden: Atlantiküberquerung mit voller Zuladung. Am 11. Oktober 1928 war es soweit. Um 07.55 Uhr erhob sich »Graf Zeppelin« unter dem Kommando von Hugo Eckener in sein Element, ihm zur Seite standen als Wachoffiziere die späteren Luftschiffkapitäne Flemming, Lehmann und v. Schiller; die Besatzung war 40 Mann stark. 20 Passagiere, teils Ehrengäste, teils Journalisten und zahlende Passagiere belegten die Kabinen bis auf den letzten Platz, es konnten gar nicht alle Platzbestellungen für diese Fahrt berücksichtigt werden, so groß war die Nachfrage. 66000 Briefe und weitere wertvolle Fracht vervollständigten die Ladung.

Die anfänglich von günstigem Wetter begleitete

»Graf Zeppelin« trifft in Pernambuco ein, wo das Anschlußflugzeug für Passagiere und Post (Junkers G 24) bereits wartet.

Fahrt wurde auf halbem Wege nach Amerika über dem Atlantik von einer starken Böenfront mit anschließendem Schlechtwetter unterbrochen, bei der die Bespannung der linken waagerechten Stabilisierungsfläche zerrissen wurde. Es gab bange Augenblicke für alle an Bord, bis es der Hilfsmannschaft, unter der sich Eckeners Sohn Knud befand, mühevoll gelang, die Fetzen der Bespannung abzuschneiden und eine notdürftige Reparatur durchzuführen. Für alle Fälle bat Hugo Eckener per Funkspruch die U.S. Navy um die Entsendung eines schnellen Schiffes, eine Vorsichtsmaßnahme, die sich glücklicherweise als überflüssig erwies, aber aus Sorge um Passagiere und Besatzung in einer kritischen Situation voll berechtigt war. Natürlich berichteten alle Zeitungen in großer Aufmachung von diesem Zwischenfall und um so größer war die Erleichterung, als das Luftschiff am 15. Oktober die amerikanische Küste erreichte und um 17.38 Uhr Ortszeit auf dem Marineluftschiffhafen Lakehurst landete. Die Überfahrt hatte 111 Stunden 44 Minuten gedauert, durch weiträumiges Umfahren der schlimmsten Schlechtwetterfronten in südlicher Richtung waren 9926 Kilometer zurückgelegt worden.

Für die Besatzung folgten begeisterte Empfänge, darunter einer durch Präsident Coolidge im Weißen Haus. Im Hangar der Naval Air Station Lakehurst wurde inzwischen die beschädigte Stabilisierungsfläche repariert und die Rückfahrt vorbereitet. Sie begann am 29. Oktober und führte abermals durch schwere Böenfronten mit anschließendem Sturm und Unwetter hindurch, die das Luftschiff rollend und stampfend, aber unbeschädigt durchfuhr. Die Ankunft in Friedrichshafen erfolgte am 1. November frühmorgens um 07.00 Uhr. Es befanden sich 64 Personen an Bord, mit anderen Worten, alle Kabinenplätze waren erneut belegt gewesen. Die Rückfahrt war auf einer nördlichen Route erfolgt und hatte nur 71 Stunden 51 Minuten gedauert, die zurückgelegte Strecke betrug 7300 Kilometer.

Mit dieser Fahrt konnte der Beweis erbracht werden, daß das Luftschiff zu einem sicheren Verkehrsmittel für den Langstreckenverkehr entwickelt werden kann, das bei sachgemäßiger Führung selbst schwere Sturmfronten und Unwetter zu durchfahren in der Lage ist.

Die Leistungen des Luftschiffes verfehlten auch nicht ihren günstigen Eindruck auf amerikanische Geschäftskreise, die an der Gründung einer transatlantischen Luftverkehrsgesellschaft mit Zeppelin-Luftschiffen interessiert waren. Seit 1923 gab es die Goodyear-Zeppelin-Corporation mit Sitz in Akron/Ohio, die auf Initiative von Hugo Eckener in Verhandlungen mit dem Präsidenten der Firma Goodyear, Paul Litchfield, gegründet worden war in der Absicht, Luftschiffe nach den Konstruktionsprinzipien der Zeppelin-Werke auch in den USA zu bauen. Bei Verhandlungen im Anschluß an die erste Atlantikfahrt des LZ 127, die zwischen Eckener, Litchfield und einer Reihe amerikanischer Finanzexperten geführt wurden, konnte die Gründung einer Studiengesellschaft mit dem Namen »International Zeppelin Transport Corporation« zur Untersuchung aller Aspekte des geplanten Linienverkehrs vereinbart werden.

Aber nicht nur in den USA stand zu dieser Zeit ein lebhaftes Interesse an einer Verkehrsgesellschaft mit Luftschiffen, auch in Spanien war eine Gesellschaft namens »Compania Transaerea Colon« gegründet worden mit der Absicht, eine Luftschifflinie Sevilla—Rio de Janeiro—Buenos Aires aufzubauen und dafür als ersten Schritt eventuell das Luftschiff LZ 127 zu mieten. Leider wurden weder die amerikanischen noch die spanischen Pläne verwirklicht. Auch englische Pläne zur Errichtung eines Luftschiffverkehrs zwischen den Staaten des britischen Empire scheiterten. Am Ende war es nur Deutschland, das für eine kurze Zeitspanne das Luftschiff im planmäßigen Verkehr einsetzte.

In Friedrichshafen wurde »Graf Zeppelin« für eine Fahrt in die Hauptstadt vorbereitet, und bereits fünf Tage nach der Atlantikfahrt traf das Luftschiff in Berlin-Staaken ein. Eckener, seine Offiziere und Mannschaften, Dr. Dürr, Dr. Maybach und drei amerikanische Marineoffiziere wurden durch den Reichspräsidenten Paul von Hindenburg empfangen — ein Beweis der großen nationalen Anteilnahme an der Luftschiffsache. Nach der Rückkehr wurde LZ 127 während der Wintermonate in der Werft einer gründlichen Revision unterzogen, bevor es im Frühjahr 1929 seine Fahrten wieder aufnahm.

Die erste längere Fahrt führte aus dem kalten Winterwetter Deutschlands hinein in die Wärme des Mittelmeerraumes. Mit einer Gruppe prominenter Politiker und Journalisten an Bord fuhr Eckener am 3. März in Friedrichshafen ab und kehrte nach 81 Stunden 28 Minuten ununterbrochener Fahrt über Südfrankreich, Korsika, Rom, Neapel, Kreta, Haifa, Jerusalem, dem Toten Meer, Athen und Wien zurück.

Die nächste Atlantikfahrt war für den 16. Mai 1929 angesetzt worden, die Abfahrt erfolgte am frühen Morgen, und der Weg führte entlang dem Rhône-Tal und der spanischen Küste, als in der Nähe von Gibraltar ein Motor ausfiel, was aber nicht zum Abbruch der Fahrt führte. Nach einiger Zeit fiel abermals ein Motor aus, die Fahrt wurde abgebrochen und das Luftschiff nahm Kurs auf Friedrichshafen. Der bislang helfende Wind stand nun dem Luftschiff entgegen, aber trotz des Ausfalls von zwei Motoren bahnte es sich seinen Weg langsam voran. Geplant war ein Kurs über das Rhôneknie zum Genfer See und dann nach Friedrichshafen. Dramatisch wurde die Fahrt, als am frühen Nachmittag kurz nacheinander zwei weitere Motoren ausfielen. Hugo Eckener begann bereits, nach einem Notlandeplatz zu suchen, als seitens des französischen Luftfahrtministeriums das Angebot eintraf, einen der französischen Luftschiffhäfen anzulaufen. Das Luftschiff erreichte den Marineluftschiffhafen Cuers-Pierrefeu nahe Toulon, wo es am Abend landete. Als Ursache des Versagens von vier Motoren stellte sich eine Modifikation heraus, die zu Schwingungsbrüchen am Motor führte. Der fünfte Motor fiel nicht aus, da er noch nicht modifiziert worden war — es war die Rettung für »Graf Zeppelin«!

Nach erfolgter Reparatur der Motoren wurde das Luftschiff zurück nach Friedrichshafen gebracht und für seine größte Fahrt vorbereitet, die Weltfahrt, die es zwischen dem 15. August und 4. September 1929 durchführte. Die Fahrt führte in der ersten Etappe über die Weiten Sibiriens bis nach Tokio. Die 11 250 km lange Strecke wurde in 101 Stunden 40 Minuten ohne Zwischenfall zurückgelegt. Nach fünftägigem Aufenthalt in Japan wurde die Fahrt fortgesetzt und der Stille Ozean in 68 Stunden überquert, als das Luftschiff die amerikanische Westküste bei San Francisco erreichte und am Abend nach einer Fahrt von insgesamt 80 Stunden, bei der 9650 km zurückgelegt wurden, in Los Angeles landet. Als nächste Etappe wurde der amerikanische Kontinent überquert und in Lakehurst gelandet. Am Morgen des 4. September traf LZ 127 am Bodensee ein. Insgesamt wurden bei der Weltfahrt 35 000 km zurückgelegt mit 20 Passagieren und 40 Mann Besatzung an Bord, eine beeindruckende Leistung! Die Fahrt war Inhalt zahlreicher Schilderungen in der Tagespresse und vielen Publikationen und trug wesentlich dazu bei, daß das Luftschiff das Vertrauen weiter Kreise erwerben konnte und bei der Aufnahme des Liniendienstes vom reisenden Publikum akzeptiert wurde.

Kurze Fahrten über Deutschland und einigen Nachbarländern, jeweils mit zahlenden Passagieren, folgten, und am 18. Mai 1930 begann die erste Südamerika-

Zwei Riesen der Luft begegnen sich: LZ 127 und das damals größte Landflugzeug der Welt, die Junkers G 38 D-2000.

Fahrt. Auch diese war eine Versuchsfahrt, führte aber ebenfalls bereits zahlende Passagiere mit, bei denen es sich teilweise um Vertreter großer Tageszeitungen handelte, denn Berichte über Zeppelin-Fahrten waren begehrter Lesestoff zu dieser Zeit. Eine weitere Quelle zur Finanzierung der Fahrten des »Graf Zeppelin« waren die Philatelisten in aller Welt, die die für die jeweilige Fahrt ausgegebenen Sonderstempel zu einem beliebten und begehrten Sammlerobjekt machten, für die auch heute noch erhebliche Summen gezahlt werden.

Die Fahrt nach Südamerika war der Auftakt für die Errichtung der ersten planmäßigen Verkehrsverbindung mit dem Luftschiff, für die bereits erste Vorarbeiten bezüglich der Bodenorganisation durchgeführt worden waren. In Sevilla wurde ein Ankermast für Zwischenlandungen errichtet, über den das Luftschiff mit allem Nötigen für die Weiterfahrt versorgt werden konnte.

In Brasilien war ein Ankermast errichtet worden in Recife de Pernambuco, wo das Luftschiff auch mit Gas versorgt werden konnte. Eine mehr provisorische Ankermöglichkeit gab es vorerst in Rio de Janeiro, bis dort 1935 ein neuer Luftschiffhafen errichtet wurde.

Bei der ersten Fahrt nach Südamerika wurde in Sevilla, das bereits zweimal besucht worden war, am Ankermast festgemacht. Am 20. Mai setzte »Graf Zeppelin« seine Fahrt fort mit Ziel Recife, das am 22. Mai nach einer Fahrzeit von 62 Stunden erreicht wurde. Das nächste Ziel war Rio de Janeiro, wo es noch keinen festen Ankermast gab bei dieser Fahrt. Das Luftschiff befand sich nur für eine Stunde am Boden und wurde von Soldaten gehalten, bis es zur Rückfahrt nach Recife startete. Die Fahrt wurde am 28. Mai fortgesetzt mit Ziel Lakehurst, das am 31. Mai morgens erreicht wurde. Am 2. Juni war neuerlicher Start in Richtung Europa, wieder wurde in Sevilla zwischengelandet, am 6. Juni traf das Luftschiff abends in Friedrichshafen ein. Der Test für den geplanten Streckendienst war gut verlaufen, die Versorgungseinrichtungen in Spanien und Brasilien hatten sich bewährt, wichtige Erkenntnisse bezüglich Navigation, Fahr- und Landetechnik mit Anlegen am Ankermast und hinsichtlich der zu erwartenden Wetterprobleme waren gewonnen worden, mit dem regelmäßigen Passagierdienst konnte begonnen werden.

Als »Graf Zeppelin« zur Grundüberholung im Spätherbst 1930 in die Werfthalle gebracht wurde, hatte es insgesamt 130 Fahrten durchgeführt und sich als zuverlässiges Luftschiff erwiesen.

Vor der geplanten Aufnahme des fahrplanmäßigen Dienstes nach Südamerika gab es für »Graf Zeppelin« allerdings noch eine Fahrt ganz anderer Art — im Rahmen des »Polarjahres« wurde es als Expeditionsschiff für die Arktisforschung eingesetzt. Am 24. Juli verließ das Luftschiff Friedrichshafen mit einer Anzahl Wissenschaftler an Bord Richtung Nördliches Eismeer, führte dort begünstigt von gutem Wetter, Fahrten über Franz-Joseph-Land bis zum 82. Breitengrad durch, fuhr weiter bis zum Kap Tscheljuskin und kehrte über der Taimyrhalbinsel und Nowaja Semlja mit reicher Ausbeute an wissenschaftlichem Beobachtungsmaterial nach Deutschland zurück. Am 31. Juli war die Polarfahrt beendet.

In der noch verbleibenden Fahrsaison des Jahres 1931 wurden drei Fahrten nach Südamerika durchgeführt, die ein voller Erfolg wurden. Zur ersten Fahrt stieg das Luftschiff am 29. August auf, alle Kabinen waren ausgebucht, wie es auch bei den restlichen Fahrten des Jahres 1931 der Fall war. Der planmäßige Luftschiffverkehr der Delag über den Südatlantik hatte begonnen. Die Fahrten endeten jeweils in Recife. Die Passagiere für Rio de Janeiro bestiegen hier Flugzeuge der deutsch-brasilianischen Fluggesellschaft »Syndicato Condor« für den Weiterflug.

Für die Fahrsaison 1932 waren neun Rundfahrten geplant und in Fahrplänen analog denen der großen Schiffahrtslinien festgelegt. Die Gesamtreisezeit von Friedrichshafen nach Rio de Janeiro in Verbindung mit dem Condor-Anschlußflug betrug 4 ½ Tage. In den von der Delag herausgegebenen Werbebroschüren wurde die Reise im Luftschiff als immer ruhig und gleichmäßig in geborgener Atmosphäre geschildert, »so daß bis jetzt noch niemand luft- oder seekrank geworden ist«.

Die erste Rundfahrt war für den 20. März angesetzt. Sie verlief wie der Rest im weiteren Verlauf des Jahres ohne Zwischenfall. Von den 9 Rundfahrten wurden die ersten 6 bis Recife geführt, die letzten 3 direkt nach Rio de Janeiro, um bei den brasilianischen Behörden Interesse an der Errichtung eines modernen Luftschiffhafens zu wecken.

Das Luftschiff LZ 127 »Graf Zeppelin« war als Versuchsschiff für lange Strecken gebaut worden und war mit seinen 20 Kabinenplätzen, dem Frachtvolumen und nicht zuletzt den Annehmlichkeiten für die Passagiere nicht das ideale Verkehrsluftschiff, wie es Hugo Eckener und den anderen Verantwortlichen in Friedrichshafen vorschwebte. Wegen der Größe der vorhandenen Werfthalle konnte es allerdings nicht größer gebaut werden. Um also mit dem Bau eines idealen Verkehrsluftschiffes beginnen zu können, war eine größere Montagehalle Voraussetzung. Mit Unterstützung der Regierung in Berlin und von Württemberg konnte 1929/30 diese Halle in Friedrichshafen errichtet werden. Sie besaß eine Länge von 250 m, war 50 m hoch und 46 m breit. Auf den Reißbrettern entstanden die Zeichnungen für einen Neubau mit der Baunummer LZ 128, der allerdings nicht ausgeführt und zugunsten des nächsten Entwurfs LZ 129 zurückgestellt wurde. Ein wesentlicher Grund hierfür war die Absicht, für das neue Luftschiff nicht mehr Wasserstoffgas, sondern das zwar wesentlich teurere, dafür aber unbrennbare Helium zu benutzen. Da Helium schwerer als Wasserstoffgas ist, also weniger trägt, war eine Vergrößerung des Gasvolumens des neuen Luftschiffes notwendig. Ein weiterer Grund, für das Luftschiff LZ 129 Heliumfüllung vorzusehen, war die Brandkatastrophe des englischen Luftschiffes R 101 am 5. Oktober 1930 bei Beauvais in Nordfrankreich, bei dem 48 Menschen ums Leben gekommen waren. Erst nach dem relativ schwachen Aufprall bei stürmisch-regnerischem Wetter geriet das ausströmende Wasserstoffgas in Brand und verwandelte das Luftschiff in eine Riesenfackel. Bei Verwendung von Helium hätte es wohl Bruch, aber keinen Totalverlust mit vielen Toten gegeben. Helium allerdings wurde in nennenswerter Quantität nur in den USA gefunden. Es bestand ein Ausfuhrverbot, da die relativ geringe Menge für die Füllung der eigenen Luftschiffe benötigt wurde. Beim Luftschiffbau Zeppelin bestand aber ein gewisser Optimismus, für den Betrieb des zivilen Luftschiffes eine Lockerung des Ausfuhrverbotes erreichen zu können. Des weiteren wurden für den Antrieb statt der bisherigen Benzinmotoren neu zu entwickelnde Dieselmotoren vorgesehen, da man sich hierdurch eine weitere Verminderung der Brandgefahr erhoffte.

Die Arbeiten am LZ 129 begannen Ende 1931. Hugo Eckener legte die Anforderungen fest, denen das Luftschiff zu genügen hatte, Ludwig Dürr besaß die Oberleitung bei Konstruktion und Bau. Nur langsam kamen die Arbeiten voran, die Mittel waren äußerst knapp, die Weltwirtschaftskrise war auf ihrem Höhepunkt und auch der Luftschiffbau Zeppelin war davon betroffen. Nach der Machtübernahme durch die Nationalsozialisten 1933 wurden die zur Fertigstellung des LZ 129 fehlenden Mittel bereitgestellt, da sich die Luftschiffe als in der ganzen Welt anerkannte hervorragende Bei-

Am 11. Juli 1897 stieg der schwedische Forscher Andrée mit 2 Gefährten im Ballon »Örnen« in Spitzbergen zur Fahrt zum Nordpol auf, den sie nie erreichten. Erst nach 33 Jahren konnte ihr Schicksal geklärt werden.

mit Schlitten auf dem Eis zu fahren begannen. Ein Sturm setzte die Eismassen in der Bucht in Bewegung, das dort ankernde Schiff wurde zerdrückt, aber zum Glück konnten Rettungsboote sichergestellt werden, mit denen die Rückkehr zu einem eingerichteten Depot möglich war und ein Robbenfänger sie übernahm.

Zurückgekehrt von diesem ersten arktischen Abenteuer, begann in Wellman der Gedanke an der Benutzung eines Ballons in der Arktis auf fruchtbaren Boden zu fallen, und er reiste nach Paris, um mit führenden Ballonherstellern das Problem zu diskutieren, aber diesmal fand er keinen Geldgeber und mußte den Plan aufgeben. Unter dem Eindruck der fehlgeschlagenen Fahrt von Andrée und dessen zwei Gefährten, deren Schicksal unbekannt blieb für 33 Jahre, verfolgte Wellman seinen Ballon-Plan nicht weiter. Aber seine Pläne, zum Pol vorzustoßen, gab er nicht auf. Es gelang Wellman abermals, die Geldmittel für eine Polarfahrt zu beschaffen, die im Sommer 1898 begann und die ihn und seine Begleitmannschaft wiederum von Norwegen aus bis nach der östlich und nördlich von Spitzbergen gelegenen Inselgruppe Franz-Joseph-Land brachte, wo auf der Hall-Insel ein festes Blockhaus, für fast ein volles Jahr ihr Zuhause, errichtet wurde. Am 18. Februar 1899 begann der eigentliche Vorstoß zum Pol mit Hundeschlitten, der die kleine, nur aus 4 Mann bestehende Gruppe bis zum 22. März über 200 Kilometer vom Camp entfernte. Bei einer Eisverschiebung verloren sie an diesem Tag einen Teil der Ausrüstung und waren gezwungen umzukehren. Auf dem Rückmarsch verletzte sich Wellman schwer an einem Bein. Sie erreichten glücklich wieder den Ausgangspunkt ihrer Expedition und wurden dort vereinbarungsgemäß im Sommer 1899 von einem Schiff abgeholt.

Nach der Rückkehr in die USA nahm Wellman seine journalistische Tätigkeit erneut auf und erlangte Kenntnis von den Erfolgen des französischen Lebaudy-Luftschiffes. In der Benutzung eines solchen Luftschiffes sah er eine neue Möglichkeit, doch noch zum Nordpol vorstoßen zu können. Voller Energie begann er, die Finanzierung seines neuen Vorhabens in die

Wege zu leiten; es gelang ihm sogar, die Unterstützung von Präsident Theodore Roosevelt zu gewinnen.

Im Januar 1906 war Wellman wieder in Paris und besprach mit Henri Julliot, dem Konstrukteur des Lebaudy-Luftschiffes, und anderen Fachleuten die Aussichten, mit einem Luftschiff zum Pol zu gelangen. Der Plan wurde einhellig gutgeheißen, so daß der Bauauftrag an Louis Godard vergeben werden konnte, einen bekannten Konstrukteur und Ballonfahrer. Ferner wurde in Paris eine Anlage zur Gewinnung von Wasserstoffgas bestellt und der Versand nach Spitzbergen, das wiederum Ausgangsbasis sein sollte, veranlaßt. Die Chemikalien für die Gasgewinnung wurden in Hamburg geordert und ebenfalls zur Basis auf Spitzbergen versandt. Aus den USA kamen die Bauteile für die Luftschiffhalle sowie die nötigen Werkzeuge. Die bedeutsame und international anerkannte »National Geographic Society« der USA stand mit ihrem Prestige hinter dem Vorhaben und beauftragte Wissenschaftler mit der Ausarbeitung von Beobachtungsaufgaben in der Arktis. Das United States Weather Bureau entsandte einen Meteorologen für die Wetterbeobachtung und Beratung der Expedition. Zu den Beratern in luftschifftechnischen Fragen gehörte Alberto Santos-Dumont. In Paris entstand dann auch sein Luftschiff von etwa 60 m Länge, das auf den Namen »America« getauft wurde. Es war ein Pralluftschiff, dessen Hülle aus einer Lage gummierter starker Seide und zwei Lagen Leinenstoff bestand.Das Luftschiff war mit einem Clement-Motor von 60 PS ausgerüstet, der sich aber nicht bewährte. Alle Vorbereitungen wurden in großer Eile getroffen, was sich auf den weiteren Verlauf des Unternehmens ungünstig auswirkte. Zwar wurde das Luftschiff noch 1906 nach Spitzbergen gebracht, aber der Motor ließ sich nicht starten, und das ganze Unternehmen wurde abgebrochen. Zurück in Paris plante Wellman, das Luftschiff durch ein Zwischenstück zu vergrößern, ferner wurde eine neue und längere Gondel konstruiert, an deren Unterseite der Metallbehälter für den Treibstoff angebracht war. Der Motor wurde ausgetauscht und ein 75 PS starker Lorraine-Dietrich-Motor eingebaut, gleichzeitig ließ Wellman die Anordnung der Propeller ändern, statt des Zug- und Druckpropellers der ersten Ausführung gab es nun zwei seitlich an Streben befestigte Propeller. Als besondere Einrichtung besaß das Luftschiff unterhalb der Gondel einen aus hohlen Metallrohren zusammengesetzten Treibanker, von Wellman als »Equilibrator« bezeichnet, der in seinem hohlen Inneren mit Notproviant gefüllt war. Diese Einrichtung sollte für eine gleichbleibende Höhe des Luftschiffes sorgen, ohne daß Ballast abgegeben werden mußte. Da beim Schleifen über das Eis damit gerechnet werden mußte, daß Teile sich lösten, waren mehrere Sollbruchstellen eingearbeitet worden. Wieder einmal war es soweit: Ende Juni 1907 kamen Wellman und seine Helfer auf Spitzbergen an, ihr Luftschiff sicher verstaut in großen Transportbehältern. Mit dem Aufbau des Luftschiffes wurde sogleich begonnen; nach Abschluß aller Vorbereitungsarbeiten sollte am 2. September mit der Fahrt zum Pol begonnen werden. Das Luftschiff wurde aus dem Hangar herausgebracht und begann mit Wellman, seinem Mechaniker Vaniman und dem Steuermann Reisenberg an Bord seinen Aufstieg. Mit an Bord befanden sich 10 Hunde, mehrere Schlitten, ein kleines Ruderboot, Proviantvorräte für ein Jahr plus genügend Treibstoff für die Hin- und Rückfahrt. Zunächst nahm die Fahrt einen guten Verlauf. Das Luftschiff schleifte den Equilibrator wie eine Seeschlange hinter sich her und entschwand langsam den Blicken der zurückgebliebenen Männer. Doch nach etwa 2 Stunden trat plötzlich ein Schneesturm auf, der das Luftschiff mit voller Wucht zurücktrieb, so daß Gefahr bestand, gegen die Berge zu prallen. Wellman sah ein, daß der Kampf gegen diese Naturgewalten sinnlos sei, und es gelang in einer Pause des Sturms, das Luftschiff auf einer Eisfläche auf festem Land herunterzubringen und zu entleeren. Aus Sorge um das Schicksal der Insassen des Luftschiffes hatte sich von der Basis aus eine Rettungsmannschaft mit dem Schiff auf die Suche begeben, nach einigen Stunden konnten Wellman, die Begleiter und das Luftschiff geborgen werden und zurückkehren.

Das Unternehmen wurde für dieses Jahr abgebrochen, da nicht mehr mit günstigem Wetter so spät im Jahr zu rechnen war, und alle kehrten nach Paris zurück. Seine Absicht zum Pol zu fliegen, gab Wellman aber nicht auf.

1908 war in den USA Wahljahr. Wellman mußte zurück und seine journalistische Tätigkeit wieder aufnehmen. Erst 1909 konnte er nach Paris zurückkehren und sich erneut den Vorbereitungsarbeiten seines Polfluges widmen.

Um auf der fast zwei Jahre unbenutzten Station auf Spitzbergen die nötigen Vorarbeiten durchzuführen, wurde eine Gruppe von Helfern unter Leitung seines Bruders Arthur vorausgeschickt. Sie fanden den Luftschiffhangar fast völlig von den Schneestürmen zerstört vor, und es bedurfte einiger Wochen harter Arbeit für den Wiederaufbau. Finanzielle Hilfe erhielt Wellman von einem russischen Adligen namens Nikolaus Po-

Wellman's Luftschiff »America« in der Arktis. Unter dem Kielgerüst ist der herabhängende »Equilibrator« zu sehen, ein mit Proviant gefüllter Schleppschlauch, der sich aber nicht bewährte.

Walter Wellman landet nach dem zum zweiten Male mißglückten Versuch, den Nordpol mit dem Luftschiff zu erreichen, neben dem berühmten Expeditionsschiff »Fram«.

pow, der ein bekannter Ballonfahrer war und mit nach Spitzbergen reiste. Mitte August war das Luftschiff erneut fertig zum Aufstieg. Am 15. August 1909 wurde es aus dem Hangar herausgebracht, und diesmal mit 4 Mann an Bord und der entsprechenden Ausrüstung ähnlich der beim Versuch des Jahres 1907, begann es abermals die Fahrt Richtung Pol. In den ersten zwei Stunden kamen sie gut voran, ein Rückenwind erhöhte die Geschwindigkeit des Luftschiffes sogar noch. Wellman kalkulierte optimistisch, unter diesen Bedingungen in 30 Stunden sein Ziel erreichen zu können. Bald wurde die Packeisgrenze erreicht, und der herabhängende Equilibrator schleifte über die zerklüfteten Eismassen. Was von Kritikern befürchtet worden war, trat ein: Er verhakte sich zwischen den Eisblöcken und riß in seiner ganzen Länge ab. Befreit von diesem Gewicht schoß das Luftschiff in die Höhe bis auf fast 2000 m. Die bei der Station zurückgebliebenen Männer sahen es hinaufschießen, nachdem sie es bereits hinter dem Horizont nicht mehr ausmachen konnten. An Bord des Luftschiffes wurde beratschlagt, ob man die Fahrt trotz des eingetretenen Mißgeschicks fortsetzen sollte, aber es wurde beschlossen, davon Abstand zu nehmen. Durch geschicktes Gasabblasen sank das Luftschiff langsam tiefer, und die Insassen entdeckten unter sich ein Schiff, das sie ansteuerten. Es war die berühmte »Fram«, mit der Fridtjof Nansen zwischen 1893—1896 seine Polarexpedition durchgeführt hatte. Das Luftschiff ging neben der »Fram« nieder, die die wichtigsten Ausrüstungsgegenstände übernahm und es zur Station zurückzuschleppen begann. Beim Versuch des Einbringens jedoch riß sich bei einem heftigen Windstoß die Hülle von der Gondel los, erreichte die Prallhöhe und zerplatzte. Man sollte nun annehmen, daß Wellman endgültig seinen Plan aufgeben würde, aber er gab statt dessen Auftrag, den Hangar zur Aufnahme eines größeren Luftschiffes auszubauen, da er 1910 einen neuerlichen Versuch unternehmen wollte.

Bei seiner Rückkehr nach Norwegen wurde bekannt, daß Dr. F. A. Cook den Nordpol erreicht habe. Wellman nahm diese Nachricht aber mit Skepsis auf. Als er dann später im Jahr in Paris hörte, daß Robert E. Peary noch vor Cook am Nordpol gewesen sei, schenkte er dieser Meldung Glauben und entschloß sich, alle Versuche, mit dem Luftschiff zum Nordpol zu gelangen, zu beenden.

Es gab viele Kritiker, die in Wellman nur einen amerikanischen Reporter sahen, der es darauf angelegt hatte, möglichst viel Aufsehen für sich zu erregen, Nansen nannte die Expeditionen sogar »ungewöhnlich unbrauchbar«, und es ist zu bezweifeln, daß es mit diesem Luftschiff überhaupt gelungen wäre, die Polfahrt erfolgreich durchzuführen, dafür war es zu schwach motorisiert, um den plötzlich auftretenden Stürmen standhalten zu können. So kann wohl mit Recht gesagt werden, daß die Fahrten zum Glück für die Insassen jeweils nach kurzer Dauer endeten. Eine Tatsache bleibt bestehen: Wellman war der erste, der in der Arktis ein Luftschiff einsetzte.

Mittlerweile waren die Luftschiffe des Grafen Zeppelin zu betriebssicheren Fahrzeugen weiterentwickelt worden, und es wurde erwogen, mit Luftschiffen dieser Bauart arktische Gebiete für Forschungszwecke zu befahren. Eine Fahrt zum Nordpol war allerdings nicht geplant zu diesem Zeitpunkt. Um die Einsatzbedingungen an Ort und Stelle zu untersuchen, wurde mit dem Dampfer »Mainz« des Norddeutschen Lloyd im Juli und August des Jahres 1910 eine als »Studienreise der deutschen arktischen Zeppelin-Expedition« bezeichnete Fahrt nach Spitzbergen durchgeführt, an der neben Graf Zeppelin eine Anzahl Wissenschaftler verschiedener Fachbereiche teilnahmen. Zu den Hauptaufgaben der Expedition gehörte die Untersuchung der meteorologischen Bedingungen während des arktischen Sommers. Zu diesem Zweck führte man mit Sonden versehene Pilotballone sowie bemannte Fesselballone zur Feststellung der Luftströmungen und Temperaturen in unterschiedlichen Höhen mit, deren Kenntnis für den Einsatz von Luftschiffen erforderlich war. Andere Untersuchungen befaßten sich mit dem Errichten von Liegeplätzen und den Verankerungsmöglichkeiten des Luftschiffes sowohl auf festem Boden als auch auf dem Eis. Ein weiteres Gebiet war die Feststellung der Möglichkeiten zur Nachrichtenübermittlung durch Funk zwischen Luftschiff und Bodenstation in arktischen Regionen. Als besonders günstig für den Luftschiffeinsatz wurde das sehr gleichmäßige Klima ohne große Temperaturschwankungen und mit nur geringem Niederschlag während der Sommermonate empfunden, so daß mit geringem Gasverlust bei den Luftschiffen zu rechnen war. Die große Reichweite des Starrluftschiffes ermöglichte die Direktfahrt vom Hamburger Luftschiffhafen aus bis zur Basis in Spitzbergen. Auf die Errichtung eines Hangars glaubte man wegen des ausgeglichenen Wetters verzichten zu können. Zu einem Einsatz von Zeppelin-Luftschiffen kam es dann aber doch nicht, der Kriegsausbruch unterbrach alle diesbezüglichen Pläne.

1919 unterbreitete der Luftschiffführer Walther Bruns

auf einer Sitzung der »Naturforschenden Gesellschaft« seinen Plan zur Errichtung eines transarktischen Luftverkehrs mit Luftschiffen auf der Strecke von Europa über Rußland und die Aleuten entweder nach Japan oder die Westküste der USA und Kanadas. Er forderte eine vorherige Überprüfung der für die Aufnahme eines solchen Verkehrs notwendigen Bedingungen. Die von ihm vorgelegte Denkschrift veranlaßte die an dem Plan interessierten Luftfahrtfachleute, Techniker und Wissenschaftler zur Bildung der »Internationalen Studiengesellschaft zur Erforschung der Arktis mit dem Luftschiff (Aeroarctic)«, deren Präsident Fridtjof Nansen wurde. 1924 wurde von dieser Gesellschaft eine neue Denkschrift veröffentlicht zum Thema »Das Luftschiff als Forschungsmittel in der Arktis« mit vielen wichtigen Daten bezüglich der meteorologischen Verhältnisse in den in Frage kommenden Gebieten.

1924 wurden die USA ebenfalls aktiv auf dem Gebiet der Arktisforschung mit dem Luftschiff, und sie planten mit dem Luftschiff »Shenandoah«, das im Dienst der U.S. Navy stand, von Nome in Alaska aus zum Nordpol vorzustoßen, allerdings wurde der Plan dann doch nicht verwirklicht.

Inzwischen gab es mehrere Forschungsflüge mit dem Flugzeug in der Arktis, die aber keine großen Ergebnisse erbrachten und einige Male mit dem Verlust des Flugzeuges bei harten Landungen auf dem Eis endeten. Einen größeren Erfolg verzeichnete der Südpoleroberer und erfahrene Polarforscher Roald Amundsen 1925, als er von der Kings-Bai auf Spitzbergen aus einen Versuch unternahm, mit 2 Dornier »Wal«-Flugbooten zum Pol zu fliegen. Sein Ziel konnte er aber leider nicht erreichen, denn Motorschaden zwang auf der Höhe des 88. Breitengrades zum Abbruch des Fluges und Niedergehen auf dem Eis. Erst nach langen Bemühungen glückte die Rückkehr mit einem der Flugboote nach Spitzbergen. Für seinen nächsten Versuch, den Nordpol zu überfliegen, wollte Amundsen ein Luftschiff benutzen, von dem er sich größere Sicherheit und bessere Bedingungen für wissenschaftliche Beobachtungen erhoffte. Mit finanzieller Hilfe des amerikanischen Millionärs Lincoln Ellsworth, der bereits bei der Beschaffung der »Wal«-Flugboote geholfen und an dem Flug bis zum 88. Breitengrad teilgenommen hatte, konnte Amundsen ein in Italien von Umberto Nobile gebautes Luftschiff erwerben, das für den geplanten Flug geeignet erschien. Das Luftschiff mit der Bezeichnung »N 1« war 1923 gebaut worden, es gehörte zur Klasse der halbstarren Luftschiffe, hatte eine Länge von 106 m und einen größten Durchmesser von 18,3 m. Angetrieben wurde es von 3 Maybach IV-L Motoren von je 245 PS. Das Luftschiff erreichte eine Reisegeschwindigkeit von 93 km/std. Die Nutzlast betrug 6425 kg.

Das im Besitz der italienischen Regierung befindliche Luftschiff wurde nach Abschluß des Kaufvertrages im Winter 1925/26 für die neuen Aufgaben umgerüstet. Die erste Probefahrt fand am 27. Februar 1926 statt, am 29. März wurde es auf den Namen »Norge« getauft. Als Kommandant konnte der Erbauer, Oberst Nobile, verpflichtet werden, der es dann auch sicher über den Pol führte.

Ausgangspunkt des eigentlichen Polfluges sollte die Kings-Bai auf Spitzbergen werden, wo auch der Flug mit den »Wal«-Flugbooten begonnen wurde. Für die Unterbringung des Luftschiffes war hier ein großer, nach oben offener Hangar errichtet worden. Außerdem gab es einen Ankermast.

Am 7. Mai 1926 erreichte die »Norge« nach einer Fahrt, die von Rom aus über den englischen Luftschiffhafen Pulham, Oslo und Leningrad geführt hatte, die Basis auf Spitzbergen und wurde in den Hangar gebracht, wo die für die Polarfahrt erforderlichen Vorbereitungsarbeiten sofort in Angriff genommen wurden. Am 11. Mai bereits stieg das Luftschiff mit 16 Mann an Bord zu dieser Fahrt auf.

Zwischen der Ankunft am 7. Mai und dem Beginn der Polarfahrt wurde der Nordpol erstmals mit einem Flugzeug erreicht: der amerikanische Marineoffizier und Flieger Richard E. Byrd flog am 9. Mai ebenfalls von der Kings-Bai aus mit der Fokker F VII/3m »Josephine Ford« im Nonstop-Flug zum Pol und kehrte nach einer Flugzeit von 14 Stunden und 40 Minuten als strahlender Sieger zurück. Unter den Gratulanten zählten Amundsen und Ellsworth mit zu den ersten.

Zwar war der Nordpol nun bereits einmal überflogen worden, Amundsen plante aber nicht nur den Hin- und Rückflug sondern den Weiterflug über das Polarmeer bis nach Alaska und beabsichtigte, während der Fahrt umfangreiche geographische Beobachtungen durchzuführen.

Nach dem Start nahm das Luftschiff Kurs Richtung Nordpol, die Fahrt verlief ohne größere Störungen, nur ab und zu lief einer der Motoren etwas unregelmäßig, was mit Bordmitteln schnell behoben werden konnte. Nach einigen Stunden kamen sie in dichten Nebel und stiegen auf 1000 m, um weiterhin im Sonnenschein dahinfahren zu können. Erst kurz vor Erreichen des Pols riß die Nebeldecke auf und gab den Blick auf das sich endlos ausbreitende ewige Eis frei. Am 12. Mai,

Das Luftschiff »Norge«, mit dem 1926 die erste Überquerung des Polarmeeres gelang. Amundsen war der Expeditionsleiter, Nobile als Erbauer des Luftschiffes war für dessen Führung verantwortlich. Die »Norge« über der Kings-Bai in Spitzbergen, dem Ausgangspunkt der Expedition.

um 01.30 Uhr GMT, waren sie am Ziel: nach 16½-stündiger Fahrt stand die »Norge« über dem Nordpol. Das Luftschiff senkte sich bis auf 200 m hinab, und es wurden die Flaggen von Norwegen, den USA und von Italien hinabgeworfen. Nobile hielt eine Überraschung bereit: Er brachte ein schweres Kreuz hervor, das vom Papst geweiht worden war, und ließ es den Flaggen folgen. Die genaue Lage des Nordpols wurde mittels navigatorischer Beobachtungen während der Fahrt, Peilungen der Radiostationen von Kings-Bai und Green Harbour, des Sonnenkompasses und durch astronomische Längenbeobachtungen, die wiederum mit den Radiopeilungen verglichen wurden, festgestellt. Die Expedition war nicht nur auf das Erreichen des Pols als dem alleinigen Ziel abgestellt, vielmehr waren die auf der Fahrt über das Polarmeer angestellten wissenschaftlichen Beobachtungen hinsichtlich der Wetterbedingungen und des Erdmagnetismus von hohem Wert für die Erweiterung der Kenntnisse über die Arktis. Im weiteren Verlauf der Fahrt konnte festgestellt werden, daß es zwischen dem Nordpol und Alaska kein Land gibt, eine bis zu diesem Zeitpunkt nicht eindeutig bewiesene Tatsache.

War die Fahrt der Expedition bislang einwandfrei verlaufen, so änderte sich die Situation nun. Der Wind frischte auf, und das Luftschiff geriet in ein ausgedehntes Nebelgebiet. Der feuchte Nebel führte zu Eisbildung an der Hülle des Luftschiffes, Eisbrocken wurden beim Loslösen vom Sog der Propeller erfaßt und gegen die Hülle geschleudert und durchlöcherte sie dabei. Immer wieder mußten diese Stellen schnellstens ausgebessert werden, um keinen Gasverlust zu erleiden.

Früh am 13. Mai wurde erstmals Land gesichtet. Der erste Flug über das Polarmeer war geglückt. Es handelte sich aber nur um einzelne vorgelagerte Inseln, erst am frühen Abend stand das Luftschiff über dem Festland. Alaska lag unter ihnen. Sie erreichten es nahe von Kap Barrow, setzten die Fahrt fort und überquerten Wainwright mit Kurs zu dem Endziel Nome in Alaska, das aber wegen des sich ständig verschlechternden Wetters nicht mehr erreicht wurde. Am 14. Mai landete das Luftschiff mit den völlig erschöpften Expeditions-

Mit dem Luftschiff »Italia« hoffte Nobile als verantwortlicher Expeditionsleiter, den Triumph von Amundsen im Jahre 1928 wiederholen zu können. Er erreichte den Nordpol, mußte bei der Rückkehr aber auf dem Eis niedergehen. Die Expedition endete als weltbewegende Tragödie. Das Bild zeigt die »Italia« vor dem Hangar in der Kings-Bai auf Spitzbergen.

teilnehmern, nachdem auch noch Teile der Beringstraße überflogen worden waren, um dort Beobachtungen anzustellen, etwa 90 Kilometer nordwestlich von Nome nahe der Ansiedlung Teller. Es war eine perfekte Landung auf einer Eisfläche, auf der das Luftschiff verankert wurde. Hier wurde es in den kommenden Wochen abmontiert, Teile des Luftschiffes wurden nach Italien zurückgebracht, aufgebaut wurde es nicht mehr.

Leider kam es im Gefolge der späteren Ehrungen der Expeditionsteilnehmer zu erheblichen Spannungen zwischen Amundsen und Nobile. Zwar war es ein von Nobile entworfenes und in Italien gebautes Luftschiff, mit dem der Erfolg errungen worden war, und Nobile und die italienischen Monteure hatten großen Anteil am Gelingen, dennoch galt es als ein norwegisches Unternehmen. Nobile war wohl der Kommandant des Luftschiffes, Leiter der Expedition aber war Amundsen. In seinem Expeditionsbericht hebt Amundsen die Leistungen Nobiles gebührend hervor. Er konnte aber nicht umhin, anläßlich des Empfanges in Seattle folgendes zu schreiben: »Wir hatten uns an die Verfügung gehalten, nichts auf das Luftschiff mitzunehmen, um Gewicht zu sparen. Unerwarteterweise erschienen aber Oberst Nobile und zwei seiner italienischen Gefährten in glänzenden Uniformen. So peinlich uns das war, hatte es keinen Zweck, sich darüber zu ärgern... Vielleicht hätte ich meine Gefühle aber nicht beherrscht, wenn wir gezwungen gewesen wären, auf dem Polareise zu landen und zu Fuß heimzukehren. Da hätte ich möglicherweise etwas über militärische Galauniformen bei Polar-Expeditionen zu sagen gehabt.«

Zwei Jahre später war Umberto Nobile abermals mit einem Luftschiff in der Arktis, diesmal als Leiter einer rein italienischen Expedition, die nach anfänglich gutem Verlauf sich zu einer die Welt bewegenden Tragödie entwickelte, die sowohl Teilnehmer der Expedition als auch Mitglieder der internationalen Hilfsmannschaften in den Tod riß — unter ihnen Roald Amundsen, der seine Zwistigkeiten mit Nobile hintanstellte und dem in Not geratenen Gefährten seines Polarmeerfluges zu Hilfe eilte, um mit seinem großen Erfahrungsschatz zu helfen. Die Rede ist von der mit dem

Luftschiff »Italia« durchgeführten Polfahrt. Nationaler Ehrgeiz war Anlaß dieser Luftschiffexpedition, die gute wissenschaftliche Ergebnisse hinsichtlich der besseren Kenntnis der Arktis erbrachte, die aber einerseits von einer gewissen Überschätzung des eigenen Könnens und andererseits von einem gewissen Unterschätzen der Naturgewalten der Arktis geprägt war.

Nobile selbst sagt in seinem Bericht über die Polarfahrt der »Italia«, daß die ersten Gedanken an eine eigene Expedition 1926 in Alaska bei ihm auftauchten, als er in Teller die Demontage der »Norge« leitete. 1928 waren die Vorbereitungen abgeschlossen, im Februar waren die meisten Ausrüstungsgegenstände der kommenden Expedition mit einem Dampfer nach Spitzbergen gesandt worden, wo Halle und Ankermast der »Norge« ausgebessert wurden, um für die »Italia« benutzt zu werden. Nobile verließ mit der »Italia«, die ein Schwesterschiff der »Norge« war, nur mit zahlreichen Verbesserungen aufgrund der Erfahrungen bei der ersten Polfahrt, in der Nacht vom 14. auf den 15. April Mailand mit Ziel Stolp in Pommern. Die erste Zwischenstation auf der Fahrt nach Spitzbergen wurde in etwas über 30 Stunden erreicht. Das Wetter war denkbar schlecht mit Regen, Hagel, Schnee, Gewitter und Sturm, aber die »Italia« bestand ihre Feuertaufe gut und bewies ihre Zuverlässigkeit. Von Stolp aus fuhr das Luftschiff erst am 3. Mai weiter, da Wetterbesserung abgewartet werden mußte. An Bord befanden sich 18 Mann. Nach einer Fahrtdauer von 7½ Stunden stand das Luftschiff über Stockholm und setzte die Fahrt über die Ostsee und Finnland nach Vadsö in Nord-Norwegen fort, das kurz vor 09.00 Uhr morgens erreicht wurde. Hier war ein Ankermast errichtet worden, an dem das Luftschiff festmachte. Am 5. Mai wurde die Fahrt fortgesetzt. Schneeschauer und heftige Winde behinderten das Fortkommen stark, aber die Kings-Bai wurde doch am Mittag des 6. Mai erreicht, wo die Hilfsmannschaft für die Landung und das Einbringen in den Hangar bereitstand. In den folgenden Tagen wurden die letzten Vorbereitungsarbeiten für die geplanten Fahrten durchgeführt. Ziele der Nobile-Expedition waren die weitere Erforschung von Franz-Josef - und Nikolaus-II-Land sowie von Nowaja Semlja, die Fahrt zum Pol mit einer Landung dort sowie kartographische Erkundungen der Küste von Grönland.

Der erste Aufstieg von der Kings-Bai aus fand am 11. Mai statt, die Fahrt dauerte 8½ Stunden, allerdings behinderten Nebel und Sturm die Beobachtungstätigkeit sehr, so daß die Fahrt abgebrochen werden mußte.

Sehr erfolgreich war die zweite Fahrt — sie begann am 15. und endete am 18. Mai. Als das Luftschiff nach einer Gesamtfahrzeit von 69 Stunden zurückkehrte, hatte es eine Strecke von 4000 km zurückgelegt, davon führten 1340 km über bislang unerforschtes Gebiet. Neben geographischen Erkundungen zählten Eis- und Wetterbeobachtungen sowie Meßdaten über Erdmagnetismus und Luftelektrizität zu den wichtigsten wissenschaftlichen Ergebnissen der Fahrt, die über Franz-Josef-Land, den Nordwesten von Nowaja Semlja und die Barents-See zurück zum Aufstiegsort führte.

Zu seiner dritten Fahrt stieg die »Italia« am 23. Mai frühmorgens auf. Die Fahrt führte zunächst nach Nord-Grönland und von dort aus zum Pol, der kurz nach Mitternacht, am 24. Mai, erreicht wurde. Nobile hatte sein Ziel erreicht, er war zum zweiten Mal über dem Nordpol, diesmal als Leiter seiner eigenen Expedition. An Bord der »Italia« befanden sich 16 Mann, unter ihnen die drei Wissenschaftler Behounek, Malmgren und Pontremoli. Malmgren war auch bereits an Bord der »Norge«, als dieses Luftschiff vor zwei Jahren den Pol erreichte. Die beabsichtigte Landung am Pol mußte wegen der ungünstigen Wetter- und Eisbedingungen unterbleiben. Sie kreisten statt dessen nahezu zwei Stunden über dem Pol und nahmen zahlreiche Messungen vor, bevor das Luftschiff mit südlichem Kurs die Heimfahrt antrat. Der erste Teil der Rückfahrt wurde in 1000 m Höhe durchgeführt, dann zwang sie aufkommender Nebel tiefer zu sinken, um auch weiterhin in der Lage zu sein, Kurs und Geschwindigkeit bestimmen zu können. Ein aufkommender heftiger Gegenwind aus südwestlicher Richtung behinderte das Luftschiff in seinem Fortkommen stark, während es sich in den kommenden 24 Stunden mühsam in Höhen zwischen 150 — 300 m vorankämpfte. Die Luftfeuchtigkeit und der Nebel begannen allmählich, die Hülle des Luftschiffes mit einer Eisschicht zu überziehen, von der sich immer wieder Brocken lösten und die Hülle durchschlugen, so daß ständig neue Löcher ausgebessert werden mußten. Der Eisansatz war schlimmer als bei früheren Fahrten und begann langsam gefährlich zu werden. Auch blieb der erhoffte Nordwind aus, statt dessen frischte der Südwind mehr und mehr auf, gegen den die »Italia« nur langsam vorankam. Um mit dem knapper werdenden Benzin zu sparen, wurde zeitweilig nur mit 2 Motoren gefahren, deren Leistung auch noch gedrosselt war. Dennoch war die Gesamtsituation nicht besonders kritisch, nur begann die lange und unruhige Fahrt die Männer immer stärker zu ermüden. Nach einer Überprüfung der Gesamtsituation entschloß sich Nobile, das Luftschiff mit voller Moto-

Geheimrat Prof. Johann Schütte (1873—1940) gründete gemeinsam mit dem Industriellen Heinrich Lanz in Mannheim den Luftschiffbau Schütte-Lanz.

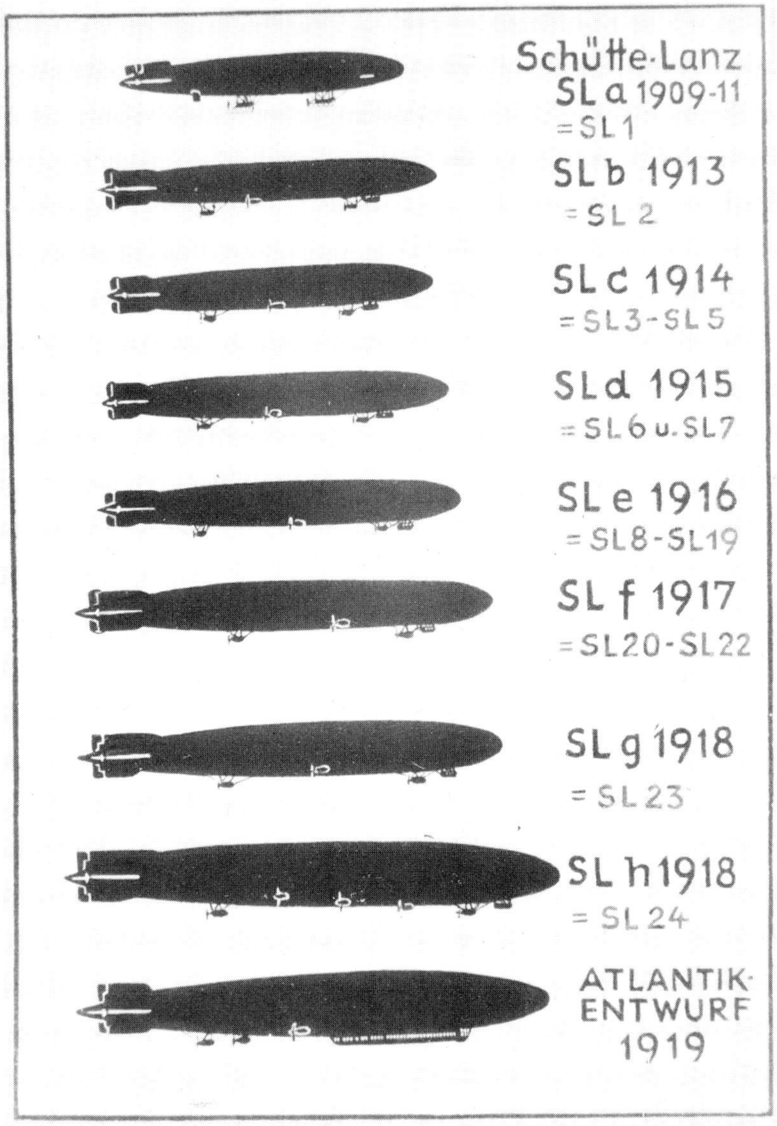

Typentafel der Schütte-Lanz-Luftschiffe. Von Anfang an besaßen die S.L.-Luftschiffe gute Stromlinienform, direkten Propellerantrieb, einfaches Leitwerk mit den Rudern nur am Heck des Luftschiffes, Konstruktionsmerkmale, die für den weiteren Luftschiffbau vorbildlich blieben.

Alle Fragen harrten trotz der von Professor Schütte uneingeschränkt anerkannten bisherigen Erfolge von Graf Zeppelin mit seinen Luftschiffen ihrer definitiven Beantwortung, stand doch das Starrluftschiff erst am Anfang seiner Entwicklung. Es waren Fragen eines Wissenschaftlers an die Praktiker am Bodensee, und Professor Schütte äußerte zu einem späteren Zeitpunkt, daß er nie Luftschiffe gebaut hätte, wäre man auf seine Anregungen eingegangen. So begann er im Wintersemester 1908/09 mit seinen Studenten an einem Luftschiffentwurf unter Berücksichtigung der genannten Fragen zu arbeiten, der nach seiner Ausarbeitung militärischen Stellen mit der Bitte um Stellungnahme vorgelegt und positiv beurteilt wurde.

In dem Industriellen Dr. Karl Lanz in Mannheim, der den hochdotierten »Lanz-Preis der Lüfte« für Flugzeuge gestiftet hatte, fand Professor Schütte den Mann, mit dessen Hilfe er seinen Entwurf ausführen konnte. Am 22. April 1909 wurde die Firma »Schütte-Lanz Luftschiffbau« gegründet. Die Bauwerft wurde in Mannheim-Rheinau errichtet. Mitbeteiligt an der Gründung war außerdem der Industrielle August Röchling.

Die Arbeiten an dem ersten Luftschiff S.L.1 begannen 1909, zur ersten Fahrt stieg es am 17. Oktober 1911 auf. Es besaß eine gute Stromlinienform, war aber im Gegensatz zu den Zeppelin-Luftschiffen mit einem Gerippe aus Holz in rautenförmiger Anordnung gebaut worden. Professor Schütte erhoffte sich eine Gewichtsersparnis durch die Verwendung von Holz. Als Antrieb dienten 2 Daimler-Motoren von je 240 PS, die in getrennten Gondeln angebracht waren und über ein Übersetzungsgetriebe mit Rückwärtsgang einen Drei-

1909 begannen die Arbeiten am ersten Schütte-Lanz-Luftschiff S.L. 1. Erst im Oktober 1911 führte das Luftschiff die erste Fahrt aus. Das Gerippe des Schiffskörpers bestand aus Espenholz, das sehr langfaserig, leicht, zäh und gut zu bearbeiten ist. Unter Verwendung eines Kaltleimverfahrens konnten die aus dem Espenholz gearbeiteten Furniere für die Herstellung aller möglichen Profile benutzt werden. Die Rautenform des Gerippes kam nur bei diesem Luftschiff zur Anwendung.

blattpropeller antrieben. Die Steuerorgane bestanden in der ersten Ausführung aus einem am oberen Heck angeordneten großen Seitensteuer und einem kleineren an der Unterseite sowie einem seitlich am Heck angeordneten Höhensteuer, das von einem kleinen Hilfsruder am Bug unterstützt wurde. Dieses wurde nach einigen Fahrten als unnötig entfernt. Auf einen Laufgang zwischen den Gondeln wurde aus Gewichtsgründen verzichtet. Im Inneren des Luftschiffes waren 15 Gaszellen angeordnet, der Gasinhalt betrug 19500 m^3, die Nutzlast belief sich auf 5000 kg. Die Gaszellen bestanden aus einem Gummistoff, der aber nicht befriedigte. Aus Schutz vor den Einwirkungen der Sonnenstrahlen auf den Gummistoff erhielt die Außenhülle des S.L.1 einen gelblichen Anstrich. Von Interesse war auch die Gondelaufhängung. Im Gegensatz zur Praxis beim Luftschiffbau Zeppelin mit starr mit dem Gerippe verbundenen Gondeln wurden beim Luftschiffbau Schütte-Lanz die Gondeln an Seilen befestigt, um die Last zum Teil auf die Außenhülle und dem Gerippe und zum Teil auf besondere Knotenpunkte im Gerippe zu verteilen. Hieraus ergab sich eine in Längs- und Querrichtung vollkommen starre Anordnung, dagegen wurde der Luftschiffkörper bei der Landung durch das Schlaffwerden der Seile vom Gewicht der Gondeln entlastet, so daß keine zu harten Landestöße auftraten, die zu Knicken im Gerippe führen könnten. Allerdings stellten sich beim Einsatz der Schütte-Lanz-Luftschiffe später auch Nachteile ein, so daß doch einige Stützstreben bei den Gondeln eingezogen wurden.

Das als Versuchsbau dienende Luftschiff S.L.1 ging nach der Erprobungsphase zur weiteren Erprobung in den Besitz des Heeres über. Die erste Fahrt endete beinahe mit einer Katastrophe, als eines der Steuerkabel brach und das Luftschiff am Rhein niederging. Es stieg am folgenden Tag nach der Reparatur wieder auf und führte eine $3\frac{1}{2}$-stündige Fahrt über Mannheim durch. Rund 40 Fahrten wurden durchgeführt, bevor S.L.1 im Dezember 1912 an die Armee verkauft wurde. Am 5. und 6. Juli 1913 führte es eine Fahrt von Berlin nach Danzig aus, wo es jubelnd von der Bevölkerung begrüßt wurde, 10 Tage danach wurde die Rückfahrt mit einer Zwischenlandung in Schneidemühl angetreten. Das Luftschiff wurde verankert, an Bord blieb niemand zurück. Ein einbrechender Gewittersturm riß es aus der Verankerung und trieb es gegen einen Wald, wo es zerbrach. Trotz dieses unrühmlichen Endes kann S.L.1 als ein erfolgreiches Luftschiff bezeichnet werden, führte es doch 65 Fahrten aus, eine Leistung, die von keinem der frühen Zeppeline erreicht wurde.

Nach einer Periode der Ungewißheit über die Zukunft der Bauwerft und den Weiterbestand des Schütte-Lanz-Luftschiffbaus überhaupt entschloß sich das Kriegsministerium weitere Aufträge zu erteilen. Im Juli 1913 wurde das zweite Schütte-Lanz-Luftschiff bestellt. War das erste Luftschiff als reiner Versuchsbau entstanden, so gelang Professor Schütte mit dem S.L.2 der definitive Luftschiffentwurf der Firma, der zwar in den folgenden Jahren Verbesserungen erfuhr, aber keinen grundlegenden Änderungen mehr unterzogen zu werden brauchte.

S.L. 1 verläßt die Bauhalle in Mannheim-Rheinau. Gut zu erkennen ist die Rautenform des Gerippes und die ursprüngliche Form des Leitwerks. — Unten: Gesamtansicht des S.L. 1 mit abgeändertem Leitwerk.

Das Luftschiff S.L.2 setzte den Trend für die Entwicklung der Starrluftschiffe der Zukunft. Es besaß einen stromlinienförmigen Schiffskörper, der eine hohe Geschwindigkeit erlaubte, ein einfaches wirkungsvolles Leitwerk, seitlich und mittschiffs angeordnete Motorengondeln mit Direktantrieb der Propeller, einen das ganze Schiff durchziehenden inneren Laufgang sowie zwischen den Gaszellen angeordnete Gasschächte, die entwichenes Gas ansaugten und auf dem Rücken des Luftschiffes über Saughutzen abbliesen. Die rautenartige Gerippebauweise des ersten Schütte-Lanz-Luftschiffes kam als zu teuer und aufwendig nicht mehr zur Anwendung, vielmehr wurde das System des Längsspantenbaus verwendet. Das Gerippe des S.L.2 bestand aus 20 Längsträgern und 15 verspannten Querringen, das mit einer glatten Außenhülle in Längsbahnen verkleidet war. Als Baumaterial diente erneut Holz und zwar hauptsächlich Espenholz, das wegen seiner Festigkeit und Elastizität ausgewählt worden war. Die Leime und Lacke, die bei der Holzverarbeitung benutzt wurden, waren Eigenentwicklungen und boten guten Schutz gegen Feuchtigkeit. Die Gaszellen wurden aus einem »Stoffhaut« genannten Material hergestellt, das aus einer dünnen Baumwoll- oder Seidenschicht mit mehreren aufgeklebten Lagen aus Goldschlägerhaut bestand und sehr gasdicht war. Waren beim S.L.1 die Führergondel und der vordere Motor in einer Gondel zusammen untergebracht worden, so wurde beim S.L.2 die Führergondel getrennt von den Motorgondeln ziemlich weit vorn unter dem Bug starr mit dem Schiffskörper verbunden. Mittels einer kleinen Leiter konnte von hier aus das Innere des Luftschiffes erreicht werden. Die 4 Motorgondeln waren dagegen elastisch aufgehängt worden. Als Antrieb dienten 4 Maybach-Motoren von zunächst 180 PS, später wurden leistungsstärkere Motoren eingebaut. Die Länge betrug 144 m, der größte Durchmesser 18,2 m, der Gasinhalt belief sich auf 24 500 m³, die Nutzlast auf 7900 kg. Die Geschwindigkeit betrug 88 km/std, damit war es das zu dieser Zeit schnellste Starrluftschiff. Allerdings war die relative Nutzlast gegenüber den jüngsten Zeppelin-Luftschiffen, die für das Heer gebaut worden waren, etwas geringer.

Das neue Schütte-Lanz-Luftschiff stieg am 28. Februar 1914 zu seiner ersten Fahrt auf und wurde im Mai nach Abschluß der Werkserprobung vom Heer übernommen und zu seiner Basis in Liegnitz überführt.

Professor Schütte schlug dem Kriegsministerium für zukünftige Luftschiffe eine Volumenvergrößerung vor, um auf diese Weise zu erreichen, daß die Tragfähigkeit größer wird. Ähnliche Überlegungen waren auch im Ministerium bereits angestellt worden, da die bisher gelieferten Starrluftschiffe von nicht sehr hohem militärischen Wert waren. Dieses wurde aber im Hinblick auf die erst anlaufende Entwicklung des Luftschiffes als Waffe akzeptiert, da die bisherigen Leistungen für den Ausbildungsbetrieb genügten.

Nach der Ablieferung des S.L.2 gab es für den Luftschiffbau Schütte-Lanz entgegen einer früheren Zusage keinen Anschlußauftrag auf ein neues Luftschiff, was zur Folge hatte, daß der Personalbestand zurückging. Als der Krieg ausbrach und nun plötzlich Luftschiffe mit erhöhter Dringlichkeit bestellt wurden, ergaben sich daraus viele Schwierigkeiten, zumal die Bauwerft in Mannheim-Rheinau für das neue Bauprogramm nicht ausreichte. Deshalb wurden in Mannheim-Sandhofen, Darmstadt und Leipzig auf Anordnung der Heeresverwaltung neue Hallen für die Montage von Schütte-Lanz-Luftschiffen errichtet, deren Teile in Mannheim-Rheinau gefertigt wurden. Als weitere Maßnahme insbesondere hinsichtlich der Gefährdung der Werft durch Fliegerangriffe wurde die Errichtung einer weiteren Werftanlage in Zeesen nahe Königswusterhausen seitens der Heeresverwaltung veranlaßt.

Die relativ komplizierte Holzbauweise bedingte eine ziemlich lange Bauzeit der einzelnen Schütte-Lanz-Luftschiffe, während beim Luftschiffbau Zeppelin ein neu bestelltes Luftschiff in etwa 4 Wochen fertiggestellt werden konnte. Insbesondere die Marineluftschiffer übernahmen die Schütte-Lanz-Luftschiffe nur widerstrebend, da sich unter dem Einfluß der feuchten Meeresluft die Holzkonstruktion des Gerippes als ziemlich anfällig erwies. Erst das 1918 in Bau befindliche Luftschiff S.L.24 sollte ein Metallgerippe erhalten; wegen des Kriegsendes wurde es aber nicht mehr fertiggestellt. Der Grundaufbau aller Schütte-Lanz-Typen blieb im Prinzip unverändert, es gab aber wie bei jeder technischen Entwicklung im Laufe der Zeit viele Detailverbesserungen sowie eine Steigerung der Leistungen durch Vergrößerung der einzelnen Luftschifftypen. Betrug das Volumen des S.L.2 des Jahres 1913 24500 m³, so war es beim S.L.22 des Jahres 1917 auf 56 350 m³ gestiegen und hätte beim S.L.24 auf 78 000 m³ gesteigert werden sollen. Entsprechend vergrößerten sich die Dimensionen, so betrug die Länge des S.L.2 144 m, des S.L.22 198 m und beim S.L.24 232 m. Die Nutzlast vergrößerte sich dementsprechend von 7 900 kg beim S.L.2 auf 37 500 kg beim S.L.22 und sie war für den S.L.24 mit etwa 60 000 kg errechnet worden. Mit Aus-

Bereits das 2. Luftschiff wurde der definitive Entwurf aller weiteren Schütte-Lanz-Luftschiffe. Die Rautenform des ersten Luftschiffes wurden zugunsten eines Schiffskörpers aus Längsträgern und verspannten Querringen aufgegeben. Als Baumaterial diente weiterhin Holz.

nahme des ersten Luftschiffes von Schütte-Lanz waren alle späteren Bauten mit Maybach-Motoren unterschiedlicher Leistung ausgerüstet worden, entsprechend dem Wunsch von Heer und Marine nach einheitlicher Motorisierung der Luftschiffe.

Insgesamt wurden bei Schütte-Lanz zwischen 1909—1918 auf den verschiedenen Werften 20 Luftschiffe fertiggestellt und ausgeliefert, von denen die Marine 9 und das Heer 11 besaß. Zwei fast fertiggestellte Luftschiffe wurden beim Einsturz der Bauhalle in Leipzig Anfang 1917 völlig zerstört, nachdem heftiger Schneefall mit anschließendem strengen Frost von plötzlichem Tauwetter abgelöst wurde, was das Unglück herbeiführte.

Der Kriegsausbruch 1914 hatte zur Folge, daß der S.L.2 in kurzer Zeit für den Fronteinsatz bereitgestellt werden mußte, die ersten Einsätze fanden über dem östlichen Kriegsschauplatz zur Unterstützung des österreichisch-ungarischen Armee-Oberkommandos statt. Von der Basis Liegnitz aus stieg es zu einem langen Beobachtungsflug unter dem Kommando von Hauptmann von Wobeser zur Erkundung der anrückenden russischen Truppen auf, danach landete das Luftschiff in der Festung von Przemysl in Polen, dem Sitz des Hauptquartiers, mit dem Lagebericht. Zwei Tage später kehrte S.L.2 nach Liegnitz zurück. 1915 wurde es an die Westfront verlegt und nahm an verschiedenen Aufklärungs- und Angriffsfahrten teil, bis es am 10. Januar 1916 bei einem Sturm zerstört wurde.

Das erste für die Marine gebaute Schütte-Lanz-Luftschiff war S.L.3. Zur Zeit des ersten Aufstiegs am 4. Februar 1915 war es das größte Luftschiff, das bisher gebaut worden war. Es wurde für Angriffs- und Aufklärungsfahrten über der Nordsee eingesetzt und dabei trat ein, was seitens der Marine befürchtet worden war. Von der feuchten Meeresluft wurde das hölzerne Gittergerüst angegriffen, so daß lange Ausbesserungsarbeiten erforderlich waren. Trotzdem wurden mit dem Luftschiff etwa 70 Fahrten über der Nordsee ausgeführt, dann wurde es an die Ostsee zur Basis Seddin in Pommern verlegt. Am 1. Mai 1916 stürzte es in die Ostsee; glücklicherweise konnte die Besatzung gerettet werden.

Bei zahlreichen Einsätzen in den folgenden Kriegsjahren zeichneten sich die Schütte-Lanz-Luftschiffe durch Erfolge bei ihren Angriffsfahrten gegen Ziele in Frankreich, England und an der östlichen Front aus. Über der Ostsee führten sie Aufklärungseinsätze durch und dienten der Ausbildung neuer Luftschiffbesatzungen. Aber auch Verluste traten ein. So wurde bei dem größten Luftschiffangriff auf England von den beiden teilnehmenden Schütte-Lanz-Luftschiffen S.L.8 und S.L.11 dieses am 3. September 1916 als erstes Luftschiff von einem Flugzeug brennend abgeschossen. Durch Unfälle verlor die Marine am 18. November 1915 das Luftschiff S.L.6 nach einer Explosion über der Ostsee, nachdem es erst am 19. September 1915 seine erste Fahrt durchgeführt hatte, und ebenfalls im Ostseeraum am 30. März 1917 das Luftschiff S.L.9, das in der Luft in Brand geriet. Beide Male fand die gesamte Besatzung den Tod. Mehr Glück hatte die Besatzung des S.L.12, das seit dem 15. November 1916 in Dienst stand. Ein Einsatz gegen England, am 28. Dezember 1916, wurde wegen des aufgekommenen starken Windes abgebrochen und die an der Angriffsfahrt teilnehmenden 6 Luftschiffe wurden zu ihren Einsatzhäfen zurückbeordert. Bei der Landung in Ahlhorn trieb der Sturm das Luftschiff gegen einen Gaskessel, und es wurde mit dem Bug dagegen gedrückt und stark beschädigt. Nach der daraufhin durchgeführten Notlandung außerhalb des Luftschiffhafens gelang es nicht, das Luftschiff in den Hangar zurückzubringen und der Sturm zerstörte es vollends.

Der immer größer werdenden Gefahr, durch Flugzeuge der feindlichen Abwehr abgeschossen zu werden, konnten die Luftschiffe nur entgehen, indem sie versuchten immer größere Höhen zu erreichen, wohin die Flugzeuge nicht folgen konnten. Das führte zu einem neuen Sprung in der Technik der Luftschiffentwicklung, bis auch dieser Vorsprung durch verbessertes Steigvermögen der Flugzeuge eingeholt wurde. Das Heer war nicht länger am Einsatz von Luftschiffen interessiert und überstellte im Herbst 1917 die noch vorhandenen Luftschiffe und Einrichtungen an die Marine, die für die Angriffe auf England und die großräumige Aufklärung über der Nordsee weiterhin Luftschiffe einsetzte.

Mit der Beendigung der Luftschiffaktivitäten durch das Heer gab es nur noch die Marine als Abnehmer neuer Luftschiffe, eine Situation, die sich für den Luftschiffbau Schütte-Lanz negativ auswirkte. Die Anforderungen des Heeres an die Leistungsfähigkeit der Luftschiffe war nicht ganz so hoch gewesen wie die der Marine, da das Heer nicht mehr an den strategischen Angriffsfahrten gegen England teilnahm, sondern die taktische Aufklärung im Frontbereich als Hauptaufgabe der Luftschiffe gesehen hatte. Dabei konnten die Schütte-Lanz-Luftschiffe mit guten Resultaten eingesetzt werden. Die rasche technische Entwicklung des Flugzeuges ließ aber auch hier das Luftschiff immer mehr an Bedeutung verlieren. Beim Luftschiffbau Schütte-Lanz wurde diese Situation klar erkannt, und man versuchte mit neuen Konstruktionen die inzwischen besseren Leistungen der Zeppelin-Luftschiffe zu erreichen und nach Möglichkeit zu überbieten, um der Marine auch in Zukunft Luftschiffe liefern zu können.

Waren die bisher gebauten Luftschiffe der e-Klasse mit 4 Motoren ausgerüstet gewesen, so mußte bei den größeren Schiffen der neuen f-Klasse ein fünfter Motor eingebaut werden, um die höheren Leistungen zu erzielen. Da man aber andererseits keine fünfte Motorgondel anbringen wollte, sollten 2 Motoren in einer Gondel zusammengefaßt werden und auf einen Propeller arbeiten. Die Entwicklung dieser Anlage war sehr zeitaufwendig. Um nicht noch mehr Zeit zu verlieren, mußte das erste Luftschiff der f-Klasse, S.L.20, doch mit 5 Motorgondeln ausgerüstet werden. Am 10. September 1917 stieg es zu seiner ersten Fahrt auf. Gegenüber den neuen Zeppelin-Luftschiffen fiel es in seinen Leistungen zurück, wurde aber dennoch von der Marine übernommen. Bei der großen Explosionskatastrophe auf dem Luftschiffhafen Ahlhorn, am 5. Januar 1918, wurde es zerstört.

Das Luftschiff S.L.21 war für das Heer bestimmt gewesen und wurde erst fertig, als die Heeresluftschiffaktivitäten beendet worden waren. Peter Strasser als Führer der Luftschiffe bei der Marine, der seine Abneigung gegen die Schütte-Lanz-Luftschiffe nie verschwiegen hatte, verweigerte die Abnahme dieses Neubaus für die Marine. Es diente daraufhin in Zeesen als Testgerippe für Belastungsversuche bis hin zum Bruch. Als nächstes Luftschiff von Schütte-Lanz wurde auf der Werft in Mannheim-Rheinau die Baunummer S.L.22 fertiggestellt. Am 5. Juni 1918 führte es die erste Fahrt durch, und obwohl dieses Luftschiff von Anfang an für die Marine bestimmt war und auch einige der Luftschiffbasen der Marine besuchte, verweigerte Peter Strasser

S.L. 15 vor dem Aufstieg. Der auf der Oberseite des Luftschiffes angebrachte Abwehrstand ist bemannt. Das Luftschiff besaß eine Länge von 174 m und erreichte eine Geschwindigkeit von 97 km/std. Es wurde 1916 gebaut als Heeresluftschiff und im August 1917 abgewrackt, nachdem das Heer alle Luftschiffaktivitäten beendete und die Marine es nicht übernehmen wollte.

abermals die Abnahme aufgrund der geringen Leistungen, die es für den Fronteinsatz ungeeignet machten. Es wurde schließlich auf dem Luftschiffhafen Jüterbog stationiert und dort 1920 abgewrackt.

Die Hauptursache für die geringen Leistungen der letzten Luftschiffe von Schütte-Lanz lag in der Holzkonstruktion des Gerippes. Dr.-Ing. Roeser vom Luftschiffbau Schütte-Lanz vermerkte hierzu in seiner 1926 erschienenen Arbeit »Aus der Geschichte des deutschen Starrluftschiffs« folgendes: »Die Holzkonstruktion ist namentlich für kleinere Kräfte außerordentlich günstig, bei größeren Kräften — also auch bei größeren Schiffstypen — ist das Duraluminium dem Holz überlegen... Bei dem f-Typ (56 000 m³) fiel die Nutzlast gegenüber den gleich großen Z-(Zeppelin)Schiffen trotz sorgfältigster Durcharbeitung um 1 bis 4 t ab, ein Zeichen, daß die günstigste Größe für Schiffe mit Holzträgergerippen bereits überschritten und der Übergang zur Duraluminiumkonstruktion eine Notwendigkeit geworden war.«

Der Luftschiffbau Schütte-Lanz zog hieraus die Konsequenz und bereitete den Gerippebau aus Metall vor. Dazu führte Dr.-Ing. Roeser folgendes aus: »Auf den Schütte-Lanz-Werften befanden sich S.L.23 und S.L.24 im Bau, die 64 000 m³ und 78 000 m³ groß werden sollten und bei denen zum ersten Mal Duraluminium zur Verwendung gelangte in Form von Rohren. Rohre haben von allen Trägerformen die günstigsten Widerstandseigenschaften bei kleinstem Gewicht . . .- Die Festigkeit der Duraluminiumträger ist derjenigen der Holzträger unter sonst gleichen Bedingungen und bei gleichem Gewicht um das Doppelte überlegen, den Duraluminiumträgern aus offenen Profilen um etwa 25 vH.« Diese Luftschiffe wurden nicht mehr fertiggestellt, S.L.22 blieb das letzte Schütte-Lanz-Luftschiff. Nach dem Krieg wurden die Werftanlagen des Luftschiffbau Schütte-Lanz demontiert. Prof. Johann Schütte arbeitete in den folgenden Jahren mehrere Entwürfe für Passagierluftschiffe aus, von denen aber keines mehr verwirklicht werden konnte.

Die Schütte-Lanz-Luftschiffe wiesen eine Reihe bemerkenswerter Besonderheiten auf, wobei es sich um grundsätzliche Verbesserungen der Technik der Starrluftschiffe handelte. Hierzu gehörten der innere Laufgang, die Zentralverspannung, die nach oben führenden Gasschächte, das Kreuzleitwerk, die Motorenanordnung in Einzelgondeln mit Direktantrieb der Propeller und die Stromlinienform des Schiffskörpers. Auf einige dieser technischen Merkmale der von ihm entworfenen Luftschiffe hatte Professor Schütte Patente erhalten. Nach dem Ausbruch des 1. Weltkrieges wurde der Luftschiffbau Zeppelin seitens der Heeres- und Marineverwaltungen aufgefordert, diese verbesserte Technik beim Bau der eigenen Luftschiffe anzuwenden. Das Reich besaß das Recht, alle militärischen Zwecken dienenden Erfindungen als Kriegsmaßnahme ohne Zustimmung des Patentinhabers von anderen Firmen verwenden zu lassen mit der Zusage einer späteren Entschädigung des Patentinhabers im Rahmen seiner berechtigten Ansprüche. Als Professor Schütte nach Kriegsende seine Forderungen nach Entschädigung für die Benutzung seiner Patente anmeldete, kam es darüber zu gerichtlichen Auseinandersetzungen zwischen dem Reichsschatzamt, dem Luftschiffbau Zeppelin und ihm, die erst nach 4½ Jahren auf dem Vergleichsweg beendet werden konnten. Es handelte sich um Entschädigungsansprüche in Millionenhöhe für die Benutzung des geistigen Eigentums und der Schütte-Lanz-Patente und Schutzrechte, für die letztlich nur ein geringer Betrag zur Auszahlung bewilligt wurde. An einen Wiederaufbau des Luftschiffbau Schütte-Lanz war danach nicht mehr zu denken.

Am 29. März 1940 verstarb Professor Johann Schütte in Dresden. Wenn auch in den Jahren von 1909 bis 1918 lediglich 20 Luftschiffe bei Schütte-Lanz gebaut worden sind, so trug Professor Johann Schütte mit seinen wissenschaftlich fundierten konstruktiven Arbeiten wesentlich zur technischen Vollendung des Starrluftschiffes bei, eine viel zuwenig beachtete Tatsache aus der Geschichte des Luftschiffes.

Die Pralluftschiffe von August von Parseval

Neben Graf Zeppelin und Professor Johann Schütte gehörte August von Parseval zu den erfolgreichsten deutschen Luftschiffkonstrukteuren. Als Schöpfer erfolgreicher, technisch überaus anspruchsvoller und interessanter Pralluftschiffe besitzt v. Parseval einen hohen Rang in der Geschichte des Luftschiffes.

August von Parseval wurde 1861 geboren und begann eine militärische Laufbahn. 1880 wurde er zum Offizier befördert und 1907 im Range eines Majors und als Bataillonskommandeur zur Disposition gestellt. In Anerkennung seiner wissenschaftlichen Leistungen wurde ihm 1911 der Titel Professor verliehen. Seit 1889 befaßte sich v. Parseval mit Fragen der Luftfahrttechnik. Gemeinsam mit Hans Bartsch v. Sigsfeld und August Riedinger in Augsburg schuf er den Drachenballon, der 1897 beim deutschen Heer eingeführt wurde.

Bereits 1891 hatte v. Parseval einen Luftschiffentwurf ausgearbeitet und in Modellform angefertigt. Dieser erste Entwurf wurde in den kommenden Jahren immer weiter verbessert, und 1906 konnte endlich das erste Versuchsluftschiff P 1 bei der Augsburger Ballonfabrik August Riedinger vollendet werden. Dem Luft-

Prof. August v. Parseval (1861—1942), Drachenballon- und Luftschiffkonstrukteur, der dem Pralluftschiffbau in Deutschland wesentliche Impulse gab.

P.L. 1, das erste Parseval-Luftschiff aus dem Jahre 1906.

schiff lag der Gedanke zugrunde, es so klein wie möglich zu bauen mit Anlehnung an die mit dem Drachenballon erworbenen Erfahrungen sowie die Gondel so anzuordnen daß bei einem etwas heftigen Aufprall bei der Landung kein Schaden eintrat. Zum Prallhalten der Luftschiffhülle wurden 2 Ballonetts eingebaut, die im Bug und Heck angeordnet waren und zum Manöverieren mit dem Luftschiff herangezogen werden konnten. Die Ballonetts oder Luftsäcke waren zu Beginn einer Fahrt nur wenig gefüllt, erst im Verlaufe der Fahrt, wenn durch Brennstoffverbrauch, Ballast- und Gasabgabe das Luftschiff leichter geworden war, wurden die Ballonetts mit Hilfe eines Ventilators soweit mit Luft aufgeblasen, daß der innere Überdruck die Hülle prall hielt. Der Luftschiffkörper besaß eine Länge von 48 m, sein Durchmesser betrug 8,5 m, der Gasinhalt belief sich auf 2300 m^3. Die Gondel wurde an Leinen befestigt, die ihren Halt an einem am sogenannten Äquator des Luftschiffes befindlichen Gurt fanden. Es gab weiter keine Versteifungen zwischen dem Luftschiffkörper und der Gondel. Als Antrieb diente ein 85 PS starker Daimler-Motor, der eine vierflügelige unstarre Luftschraube aus Stoff antrieb. Die bei den ersten Parseval-Luftschiffen benutzten Luftschrauben besaßen aus starkem Stoff hergestellte Blätter, die mit dünnen Stahlseilen in einen ebenfalls aus Stahl bestehenden Rahmen gespannt waren und im Ruhezustand herunterhingen. Erst bei Anlassen des Motors wurden die Propellerblätter durch die Zentrifugalkraft aufgerichtet und in ihrer Form erhalten. Bei späteren Ausführungen kamen anstelle der Stoffblätter aus dünnem Stahlblech gearbeitete Blätter zur Anwendung. Die Propeller waren eine durch Patente geschützte Sonderkonstruktion, mit der erreicht wurde, daß trotz eines relativ großen Durchmessers von 4 m und mehr das Gewicht verhältnismäßig gering blieb und ferner beim Landtransport des Luftschiffes zum Einsatzort, an dem es dann aufgebaut wurde, die Luftschraube im zusammengefalteten Zustand einfach zu handhaben war. Bei späteren Parseval-Luftschiffen wurden wieder Luftschrauben herkömmlicher Bauart verwendet. Die Leistung des Motors wurde über Ketten oder Kegelräderantrieb auf die Luftschrauben übertragen.

Am 26. Mai 1906 fand der erste Aufstieg des P 1 mit Unterstützung der preußischen Luftschiffertruppe auf dem Schießplatz Berlin-Tegel mit v. Parseval als Führer statt, dem sich in der ersten Versuchsreihe in rascher Folge vier weitere Fahrten anschlossen, die die Richtigkeit der Konstruktion unter Beweis stellten.

Das Ziel Major v. Parsevals war es, ein für militärische Zwecke geeignetes kleines Luftschiff zu entwickeln, das nach Erfüllung des jeweiligen Auftrages leicht zusammenlegbar war und ohne großen Aufwand an einem anderen Ort zu neuen Einsätzen wieder aufgebaut werden konnte. Auf diese Weise sollte einerseits eine große Flexibilität bei der Einsatzplanung erreicht werden, andererseits sollte die Bereitstellung großer Luftschiffhallen nicht unbedingt erforderlich sein.

Unter Verzicht auf starre Konstruktionselemente konnte die aus zwei Lagen diagonal aufeinanderliegender Baumwollstoffe mit einer dazwischen liegenden Gummischicht bestehende Hülle des Luftschiffes relativ klein gebaut werden, ohne daß die Leistungen des Pralluftschiffes denen anderer Luftschiffsysteme unterlegen war. Die unter der Hülle angeordnete Gondel enthielt den Motor und den Benzinvorrat sowie den Ventilator für die Ballonetts und nahm die Besatzung auf. Ein Umschaltventil ermöglichte das Ein- und Ausströmen einer unterschiedlich großen Luftmenge in die Ballonetts, wodurch je nach Luftmenge im vorderen oder hinteren Ballonett das Luftschiff stieg oder sich senkte. Die Gondel war über ein sinnreich angebrachtes System von Stahlseilen mit dem zu beiden Seiten des Luftschiffkörpers entlang laufenden Tragegurt beweglich verbunden. Mit Hilfe kleiner auf einem Drahtseil laufender Rollen wurde die Gondel beim Aufstieg etwas nach vorne hin verlagert, um den Schwerpunkt vorzuverlegen, so daß es nicht zu einem gefährlichen Ansteigwinkel mit nachfolgendem Aufbäumen des Luftschiffes kam. Beim Landevorgang konnte die Gondel nach hinten verschoben werden und brachte das Luftschiff auf diese Weise in eine ausgeglichene Lage. Auch während der Fahrt konnten Stampfbewegungen durch Verlagerung der Gondel ausgeglichen werden.

Ende Juli 1906 wurde in Berlin zur Untersuchung der Bedingungen für eine erfolgreiche Entwicklung der Luftschiffahrt die Motorluftschiff-Studiengesellschaft gegründet mit einer meteorologischen Gruppe, einer Konstruktionsgruppe und einer Maschinengruppe, deren Mitglieder alle Aspekte ihres Fachbereichs hinsichtlich der Anwendung in der Luftschiffahrt erforschten. Als Basis ihrer Arbeit erwarb diese Gesellschaft zum Jahresende 1906 das Parseval-Luftschiff und alle Patente darauf. Major v. Parseval selbst nahm seinen Abschied vom aktiven Militärdienst und wurde technischer Leiter der Motorluftschiff-Studiengesellschaft.

Das Versuchsluftschiff wurde technisch verbessert und nahm als P.L.1 im Jahre 1907 die Probefahrten wieder auf, deren Hauptziel die Erreichung größtmöglicher Betriebssicherheit war. Auf- und Abbau im Gelände wurden erprobt, die Steuerung am Heck verbessert und die Form der Luftschiffhülle geändert. Die längste Versuchsfahrt führte von Berlin mit einer Zwischenlandung nach Brandenburg und zurück über die Entfernung von 135 km. Zu dieser Fahrt am 28. Oktober 1907 wurden 7 Stunden benötigt.

Nach Beendigung der Versuchsfahrten erwarb der Kaiserliche Aeroclub das Luftschiff und führte weitere Fahrten durch, bis es außer Dienst gestellt wurde. Seine Gondel ist erhalten geblieben und befindet sich im Besitz des Deutschen Museums in München.

War die Motorluftschiff-Studiengesellschaft zunächst auch nicht am Bau und Verkauf von Luftschiffen interessiert, so entstand doch nach Abschluß der Versuchsfahrten die Frage nach der industriellen Verwertung der geleisteten Arbeit, zumal das Heer am Erwerb von Parseval-Luftschiffen interessiert war und einen ersten Auftrag erteilt hatte. Für Bau und Vertrieb von Parseval-Luftschiffen wurde deshalb im Mai 1908 die Firma »Luftfahrzeug-Gesellschaft m.b.H.« als Tochtergesellschaft gegründet.

Das erste bei dieser Firma gebaute Luftschiff trug die Baunummer P.L.2 und war ein Schwesterschiff des P.L.1, allerdings mit vergrößertem Volumen von 4000 m^3. Seine Länge betrug 60 m und sein Durchmesser 10,4 m. Die Heeresbezeichnung für dieses Luftschiff lautete P.I. Als Abnahmebedingung verlangte die Heeresverwaltung eine Dauerfahrt von 10 Stunden zu einem vorher bestimmten Zielort sowie das Erreichen einer Höhe von 1500 m über Grund, in der das Luftschiff sich 1 Stunde lang aufhalten mußte. Als Geschwindigkeit wurden 11 m in der Sekunde verlangt. Außerdem mußte es auf zwei Wagen zerlegt zum Aufstiegsort befördert und dort mit Gas gefüllt zum Aufstieg vorbereitet werden.

Das Luftschiff wurde im Sommer 1908 fertig und nach Erfüllung der geforderten Leistungen im Dezember 1908 vom Heer übernommen. Es nahm an dem Kölner Luftschiffmanöver im Herbst 1909 teil und wurde anschließend in Metz stationiert, bis es außer Dienst gestellt wurde.

Mit dem nächsten Luftschiff, das im Auftrag der Motorluftschiff-Studiengesellschaft gebaut wurde, zielte man auf einen Typ, mit dem Passagierfahrten durchge-

Rundfahrten mit Parseval-Luftschiffen wurden vor dem Weltkrieg in zahlreichen deutschen Städten durchgeführt und waren sowohl für die Passagiere als auch die Zuschauer eine große Attraktion. Das Luftschiff P.L. 3 steigt zu einer solchen Rundfahrt auf.

führt werden sollten. Die Herstellung der Parseval-Luftschiffe war inzwischen nach Bitterfeld verlegt worden, wo bei den chemischen Werken »Elektron« Wasserstoffgas als Nebenprodukt anfiel und billig zu erwerben war. Das neue Luftschiff besaß in der ersten Ausführung ein Volumen von 5600 m^3 und war mit 2 Motoren von je 100 PS der Firma Neue Automobil-Gesellschaft (N.A.G.) ausgerüstet, die 2 Propeller antrieben. Das Luftschiff P.L.3 sollte mit größerer Besatzung und Nutzlast bis zu 20 Stunden in der Luft bleiben können und eine größere Geschwindigkeit als die bisher gebauten Parseval-Luftschiffe aufweisen. Nach den ersten Probefahrten zeigte es sich aber daß die Gondel des P.L.3 zu schwer geraten war, so daß die erhofften Leistungsverbesserungen nicht erbracht werden konnten. Daraufhin wurde die Hülle entleert und zur Ballonfabrik August Riedinger nach Augsburg gesandt, wo das Volumen auf 6700 m^3 vergrößert wurde. Als nach dem Umbau die Erprobung wieder aufgenommen wurde, erwies es sich, daß P.L.3 nun den gestellten Anforderungen entsprach. Das Luftschiff wurde auf der im Sommer 1909 in Frankfurt a.M. durchgeführten Internationalen Luftfahrt-Ausstellung (ILA) stationiert und führte vom Ausstellungsgelände aus eine ganze Anzahl gelungener Passagierfahrten durch. Der Höhepunkt der Aktivitäten war die große Süddeutschland-Fahrt, die am 12. Oktober 1909 in den frühen Morgenstunden begann und über Nürnberg und Augsburg nach München führte. Die Rückfahrt mußte wegen einer Reparatur in Stuttgart unterbrochen werden. Die Fahrt mit ihren hohen Anforderungen an das Luftschiff wurde trotz dieser Unterbrechung zu einem großen Erfolg für A. v. Parseval, denn P.L.3 überstand die Verankerung im Freien bei teilweise heftigem Regen und Wind problemlos, fuhr zwischen München und Augsburg durch ein starkes Gewitter, ohne Schaden zu nehmen, und verlor während der 5 Tage dauernden Fahrt nur wenig Gas. Im Anschluß an diese Fahrt nahm das Luftschiff an den Luftschiffmanövern des Heeres in Köln teil und stellte seine guten Leistungen erneut unter Beweis. Die Militärbehörde erwarb das Luftschiff, nachdem es bereits 61 Fahrten durchgeführt hatte, für den Heeresdienst. Beim Heer trug es die Bezeichnung P II. Am 16. Mai

P.L. 6 mit der hellen Fläche für Reklamebilder, die bei nächtlichen Fahrten auf die Hülle projiziert wurden.

1911 erlitt es eine Havarie und wurde danach außer Dienst gestellt.

Abweichend von den bisher gebauten Parseval-Luftschiffen sowohl in der Form, der Technik und der Größe wurde Ende 1909 in Bitterfeld ein Sportluftschiff gebaut mit der Bezeichnung P.L.5. Es war 39 m lang, wies einen Durchmesser von 7,5 m auf, besaß ein Volumen von 1200 m^3 und wurde von einem 25 PS starken Mercedes-Motor angetrieben. Neu war die Propellerkonstruktion, bei der die Blätter bei stehendem Motor nicht mehr herunterhingen. Technisch von Interesse war die Verwendung von nur einem Ballonett in der Mitte der Hülle, das nicht länger zur Höhensteuerung mitbenutzt wurde, sondern lediglich das Prallhalten der Hülle zu gewährleisten hatte. Neu war die Verwendung eines Höhensteuers unter dem Bug vor der Gondel, die Steuerorgane am Heck glichen denen der früheren Parseval-Luftschiffe. Erstmals wies das neue Luftschiff Stromlinienform auf, die in der von der Motorluftschiff-Studiengesellschaft gegründeten Aerodynamischen Versuchsanstalt in Göttingen unter der Leitung von Professor Ludwig Prandl entwickelt worden war. Im Frühjahr 1910 begann die Erprobung dieses kleinen Sportluftschiffes, die einen erfolgreichen Verlauf nahm. In der Folgezeit wurden mit dem P.L.5 etwa 150 Passagierfahrten durchgeführt, bevor es am 16. Juni 1911 in München beim Entleeren der Hülle verbrannte.

Beeindruckt von den Leistungen der Parseval-Luftschiffe bestellten außer der preußischen Heeresverwaltung mehrere Staaten Parseval-Luftschiffe, die zum überwiegenden Teil in Bitterfeld gebaut wurden. Österreich, England, Rußland, Japan, Italien und die Türkei zählten zu den Abnehmern.

Für den zivilen Bedarf wurde das Luftschiff P.L.6 im Auftrag einer Gesellschaft in München gebaut, die es für Rundfahrten einsetzen wollte. Die Stromlinienform wurde auch bei diesem Luftschiff angewandt, das mit seiner Länge von 73 m und einem Volumen von 6800 m^3 bei größtem Durchmesser von 13 m das bis zu diesem Zeitpunkt größte Parseval-Luftschiff war. Ausgerüstet war P.L.6 mit 2 N.A.G.-Motoren, die je 110 PS leisteten. Zu den ersten Probefahrten stieg das Luftschiff im Juni 1910 in Bitterfeld auf, die erste größere Fahrt führte es nach Dresden durch. Ende Juli wurde das Luftschiff nach München überführt und auf dem Oberwiesenfeld stationiert. Von hier aus stieg es zu

Das Luftschiff P.L. 16 wurde 1913 für die Preußische Heeresverwaltung gebaut.

zahlreichen Fahrten auf, an denen außer der Besatzung bis zu 12 Personen teilnehmen konnten. Es waren nicht nur Fahrten über der Stadt, sondern es gab auch verschiedene Fahrten weit über die Stadtgrenzen hinaus bis nach Garmisch-Partenkirchen. Nach Beendigung des Rundfahrtprogramms wurde der P.L.6 in Etappen zunächst nach Berlin und noch im November bis nach Schleswig-Holstein gebracht, wo an verschiedenen Orten Rundfahrten durchgeführt wurden. Von Hamburg aus mußte das Luftschiff im entleerten Zustand per Bahn zur Werft nach Bitterfeld zurücktransportiert werden, da die Wetterbedingungen die Überführung auf dem Luftwege nicht mehr zuließen.

Nach gründlicher Revision der Hülle und der Motoren, die dann vorgenommen wurde und außer Abnutzungserscheinungen nach der langen Einsatzzeit keinerlei Schäden am Luftschiff erkennen ließ, befand sich P.L.6 zur Jahreswende 1910/11 abermals in Berlin, wo es für Reklamefahrten eingesetzt wurde. Ein neuentwickelter Projektionsapparat ermöglichte es, auf der Hülle des am Nachthimmel schwebenden Luftschiffes Reklamebilder weithin sichtbar zu zeigen.

Dieses Luftschiff hatte vom Zeitpunkt der Indienststellung im Juni 1910 bis zum Jahresende 1911 240 Fahrten durchgeführt und dabei in 342 Fahrstunden 2286 Personen über eine Entfernung von 15000 km ohne Unfall befördert — ein überzeugender Beweis für die gelungene Konstruktion und die Leistungsfähigkeit des Pralluftschiffes!

So erfolgreich die Parseval-Luftschiffe auch waren, so stellte doch das Militär Forderungen an deren Leistungsfähigkeit, die mit den bisherigen Konstruktionen nicht mehr erfüllt werden konnten. Um die geforderten Leistungen erreichen zu können, wurden stärkere Motoren verwendet, die wiederum einen größeren Benzinvorrat bedingten. Die Anforderungen an die militärische Ausrüstung stiegen ebenfalls. Entsprechend schwerer wurde die Gondel, in der alles untergebracht werden mußte. Das höhere Gewicht führte zu Schwierigkeiten beim gleichmäßigen Übertragen des Gondelgewichts auf die Luftschiffhülle, an der die Gondel hing. Um ein Verformen der Hülle durch höhere Gewichte auszuschließen, bediente man sich der Trajektoriengurte zur gleichmäßigen Verteilung der Lasten. Hierbei handelt es sich um quer über die Luftschiffhülle gelegte Gurte oder Bänder, die nach dem Gesetz der

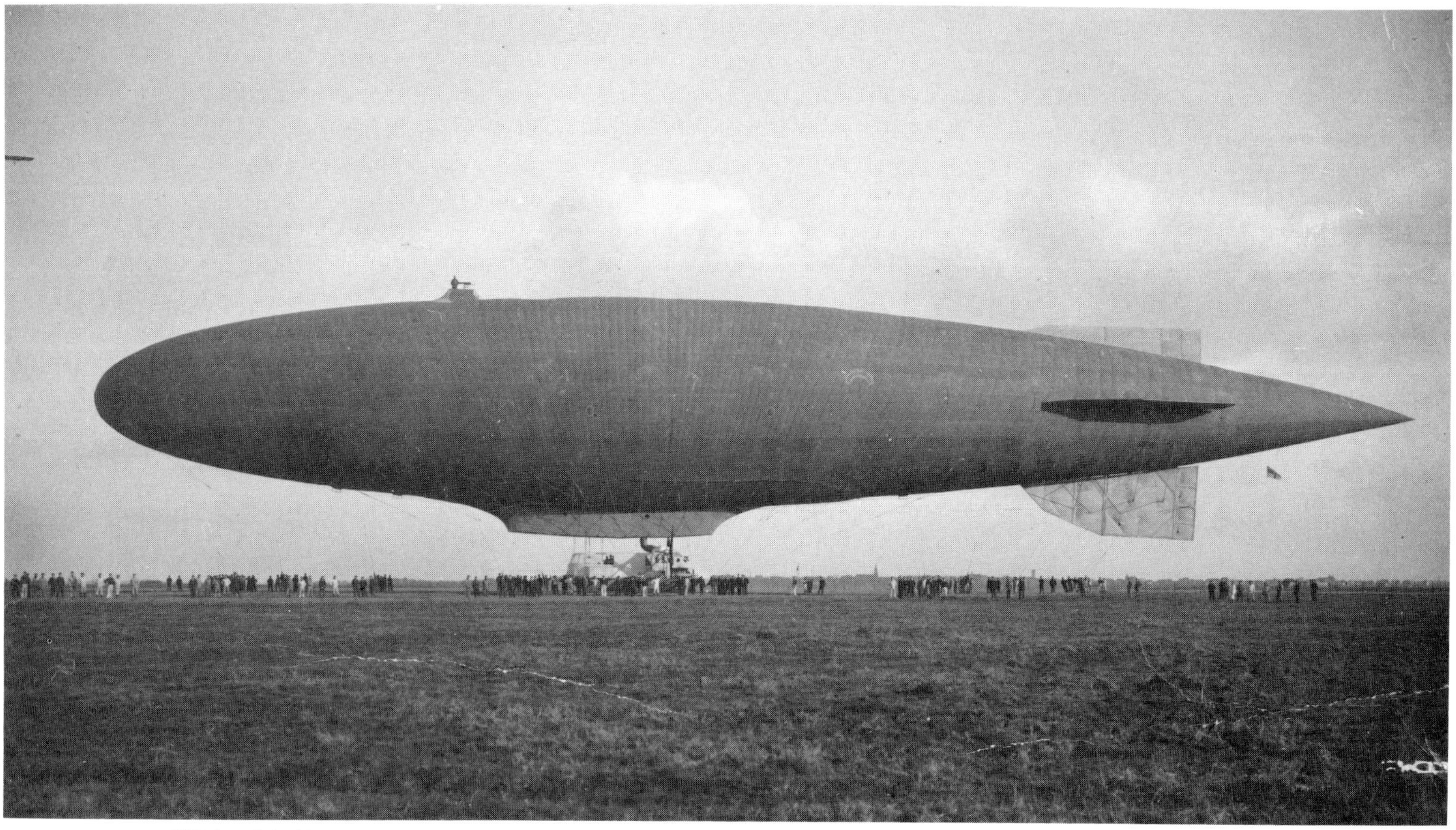

Mit dem P.L. 25 entstand 1914/15 ein Luftschiff, das an die Größe der ersten Zeppelin-Starrluftschiffe heranreichte. Die Gesamtlänge betrug 110 m. Auf dem Schiffsrücken befand sich ein MG-Stand.

sogenannten Spannungstrajektorien verteilt und angeordnet sind. Zur Anwendung gelangte diese Technik erstmals bei dem für die russische Heeresverwaltung in Auftrag gegebenen P.L.14.

Ein weiteres Problem entstand bei der höheren Geschwindigkeit der neueren Parseval-Luftschiffe dadurch, daß durch den Staudruck die Bugnase sich leicht eindrückte. Bei diesem Problem konnte eine aus leichten Aluminiumrohren hergestellte Versteifung im Bug Abhilfe schaffen.

Die allgemeine Leistungssteigerung der Parseval-Luftschiffe wird deutlich bei dem 1913 an England gelieferten P.L.18, das eine Länge von 84 m und einen Durchmesser von 15,5 m hatte und dessen beide Maybach-Motoren von je 180 PS dem Luftschiff eine Geschwindigkeit von 68 km/std. gaben.

Mit dem Bau des P.L.25 im Jahre 1914/15 für die deutsche Marine konnte die Technik des Pralluftschiffes erneut verbessert werden. Die Pralluftschiffe hatten inzwischen eine Größe erreicht, die an die ersten Starrluftschiffe heranreichte. Über eine gewisse Größe konnte man aber nicht hinausgehen, da bei Auf- bzw. Abwärtsneigung des Luftschiffes im Bug oder Heck der Gasdruck ungleichmäßig wurde und die Form der Hülle nicht länger steif blieb. Um diesem Problem zu begegnen, mußte eine druckfeste Abschottung erfolgen. Die Abschottung im Inneren der Hülle sorgte für eine gleichmäßige Druckverteilung, so daß die Gefahr der Verformung der Hülle gebannt war. Nur so war es möglich, das 110 m lange und einen Durchmesser von 16,4 m aufweisende Luftschiff P.L.25 als Pralluftschiff zu bauen. Trotz dieser verbesserten Technik und Steigerung der Leistungen der Parseval-Luftschiffe war es nicht möglich, den Führer der Marineluftschiffe Peter Strasser von ihrem Wert insbesondere für lange Aufklärungsfahrten, für die sie sich sehr gut geeignet hätten, zu überzeugen. Im Einsatz bewährte sich der P.L.25 gut, ohne einen Wandel in der Einstellung bewirken zu können.

Dennoch wurden zwei weitere Parseval-Luftschiffe für die Marineluftschiffahrt in Auftrag gegeben, die technische Meisterleistungen wurden und den Höhepunkt der Gesamtentwicklung verkörperten. Es waren die Luftschiffe P.L.26 und P.L.27, die zwischen 1915

Die geschlossene Gondel des P.L. 25 bot der Besatzung Schutz vor dem Wetter. (Man vergleiche die offene Gondel des P.L. 16).

Letzte Steigerungsstufe des Luftschiffbaus von Parseval war das Muster P.L. 27 mit einer Länge von 160 m. Es gehörte bereits zu den halbstarren Luftschiffen, das Militär beurteilte die Einsatzmöglichkeiten skeptisch. Nach dem Krieg wurde der Bau von Verkehrsluftschiffen auf der Grundlage dieses Luftschiffes vorgeschlagen, konnte aber nicht verwirklicht werden.

Reklameluftschiff Parseval-Naatz PN 28.

und 1917 gebaut wurden. Waren alle bisher gebauten Parseval-Luftschiffe vom Eingondeltyp, so wurden bei diesen Luftschiffen die Motoren in getrennten Gondeln angeordnet. Aber noch auffallender war die Größenentwicklung: die Länge betrug nun 156 bzw. 160 m bei einem Durchmesser von 19,1 bzw. 19,6 m bei einem Volumen von 30 000 und 31 300 m^3. Jeweils 4 Maybach-Motoren waren in Einzelgondeln eingebaut. Die Nutzlast betrug 16 000 bzw. 18 000 kg. Der lange Luftschiffkörper wurde durch 3 Querschotts in 4 Kammern unterteilt, in jedem befand sich ein Ballonett. Beide Luftschiffe besaßen einen Laufgang, der mit zur Versteifung der großen Hülle beitrug.

Die 9 m lange Führergondel war unterteilt in den Raum für die Schiffsführung, die Funkkabine und einen MG-Abwehrstand. Der Laufgang, der das Luftschiff in einer Länge von 100 m durchzog, trug die Benzinfässer, Ventile und Leitungen sowie den Ballast und die Bomben. Durch die Takelung und Stoffverkleidung waren der Laufgang und die Luftschiffhülle zu einer festen Einheit miteinander verbunden. Ein Steigschacht in der Mitte des Luftschiffes führte zu den beiden auf dem Rücken angebrachten MG-Ständen.

Mit diesen beiden Luftschiffen war von der Bauform des reinen Pralluftschiffes abgegangen worden, und sie sind der halbstarren Klasse zuzurechnen. Sie zeigten aber auch, daß das Prall- und Halbstarrluftschiff größenmäßig an ihre vertretbaren Grenzen stießen und in den Verwendungsbereich der Starrluftschiffe gerieten. Für den Fronteinsatz waren diese großen Parseval-Luftschiffe nur sehr bedingt einsetzbar wegen der hohen Schußempfinglichkeit, da die Hülle nach Einschüssen wegen des auftretenden Gasverlustes ihre pralle Form eingebüßt hätte und damit der Verlust des Luftschiffes besiegelt gewesen wäre. Allerdings kam es nie zum Fronteinsatz. Der P.L.26 verbrannte am 19. November 1915 in der Halle in Bitterfeld, bevor die Versuche beendet worden waren, und auch P.L.27 wurde von den Marineluftschiffern nicht übernommen. Es führte in den Jahren 1917 und 1918 zahlreiche Fahrten durch und stellte seine Betriebssicherheit unter Beweis; leistungsmäßig erreichte es die Starrluftschiffe. Aufgrund der Elastizität der Hülle kam es bei schweren Landungen nur zu geringen, leicht auszubessernden Beschädigungen des Luftschiffes. P.L.27 wurde 1918 demontiert. Es war das letzte im Krieg gebaute Parseval-Luftschiff. Die angespannte Rohstofflage in Deutschland ließ den Weiterbau der Pralluftschiffe, die von der Front nicht gewünscht waren, nicht mehr zu.

Nach dem Krieg sind auf der Basis des P.L.27 Entwürfe für Passagierluftschiffe ausgearbeitet worden, die aber nicht verwirklicht wurden.

Alle Parseval-Luftschiffe sind, soweit ihre Montage nicht im Ausland stattfand, in Bitterfeld bei der Luftfahrzeug-Gesellschaft hergestellt worden. Nach Kriegsende wurde diese Werft aufgegeben, da sie räumlich eng begrenzt war, und nach Seddin in Pommern auf den dortigen ehemaligen Luftschiffhafen verlegt. Die Motorluftschiff-Studiengesellschaft war bereits vor dem Krieg aufgelöst worden. In den Jahren 1929 bis 1932 wurden in der nun als Wasser- und Luftfahrzeug GmbH benannten Werft 3 kleine Halbstarrluftschiffe gebaut, die die Erfahrungen mit den Parseval-Luftschiffen als Grundlage der Neukonstruktionen des Chefkonstrukteurs der Firma, Dipl.-Ing. Naatz, übernahmen. Es waren die Luftschiffe P.N.28, P.N.29 und P.N.30, die in der Hauptsache als Reklame-Luftschiffe zum Einsatz kamen. Sie konnten je nach Einsatzdauer zwischen 3 und 7 Personen tragen. Die Luftschiffe besaßen ein Kielgerüst, das aus Leichtmetallrohren teilweise gelenkig zusammengesetzt und in das Innere des Luftschiffkörpers verlegt worden war und die Gondel trug. Der P.N.29 führte über 200 Fahrten durch, bevor er auf der Rückfahrt von einem Einsatz in Schweden auf der Ostsee niedergehen mußte. Glücklicherweise konnte die Besatzung gerettet werden. Mit dem Luftschiff P.N.30 wurden neben der Reklametätigkeit technische Versuche durchgeführt, so war es einmal für von 63 Tage ununterbrochen am Ankermast festgemacht, ohne Schaden zu nehmen.

Damit endet die Geschichte der Parseval-Luftschiffaktivitäten. In den Jahren ab 1906 wurden eine ganze Reihe interessanter und leistungsfähiger Pralluftschiffe hervorgebracht mit dem P.L.27 als Höhepunkt der Gesamtentwicklung. Sie waren in der Hauptsache für die militärische Beobachtungstätigkeit gedacht und wurden nicht mehr benötigt, als das Flugzeug dank seiner schnellen technischen Entwicklung sich für diese Aufgaben als besser geeignet erwies. Konstruktiv stellten die Parseval-Luftschiffe technische Meisterleistungen ihrer Zeit dar, die sich in verschiedenen Bereichen mit den Leistungen der frühen Starrluftschiffe des Grafen Zeppelin messen konnten, eine Tatsache, die nicht übersehen werden sollte.

Professor August von Parseval verstarb am 22. Februar 1942 in Berlin — durch seine Arbeiten konnte das Konzept des Pralluftschiffs in Deutschland zur Vollendung geführt werden.

Weitere Luftschiffkonstruktionen in Deutschland

Sowohl das Starrluftschiff als auch das Pralluftschiff waren in Deutschland von privaten Firmen in den Jahren seit der Jahrhundertwende bis zum Ausbruch des 1. Weltkrieges zu leistungsfähigen und nach den anfänglichen Rückschlägen auch relativ betriebssicheren Luftfahrzeugen entwickelt worden, die sich sowohl im zivilen Einsatz für Rundfahrten als auch im militärischen Bereich hauptsächlich bei Aufklärungseinsätzen während der großen Manöver bewährt hatten. Über den besten Einsatz des Luftschiffes als Waffe wurden in diesen Jahren zahlreiche Debatten geführt, hing doch davon ab, ob dem starren, halbstarren oder prallen System der Vorzug gegeben werden sollte.

Das französische Heer hatte sich 1906 zur Beschaffung von Luftschiffen des halbstarren Systems entschlossen, die der Ingenieur Julliot in den Werkstätten der Gebrüder Lebaudy baute. Erfahrungen beim Bau und Betrieb von Luftschiffen des halbstarren Systems lagen in Deutschland zu diesem Zeitpunkt nicht vor. Um eigene Erfahrungen sammeln zu können, entschloß sich die preußische Heeresverwaltung, das Luftschiffer-Bataillon mit dem Bau eines Versuchsluftschiffes des halbstarren Systems zu beauftragen. Im Frühjahr 1906 wurde mit den Arbeiten begonnen, im April 1907 konnte es fertiggestellt werden. Major Groß hatte auf frühere Anregungen des Hauptmann Sperling zurückgegriffen und das Luftschiff von Ober-Ingenieur Nikolaus Basenach, der seit dem 1. Mai 1906 beim Luftschiffer-Bataillon tätig war, entwerfen und konstruieren lassen. Erbaut wurde es in den Werkstätten des

Das 1906/07 gebaute halbstarre Militär-Versuchsluftschiff, das von Groß und Basenach konstruiert wurde. Die Hülle ist auf das darunter befindliche Stützgerüst aufgeschnürt.

Luftschiffer-Bataillons in Berlin-Reinickendorf-West. Bezeichnet wurde es als Militärluftschiff, abgekürzt »M«-Schiff.

Wichtigster Unterschied zum reinen Pralluftschiff war das Versteifungsgerüst zwischen der Gondel und dem Luftschiffkörper. Bei dem Versuchsluftschiff war die Hülle auf das darunter befindliche Gerüst aufgeschnürt. Am Ende des Versteifungsgerüstes befand sich ein großes Seitensteuer. Durch Gewichtsverlagerung mittels einer verschiebbaren Kette erfolgte die Höhensteuerung. In der ersten Ausführung betrug das Volumen 1400 m^3, nach einem Umbau 1800 m^3. Die Länge betrug 41 m, der Durchmesser zuerst 7 m, später 8 m. Als Antrieb diente ein 24 PS starker Motor der Gaggenauer Automobilwerke, der 2 an seitlichen Gerüsten angebrachte Propeller antrieb, die dem Luftschiff eine Geschwindigkeit von 32 km/std. verliehen. 2—3 Personen konnten befördert werden, außerdem 100 kg Ballast und Betriebsstoff für etwa 8 Stunden.

Am 7. Mai 1907 stieg das Versuchsluftschiff zur ersten Fahrt auf, bereits am 23. Juli gelang eine Fahrt von knapp $3\frac{1}{2}$ Stunden Dauer, mit der der Dauerrekord des französischen Lebaudy-Luftschiffes überboten werden konnte. Am 28. Oktober überbot es mit einer Fahrtdauer von 8 Stunden 10 Minuten den vom Zeppelin-Militärluftschiff Z I gehaltenen Dauerrekord. Mit diesem Versuchsluftschiff konnten 67 Fahrten durchgeführt werden, die die grundsätzliche technische Richtigkeit des Groß-Basenach-Systems unter Beweis stellten.

Auf der Basis der mit dem Versuchsluftschiff erworbenen Erfahrungen entstand das wesentlich größere Militärluftschiff M I, das am 30. Juni 1908 zur ersten Fahrt aufstieg. Sein Volumen belief sich auf 5000 m^3, die Länge betrug 71 m und sein größter Durchmesser 12 m. Die Luftschiffhülle war nicht mehr auf dem Versteifungsgerüst direkt aufgeschnürt, dieses jetzt dreiteilige Gerüst war in einem gewissen Abstand unter dem Luftschiffkörper angeordnet worden. Es bestand aus Aluminiumrohren, die zur Verringerung des Luftwiderstandes mit Stoff verkleidet worden waren. Geändert worden war auch die Höhensteuerung, die aus jalousieartig beweglichen Steuerflächen beidseits am vorderen Teil des Versteifungsgerüsts bestand. Als Antrieb dienten 2 Körting-Motoren von je 75 PS, die über

Das Militärluftschiff M I entstand aufgrund der mit dem Versuchsluftschiff erworbenen Erfahrungen. Die Hülle ist vom Stützgerüst getrennt.

Baumwollseile die an Streben befestigten beiden Luftschrauben antrieben. Die Geschwindigkeit betrug 46 km/std. Im Mittelteil des Versteifungsgerüsts war ein Ventilator eingebaut, der die beiden Ballonetts mit Luft versorgte.

Die Flugerprobung war von einigen Zwischenfällen unterbrochen, so geriet es am 1. Juli 1908 bei der dritten Probefahrt über Berlin-Charlottenburg in eine starke Aufwärtsströmung der Luft und wurde von 300 m plötzlich auf 1750 m hinaufgehoben und zum Grunewald abgetrieben, wo es sich in den Bäumen verfing und entleert werden mußte. Nach der Instandsetzung wurden die Versuchsfahrten am 11. Juli bereits wieder aufgenommen. Daß sich diese Luftschiffe bei Fernfahrten bewährten, verdeutlicht die am 11. September 1908 durchgeführte Fahrt von Berlin nach Magdeburg und zurück in 13 Stunden und 3 Minuten, eine beachtliche Leistung, mit der auch die Verbesserung der Flugmotoren verdeutlicht wurde. Einen weiteren Zwischenfall bei der Erprobung des M I gab es im November, als es bei einer Nachtfahrt durch aufkommenden starken Wind bis zur Ostsee abgetrieben wurde und das Wasser berührte, worauf es betriebsunfähig bei Wollin ans Ufer getrieben wurde, wo es durch Ziehen der Reißleine entleert werden mußte, um es vor weiteren Beschädigungen zu bewahren. Am 1. Dezember 1909 wurde das Luftschiff auf dem Bahnweg nach Köln gebracht, wo es stationiert wurde. In dem damaligen Meinungskampf über die Vor- und Nachteile der verschiedenen Systeme wurden die beiden Außenlandungen des Luftschiffes und der anschließende Wiederaufbau als Beweis der Überlegenheit der prallen bzw. halbstarren Bauweise gegenüber dem starren System angesehen, da ein Starrluftschiff nach einem solchen Zwischenfall ein Totalverlust gewesen wäre.

In den kommenden Jahren entstanden in den Werkstätten des Luftschiffer-Bataillons noch 3 weitere M-Luftschiffe. M II wies ähnliche Abmessungen und Leistungen auf wie der Vorgänger M I, es unternahm am 26. April 1909 seinen ersten Aufstieg und nahm im September an den Herbstmanövern teil, wobei es die Beobachtungen auf dem Funkwege, damals als drahtlose Telegraphie bekannt, übermittelte und sich dabei außerordentlich gut bewährte. Dieses Luftschiff wurde

Das Luftschiff M II nahm an den ersten Luftschiffmanövern in Köln im Herbst 1909 teil.

anschließend auf dem Bahnwege nach Köln zur Teilnahme an den ersten Luftschiffmanövern gesandt, von dort aus wurde es auf dem Luftweg zu seinem neuen Standort Metz überführt.

Größere Dimensionen als die Vorgänger wies das 1909 gebaute Militärluftschiff M III auf: Seine Länge betrug 81 m, sein Durchmesser 12 m. Sein Volumen belief sich in der ersten Version auf 6500 m^3, nach Umbau auf 9000 m^3. Angetrieben wurde es von 4 Körtingmotoren von je 75 PS, die paarweise miteinander gekoppelt werden konnten. Geändert worden war das Prinzip der Höhensteuerung, sie erfolgte durch Umlei-

Das 1909 erbaute Militärluftschiff M III besaß eine Länge von 81 m und wurde von 4 Körting-Motoren von je 75 PS angetrieben, es erreichte eine Geschwindigkeit von 60 km/std.

Erster Aufstieg des »Suchard«-Luftschiffes in Berlin-Johannisthal. Trotz vieler Bemühungen und gründlicher Vorbereitung wurde die geplante Atlantiküberquerung nicht angetreten.

schließlich einer Gasfüllanlage. Die Hallenlänge belief sich auf 136 m, Höhe und Breite auf je 25 m. Das Siemens-Schuckert-Luftschiff ging 1912 in den Besitz der Militärverwaltung über, die aber die Erprobung und Weiterentwicklung nicht fortsetzte, da die Gesamtkonstruktion als zu kompliziert angesehen wurde. Da das Luftschiff von Anfang an als reines Versuchsschiff geplant worden war und im Verlauf der Erprobung seine Vor- und Nachteile erkannt worden waren, wurde es abmontiert. Damit endeten die Luftschiffaktivitäten bei Siemens-Schuckert, die Drehhalle jedoch blieb in Betrieb und wurde für die Aufnahme anderer Luftschiffe benutzt.

Außer den Parseval-, Militär- und Siemens-Schuckert-Luftschiffen entstanden in den Jahren vor dem 1. Weltkrieg in Deutschland einige weitere Prall- und Halbstarrluftschiffe, von denen wegen des geplanten Einsatzes das Suchard-Luftschiff das technisch interessante ist, war es doch für eine Überquerung des Atlantik von Teneriffa aus zur Nordküste von Südamerika gedacht. Initiator dieser »Transatlantischen Flugexpedition« war der deutsch-amerikanische Journalist Josef Brucker, der für seinen Plan die Unterstützung der Firma Suchard gewinnen konnte und das Luftschiff auf diesen Namen taufte.

Aus einem von der Firma Metzeler gelieferten Ballonstoff großer Reißfestigkeit wurde die Hülle des Suchard-Luftschiffes bei der Firma Riedinger in Augsburg hergestellt. Sie hatte eine Länge von 60 m, einen Durchmesser von 17,2 m und ein Volumen von etwa 10 000 m^3. Versehen war die Hülle mit einem Ballonett. Der Baubeginn war im Jahre 1910, am 15. Februar 1911 wurde das Luftschiff in der Luftschiffhalle Kiel getauft. Entsprechend den Bedingungen der geplanten Atlantiküberquerung war das Suchard-Luftschiff weniger für hohe Geschwindigkeit, sondern unter dem Gesichtspunkt einer möglichst hohen Zulademöglichkeit entworfen worden, zu der außer der entsprechenden Treibstoffmenge auch die im Falle eines Niedergehens auf dem Atlantik benötigten Seenotrettungseinrichtungen und Lebensmittelvorräte gehörten. Anstelle der üblichen Luftschiffgondel wurde ein speziell entwickeltes Motorboot unter dem Luftschiff aufgehängt, das mit allen nautischen Instrumenten ausgerüstet und bei

Die bootsförmige und hochseefähig gebaute Gondel des Suchard-Luftschiffes.

der Bootswerft Lürssen in Vegesack entwickelt und gebaut worden war. In dem Boot lagerten in Tandemanordnung 2 N.A.G.-Motoren von je 110 PS, die 2 seitlich an Auslegerböcken aus Stahlrohr angeordnete vierflügelige Parseval-Luftschrauben antrieben. Im Falle einer Notwasserung ließ sich die Hülle durch 2 Reißleinen schnellstens entleeren und vom Boot abwerfen. Die beiden Motoren konnten zum Antrieb der Schiffsschraube umgeschaltet werden.

Ursprünglich sollte die Atlantiküberquerung in der ersten Jahreshälfte 1911 durchgeführt werden, mußte aber zunächst auf den Herbst verschoben werden, da die Leistungen des Luftschiffes als nicht ausreichend für dieses Unternehmen erachtet wurden. Das bedingte eine Vergrößerung der Hülle, die nach dem Umbau eine Länge von 76 m und einen Durchmesser von 16 m bei einem Volumen von 12 500 m^3 aufwies. Ferner wurden jetzt 3 Ballonetts eingebaut.

Von dem 3000 l umfassenden Treibstoffvorrat waren 1000 l in Kanistern am Laufsteg oberhalb des Bootes, der Rest in Kanistern im Bootskiel selbst untergebracht. Das Boot besaß eine Länge von 10 m und eine Breite von 3 m und war mittels 14 Stahldrahtseilen am Haupttragegurt der Luftschiffhülle befestigt. Zwischen der Hülle und dem Boot war ein 25 m langer Laufsteg angebracht, der 2000 kg der mitzuführenden Ausrüstung einschließlich der bereits erwähnten 1000 l Benzin aufnahm. Dieser Laufsteg war an einem zweiten Tragegurt entlang der Hülle gesondert befestigt worden. Um bei der Fahrt in heißen Klimazonen eine übermäßige Erwärmung des Traggases zu vermeiden, konnte mittels eines auf den Rücken des Luftschiffes angebrachten Schlauches, der mit zahlreichen Streudüsen versehen war, mit einer Druckpumpe Kühlwasser auf die über die Hülle gebreitete Musselindecke gesprüht werden. Diese Musselindecke war erforderlich, um das zu schnelle Abrinnen des Kühlwassers von der gummierten Hülle zu verhindern.

Geändert worden war auch die Steuereinrichtung des Luftschiffes. Während der ersten Ausführung wurde die Höhensteuerung mittels eines Laufgewichts vorgenommen, in der umgebauten Version wurden ein normales Höhensteuer sowie vergrößerte Seitensteuer am Heck des Luftschiffes angebracht.

Das Clouth-Luftschiff, mit dem während der Internationalen Luftschiffahrt Ausstellung (ILA) im Jahre 1909 in Frankfurt/M. erfolgreiche Fahrten durchgeführt worden sind.

Auch in der zweiten Ausführung wurden lediglich einige Erprobungsfahrten durchgeführt. Der Termin der Atlantikfahrt war vom Herbst 1911 auf Ende April 1912 verschoben worden, im Ende wurde sie aber nie begonnen.

Trotz des Abbruchs der Expedition ist das Suchard-Luftschiff ein weiteres Beispiel für die Vielfalt neuer technischer Ideen, die beim Bau der frühen Pralluftschiffe zur Anwendung kamen, bevor sie vom Flugzeug weitgehend verdrängt wurden.

Die Rheinische Gummiwarenfabrik Franz Clouth in Köln-Nippes brachte 1909 ein kleines Luftschiff heraus, das eine Länge von 42 m, einen Durchmesser von 8,4 m und ein Volumen von 1 900 m^3 besaß. Als Antrieb diente ein 42 PS starker Adler-Motor, der über eine Gummiseil-Übertragung 2 seitlich angeordnete Luftschrauben antrieb. Die Gondel hing an seitlich der Hülle befindlichen Holzträgern, in ihr fanden 4 Personen Platz. Mit diesem Luftschiff wurden anläßlich der ILA 1909 mehrere Fahrten durchgeführt, und es konnte dabei den goldenen Pokal der Stadt Kronberg erringen. Eine goldene Medaille errang es auf der Aeronautischen Ausstellung in Brescia ebenfalls im Jahre 1909. Insgesamt wurden mit dem Clouth-Luftschiff 50 Fahrten durchgeführt. Im November 1910 erwarb die Luftfahrzeug-Gesellschaft in Bitterfeld das Luftschiff und sämtliche damit verbundenen Rechte und Patente.

Der Gewinner der Gordon-Bennett-Fahrt in St. Louis 1907 und weiterer Ballonwettbewerbe, Oscar Erbslöh, baute als Vorsitzender und Mitbegründer der Rheinisch-Westfälischen Motorluftschiffahrt-Gesellschaft in Elberfeld 1909 ein nach ihm benanntes Luftschiff von 53,2 m Länge und 10 m Durchmesser, das zur Kategorie der halbstarren Luftschiffe zählte. Die unter der Hülle angebrachte Gondel besaß eine Länge von 26 m und nahm einen 125 PS leistenden Benz-Motor auf, der eine an der Bugspitze angebrachte Luftschraube antrieb. Gleichzeitig trieb der Motor das Radgebläse an, der das Ballonett mit Luft versorgte. Dieses Luftschiff stürzte am 13. Juni 1910 wahrscheinlich durch ein wegen Versagen der Überdruckventile bedingtes Platzen der Hülle ab, wobei der Erbauer Erbslöh sowie 4 Mitfahrende den Tod fanden.

Zwei weitere halbstarre Luftschiffe baute der Fabri-

Das Erbslöh-Luftschiff der Rheinisch-Westfälischen Luftschiff-Gesellschaft, das tragisch verunglückte.

kant Hermann Ruthenberg in Berlin-Weißensee in den Jahren 1909 und 1911. Mit dem »Ruthenberg I« konnte auf der ILA 1909 der Zeppelinpreis in Höhe von 10 000 Mark für das kleinste Luftschiff, das im Verlauf der Ausstellung die meisten Fahrten ausführte, gewonnen werden sowie weiterhin der Sonderpreis des Kriegsministeriums von 2000 Mark für die mit der Propellerkonstruktion erzielte größte Leistung. Das Luftschiff hatte nur ein Volumen von 1200 m^3. Es besaß eine Länge von 40 m und hatte einen Kiel aus einem aus Stahlrohr angefertigten Gitterträger, an dem die kleine Gondel hing. Als Antrieb diente ein 24 PS starker Automobilmotor, mit dem das kleine Luftschiff eine Geschwindigkeit von 36 km/std. erreichte. Während der ILA führte es 25 Fahrten durch. Später wurde es von einem Privatmann erworben und war in Hamburg stationiert.

Etwas größer war das Luftschiff »Ruthenberg II«, das 1911 gebaut wurde. Als Antrieb diente ein 75 PS leistender Fiat-Rennmotor. Für die Höhensteuerung wurde ein Laufgewicht benutzt, das sich aber nicht besonders bewährte. Dieses Luftschiff, das eine Länge von 46 m und ein Volumen von 1700 m^3 besaß, wurde anläßlich einer Notlandung beschädigt. Zur Notlandung kam es, nachdem wegen Gasverlusts aus der porös gewordenen Hülle diese sich aufbäumte und nicht mehr in die richtige Lage zurückgebracht werden konnte.

Im Bau befand sich ein drittes Ruthenberg-Luftschiff, das ein Volumen von 2700 m^3 erhalten sollte. Als Antrieb waren 2 Fiat-Motoren vorgesehen. Als Besitzer dieses Luftschiffes wurde die Luftfahrzeug-Gesellschaft Krefeld angegeben, es ist aber offensichtlich nicht vollendet worden, da keine weiteren Hinweise darauf zu finden sind.

Mit Konstruktion und Bau eines technisch sehr interessanten Halbstarrluftschiffes wurde 1910/11 durch den Ingenieur Veeh in München begonnen, jedoch konnte es erst 1913 in Düsseldorf fertiggestellt und zum Aufstieg gebracht werden.

Es gab beim halbstarren System zwei Bauarten. Entweder die Kielgerüstschiffe mit einem an der Hülle angebrachten Versteifungskörper und darunter hängender Gondel oder die Langgondelschiffe, bei denen die Gondel die Funktion des Versteifungskörpers mit übernahm und durch Aufnahme eines Teils der auf die Hülle einwirkenden Biege- und Druckmomente diese

Das halbstarre Ruthenberg-I-Luftschiff auf der ILA 1909 kurz vor dem Aufstieg.

entlastete. Ingenieur Veeh versuchte die bei den bisherigen Halbstarrschiffen vorhandene Zweiteilung in Hülle und die mit einem gewissen Abstand darunter hängende normale oder lange Gondel dadurch zu überwinden und bessere Leistungen zu erzielen, daß er die beiden getrennten Bestandteile zu einer Einheit zusammenfaßte und sich in der äußeren Form dem Starrluftschiff näherte.

Der erste Schritt bestand im Bau eines aus Stahlrohren zusammengesetzten Kiels in voller Länge der Hülle, die dann an diesem Stahlkiel unmittelbar befestigt wurde. Der Stahlkiel wurde ebenfalls verkleidet, so daß Hülle und Kiel ein windschlüpfriges Ganzes bildeten. Die Motoren und die Besatzungsgondel waren im Kiel untergebracht. Bug und Heck des Kiels waren bis zur Mittellinie der Hülle hochgezogen. Die Länge des Veeh-Luftschiffes betrug 70 m, der Durchmesser 12,4 m und das Volumen 9100 m^3. Auf eine Länge von 40 m war der Kiel erweitert, um Platz für die Unterbringung der Motoren und der Gondel für die Besatzung zu bieten. Die Hülle war in Kammern unterteilt und mit 2 Ballonetts versehen. Als Antrieb dienten 2 Daimler-Motoren von je 130 PS, die nahe dem Bug und dem Heck angeordnet waren. Jeder der Motoren trieb 2 auf Stahlstreben gelagerte Luftschrauben an. Über den Luftschrauben waren Abweisbleche vorhanden, um bei einem Propellerunfall die Hülle vor dem Eindringen von Splitterteilen zu schützen, da auf diese Weise ein französisches Luftschiff verunglückt war. Für das Veeh-Luftschiff war eine Geschwindigkeit von 70 km/std. errechnet worden. Am Heck befanden sich normale Höhen- und Seitensteuer.

Der in München begonnene Bau wurde von der Deutschen Luftschiffwerft in Düsseldorf beendet, und am 8. Juli 1913 wurde der erste Aufstieg durchgeführt. Die Fahrt verlief problemlos bis auf einen mangelhaften Wirkungsgrad des Seitensteuers. Die allgemeine Richtigkeit der Konstruktion konnte nachgewiesen werden. Als angenehm wurde empfunden, daß die Besatzungsgondel durch ihre innere Lage und Verkleidung windgeschützt war und durch große abgedeckte Ausschnitte in der Hülle einen guten Ausblick gewährte. Das Luftschiff mußte bereits am 12. Juli etwa 30 km westlich von Köln notlanden. Die Notlandung selbst verlief ohne Beschädigung des Luftschiffes, erst beim Entleeren der Hülle brach ein Teil des hinteren Gerüsts

1913 konnte in Düsseldorf das Veeh-Luftschiff fertiggestellt werden, mit dessen Bau in München begonnen worden war. Es führte nur einige Aufstiege durch und wurde demontiert.

unter der Last des aufliegenden Hüllenstoffes. Als Ursache der Notlandung wurde ein Versagen der Seitensteuerung vermutet. Das entleerte Luftschiff wurde nach Düsseldorf zurücktransportiert, weitere Versuche wurden aber nicht mehr durchgeführt, zumal das militärische Interesse am Prall- und Halbstarrluftschiff nachließ.

In Deutschland entstanden noch einige weitere Kleinluftschiffe vor dem 1. Weltkrieg, die aber keine große Bedeutung besaßen und auch von der technischen Ausführung her keine Neuigkeiten boten und ohne Bedeutung waren.

Nach dem 1. Weltkrieg wurden noch die 3 Parseval-Naatz-Reklameluftschiffe gebaut, die im vorigen Kapitel bereits erwähnt wurden. Daß auch Flugzeugwerke als Auftragsarbeit ein Kleinluftschiff bauen können, bewies die Firma Raab-Katzenstein in Kassel, die 1928 für die Schokoladenfirma Trumpf das kleine Reklameluftschiff RK 27 baute, das längere Zeit im Einsatz stand. Professor von Parseval stand der Firma beim Bau des Luftschiffes beratend zur Seite. Es hatte eine Länge von 40 m, einen Durchmesser von 8,6 m und ein Volumen von 1435 m^3. In der kleinen Gondel war Platz für 4 Personen. Als Antrieb dienten 2 Anzani-Motoren von je 35 PS, die getrennt von der Gondel seitlich am Kielgerüst ungefähr mittschiffs angebracht waren und über einen Kriechgang während der Fahrt erreicht werden konnten. Der Kiel war ein verschweißter Stahlrohrbau, der die Benzinbehälter aufnahm. Die Flugdauer betrug bis zu 10 Stunden.

Das Pralluftschiff konnte sich in der Rolle als Reklameträger in Deutschland auch nach dem 2. Weltkrieg erneut am Himmel zeigen. Theodor Wüllenkemper und seine Firma WDL Flugdienst in Mülheim/Ruhr erweckten es zu neuem Leben, wie an anderer Stelle berichtet werden wird.

Die Luftschiffaktivitäten in anderen Staaten

Zu Beginn des 20. Jahrhunderts war der Meinungskampf über die Frage in vollem Gange, ob dem Luftfahrzeug »Leichter als Luft«, also außer dem Ballon dem Luftschiff in seinen verschiedenen Ausführungen, oder dem Prinzip »Schwerer als Luft«, dem Flugzeug, der Vorzug zu geben sei. Hierbei konnten die Anhänger des Luftschiffes auf Leistungen verweisen, die zu erreichen die zerbrechlichen Flugzeuge der Pioniertage einfach nicht in der Lage waren. Flugzeuge waren allenfalls Sportgeräte für besonders Wagemutige, praktischer Nutzen sowohl im zivilen als auch militärischen Bereich wurde ihnen nicht zugetraut. Das Luftschiff dagegen vermochte trotz mancher Mißgeschicke mit den ersten Modellen durch ständig verbesserte Konstruktionen der verschiedenen Systeme und der Motoren mit beachtlichen Nutzlasten, Reichweiten und Fahrtzeiten die Militärbehörden zu beeindrucken, so daß in vielen Kulturstaaten Experimente mit Luftschiffen stattfanden zur Erkundung der militärischen Einsatzmöglichkeiten. Vereinzelt wurden auch Luftschiffe für zivile Rundfahrten eingesetzt oder für rein sportliche Zwecke, wie es bei Santos-Dumont am ausgeprägtesten der Fall war, die militärische Nutzung stand aber eindeutig im Vordergrund.

Luftschiffe waren im Besitz der Armeen von Belgien, England, Frankreich, Holland, Italien, Japan, Österreich, Rußland, Spanien und den USA. Sowohl in England als auch in den USA ergab sich die Situation, daß die Marine im Verlauf der militärischen Entwicklungen das Luftschiff in weit größerem Umfang einsetzte als das Heer. Bevorzugte Einsatzart war die Küstenüberwachung und Sicherung der Schiffahrt durch Pralluftschiffe insbesondere vor der U-Boot-Gefahr. Andere Staaten hingegen waren am Einsatz von Luftschiffen nach den ersten Versuchen nicht weiter interessiert und lösten die Luftschiffertruppe bald auf.

Belgien

Bei den in Belgien vorhanden gewesenen Luftschiffen handelte es sich um in Frankreich gebaute Halbstarrtypen der Bauart Godard und um eines der Firma Astra in der typischen Langgondelbauart dieser Firma.

Im Auftrage des Großindustriellen Goldschmidt wurde das Luftschiff »Belgique I« bei der Firma Godard in St. Quen (Seine) im Jahre 1909 gebaut. Es war ein 56 m langes Halbstarrschiff mit einem Volumen von 2700 m^3, das von 2 Motoren von je 50 PS angetrieben wurde und über 2 Luftschrauben verfügte, die vorn und hinten an der Gondel angeordnet waren. Ein Holzgerüst unter der Hülle diente für die Versteifung und endete in einem Seitensteuer. Weitere Steuerorgane befanden sich als wulstförmige Flächen am Ende der Hülle. Die Gondel war unter der Hülle aufgehängt und nahm die Mannschaft und die Motoren auf.

Im Sommer 1909 führte das Luftschiff eine Serie von 23 Fahrten durch, im Anschluß daran wurde es entleert und umgebaut.

Als »Belgique II« nahm es die Fahrten 1910 wieder auf, es besaß jetzt eine verlängerte Hülle von 65 m bei 11 m Durchmesser und einem Volumen von 4000 m^3. Geändert worden war auch der Antrieb, der in der umgebauten Form aus 2 gekuppelten Motoren von zusammen 120 PS bestand. Bei den Motoren handelte es sich um belgische Vivinus-Motoren, die eine an der Vorderspitze der Gondel angebrachte Luftschraube von 5 m Durchmesser antrieben. Die Gondel war von 16 m der ersten Version des Luftschiffes auf 25 m verlängert worden. Neu war der Einbau eines 3 PS leistenden Hilfsmotors, der beim Versagen des Hauptantriebs oder während der Verankerung das Ballonett mit der benötigten Luftmenge versorgte. Die Geschwindigkeit betrug etwa 45 km/std., und es konnten mit 8 Personen an Bord Fahrten bis zu 10 Stunden Dauer durchgeführt werden.

Aber das Luftschiff wurde erneut umgebaut zum »Belgique III«. Auffallendste Änderungen betrafen die Anzahl der Luftschrauben, das neue Seitenruder, den Einbau neuer Motoren, eine etwas verkürzte Gondel von 22 m Länge und den Einbau einer Wassertrimmanlage zwischen 2 jeweils an den Enden der Gondel angebrachten Tanks. Als Antrieb dienten nun 2 Germain-Motoren von 100/120 PS Leistung, von denen der vordere eine Luftschraube von 5 m Durchmesser an der Gondelspitze, der hintere 2 an Auslegern befestigte Luftschrauben von 3,5 m Durchmesser antrieb. Diese beiden Luftschrauben waren im hinteren Drittel der Gondel plaziert. Das Seitensteuer bestand aus einem stoffbespannten Stahlrohrrahmen zusätzlich zu den

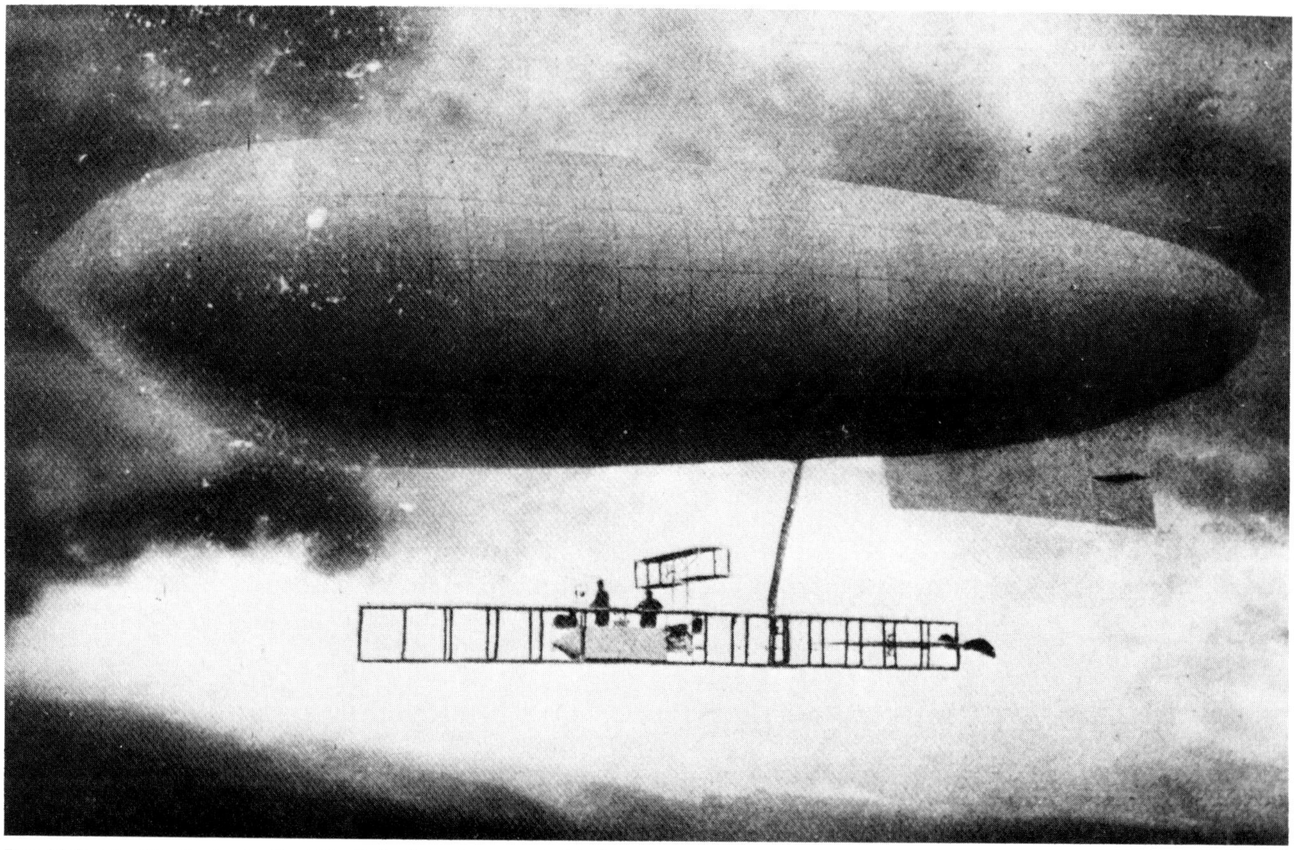

Das kleine holländische Luftschiff »Duindigt«. Es war ein Zodiac X-Typ und wurde 1911 der Armee als Geschenk übergeben, die es allerdings nur wenig benutzte.

Wülsten am Heck. Die Nutzlast der »Belgique III« betrug 1750 kg. Das Luftschiff wurde an die belgische Heeresverwaltung übergeben und in Anvers stationiert. Projektiert waren die Luftschiffe »Belgique IV« und »Belgique V«, sie wurden aber nicht mehr gebaut. Ein weiteres Luftschiff stand in belgischen Diensten, es war das von den französischen Astra-Werken gebaute Halbstarrschiff »Ville de Bruxelles« mit einer Länge von 75,7 m und einem Durchmesser von 14,3 m. Das Volumen belief sich auf 8300 m^3. Es war ein Langgondelschiff mit den für die Astra-Luftschiffe typischen großen gasgefüllten Stoffkegeln am Heck, die in Verbindung mit kreuzförmig dazwischen angeordneten Höhen- und Seitensteuerorganen der Dämpfung von Stampf- und Schlingerbewegungen dienten. In der Hülle befanden sich 2 Ballonette. Die Gondel besaß eine Länge von 45 m und nahm die beiden 110 PS starken Pipe-Motoren auf, die eine 6 m große Luftschraube an der Gondelspitze und 2 Luftschrauben von 3,7 m Durchmesser an Auslegern im Mittelteil der Gondel antrieben. Am Ende der Gondel befand sich ein weiteres Höhensteuer, das ähnlich dem Höhensteuer der Wright-Doppeldecker aufgebaut war. Die Geschwindigkeit dieses Luftschiffes betrug etwa 30 km/std. Damit endeten die Luftschiffaktivitäten in Belgien.

Holland

Auch im Nachbarland Holland konnte sich das Luftschiff nicht durchsetzen, es gab hier lediglich das kleine französische Zodiac X—Luftschiff, das 1911 der holländischen Armee von W. Jochems als Geschenk übereignet worden war und auf den Namen »Duindigt« getauft wurde. Es hatte eine Länge von 32 m und ein Volumen von nur 900 m^3. Die erste Probefahrt mit dem Luftschiff war am 11. Mai 1911 ausgeführt worden, in Holland wurde es kaum benutzt.

Frankreich

Nach jahrelanger Stagnation im Anschluß an die ersten erfolgreichen Fahrten mit einem lenkbaren Luftschiff durch Renard und Krebs im Jahre 1884 begannen die Aktivitäten in Frankreich in dem ersten Jahr-

Lebaudy-Julliot-Luftschiff Nr. 1 »Le Jaune« (Der Gelbe, so bezeichnet nach der Farbe der Hülle) bei einer Fahrt über Paris.

zehnt des 20. Jahrhunderts einen regen Verlauf zu nehmen. Santos-Dumont begann mit seinen technisch zwar nicht sehr anspruchsvollen, aber doch sehr erfolgreichen Kleinluftschiffen die Pariser zu begeistern, und bald darauf setzte bei mehreren Firmen die Bautätigkeit für zivile und militärische Luftschiffe ein, die Frankreich zum klassischen Land der halbstarren Bauweise werden ließ. Der Beginn der Wiederaufnahme der französischen Luftschiffaktivitäten fällt auf das Jahr 1902, als das von dem Ingenieur Henri Julliot auf Rechnung der Zuckerindustriellen Paul und Pierre Lebaudy gebaute Luftschiff »Le Jaune« — »Der Gelbe«, so genannt nach der gelben Farbe des Hüllenstoffs —am 13. November zur ersten Probefahrt aufstieg. Das Luftschiff »Lebaudy — Julliot Nr. 1« gehörte zur Klasse der Luftschiffe der Halbstarrbauweise nach dem Vorbild von Paul Haenlein. Zwei Jahre lang dauerten die Entwurfs- und Vorbereitungsarbeiten für »Le Jaune«. Julliot entwarf einen mit einem Kiel versehenen ovalförmigen Stahlrohrrahmen, der die Luftschiffhülle und die an kurzen Seilen hängende Gondel trug. Am Heck lief das Gerüst in eine Stabilisierungsfläche mit dem Seitensteuer aus. Beiderseits des Kiels, kurz vor dem Seitensteuer befanden sich kleine, als Höhensteuer dienende bewegliche Flächen. Ein Ballonett sorgte für den Druckausgleich der Hülle.

Mit diesem mit einem 35 PS starken Daimler-Motor ausgerüsteten Luftschiff konnten 33 erfolgreiche Fahrten ausgeführt werden, bei denen seine Leistungsfähigkeit unter Beweis gestellt wurde. Am 8. Mai 1903 wurde die erste größere Fahrt ausgeführt, die von Moisson, wo es gebaut worden war, nach Nantes und zurück führte. Für die 37 km lange Strecke wurden 1 Std. und 16 Min. benötigt, was zu diesem Zeitpunkt eine Bestleistung für Luftschiffe darstellte. Danach wurden einige Änderungen am Luftschiff vorgenommen, am 24. Juni 1903 konnte es in der neuen Form in 2 Std. und 46 Min. sogar 98 km zurücklegen.

Im Winterhalbjahr 1903/04 wurde das Luftschiff vergrößert und technisch vervollkommnet; als »Lebaudy — Julliot Nr. 2« stieg es am 4. August 1904 nach Beendigung aller Umbauten erstmals wieder auf und wurde in dieser Form seitens des französischen Kriegsministeriums als erstes militärisches Luftschiff überhaupt übernommen und im Anschluß hauptsächlich für Versuchs- und Ausbildungsfahrten eingesetzt.

»Le Jaune« landet am 12. November 1903 von Moisson kommend auf dem Marsfeld in Paris.

Die Firma Lebaudy gründete nun in Moisson nordwestlich von Paris nahe La Roche-Guyon eine Fabrik für Militärluftschiffe mit Henri Julliot als technischem Leiter. Generell zeichneten sich die hier gebauten Luftschiffe in halbstarrer Bauweise durch ein Ballonett und am Heck kreuzförmig angeordnete über einen Rahmen gespannte Stoffflächen zur Dämpfung der Stampfbewegungen während der Fahrt aus. Das Seitensteuer war am Ende des Kiels angebracht. Es wurden Motoren verschiedener Fabrikate und Leistungen eingebaut, die zwei seitlich an Streben angeordnete Luftschrauben antrieben. Über der Gondel waren 2 Höhensteuer angebracht. Ein pyramidenförmiger Fuß unter der Gondel dämpfte den Landungsstoß und diente außerdem dazu, das Luftschiff leichter drehen zu können.

Das französische Kriegsministerium erteilte aufgrund der guten Erfahrungen mit dem bereits übernommenen Luftschiff »Lebaudy — Julliot Nr. 2« einen neuen Auftrag: mit dem Namen »La Patrie« wurde es am 15. November 1906 als erstes französisches Kriegsluftschiff von der Militärbehörde übernommen. Am 1. Dezember 1907 wurde es durch einen Sturm von Verdun aus abgetrieben und ging wahrscheinlich irgendwo im Atlantik nieder, lediglich eine Luftschraube wurde an die irische Küste geschwemmt.

Auch mit dem als Ersatz beschafften Luftschiff »Republique« hatte die französische Armee wenig Glück, es ging durch Absturz am 25. August 1908 verloren, nachdem ein abbrechender Propellerflügel die Hülle aufgeschlitzt hatte. Bei diesem Unglück fanden die vier Insassen den Tod.

Um eine Wiederholung eines solchen Unfalls zu vermeiden, wurde die Hülle des nächsten für die französische Armee gebauten Lebaudy-Luftschiffes mit dem Namen »Liberté« durch Querwände unterteilt, so daß nicht das gesamte Gas im Falle einer Beschädigung schlagartig entweichen konnte.

Weitere Lebaudy-Schiffe mit unterschiedlichen Größen wurden an England, Österreich und Rußland geliefert oder unter Lizenz erbaut. Bis zum Ausbruch des 1. Weltkrieges wurden 11 Lebaudy-Luftschiffe gebaut, die hauptsächlich für Schulungszwecke zum Einsatz kamen. Nicht akzeptiert wurde seitens der französischen Armee das 1914 als letztes gebaute Luftschiff mit dem Namen »Tissandier«, das wesentlich von der

Luftschiff Lebaudy-Julliot »Republique« der französischen Armee. Es hatte eine Länge von 61 m und einen größten Durchmesser von 10,80 m. Am 25. August 1908 ging es durch Absturz verloren, nachdem ein wegbrechender Propellerflügel die Hülle aufgerissen hatte. Die 4 Insassen fanden den Tod.

herkömmlichen Bauweise der Lebaudy-Luftschiffe abwich und mit seinen vorne und hinten angeordneten Motorengondeln und der Führergondel mittschiffs sowie dem verkleideten Kielgerüst große Ähnlichkeit mit dem deutschen Siemens-Schuckert-Luftschiff aufwies. Angespornt vom Erfolg der Lebaudy-Luftschiffe begannen in Frankreich andere Konstrukteure und Unternehmer ebenfalls mit dem Bau von Luftschiffen für private und militärische Zwecke.

Nach dem Verlust des Luftschiffes »La Patrie« übergab der französische Industrielle Deutsch de la Meurthe dem Militär das in seinem Besitz befindliche Luftschiff »Ville de Paris«, das von den Ingenieuren Edouard-Louis Surcouf und Henri Kapferer 1906 bei dem von Surcouf gegründeten »Astra«-Werk in Billancourt gebaut worden war. Hier handelte es sich um ein typisches Langgondelschiff, unter dessen 61,5 m langer Hülle die Gondel hing, die den Motor aufnahm und an der Spitze eine Luftschraube besaß. Auffälligstes Merkmal aber waren die am Heck befindlichen aufgeblasenen Stabilisierungskörper, die den Astra-Luftschiffen ihr charakteristisches Aussehen gaben. Mit dem Luftschiff »Ville de Paris« konnten eine Reihe überzeugender Fahrten durchgeführt werden, bevor es an die Armee überstellt wurde. In der Folgezeit bauten die Astra-Werke mehrere Luftschiffe nach diesem Konstruktionsprinzip sowohl für militärische Einsätze als auch für die in einigen Städten betriebenen Rundfahrten. Solche Rundfahrten wurden beispielsweise in Luzern, Pau und auch in Paris durchgeführt, allerdings blieben die finanziellen Ergebnisse hinter den Erwartungen zurück.

Das größte Astra-Luftschiff dieser Bauart war das 1911 entstandene Militärluftschiff »Adjutant Reau« mit einer Länge von 94 m und einem Volumen von 9300 m^3. Die 45 m lange Gondel nahm 2 Brasier-Motoren von je 120 PS auf, die 3 Luftschrauben antrieben. Eine davon befand sich direkt an der Gondel, die beiden anderen an Auslegern neben der Gondel angeordnet. Mit einer Dauerfahrt von 21 Std. und 30 Min. wurde mit diesem Luftschiff ein neuer Rekord aufgestellt, als es am 20. September 1911 über Verdun nach Toul, Epinal, Belfort bis nach Issy-les-Moulineaux und zurück eine Gesamtstrecke von fast 990 km zurücklegte und dabei

Das Astra-Luftschiff »Ville de Paris« mit den aufgeblasenen Stabilisierungskörpern am Heck, die dem Luftschiff das charakteristische Aussehen gaben.

eine durchschnittliche Geschwindigkeit von 55 km/std. erzielte.

1911 übernahm die Firma Astra die Patente des spanischen Konstrukteurs Leonardo Torres Quevedo, der auf Brückenbau spezialisiert war, sich aber dem Luftschiffbau zuwandte und statt der mehr oder weniger runden Form der Hülle eine eigenartige dreigelappte Hülle in der Art eines Kleeblattes entwarf, die durch diese Form und im Inneren angeordnete Verspannkabel ihre Steifigkeit erhielt. Außerdem befanden sich 2 Ballonette in der Hülle. Verzichtet werden konnte auf ein Kielgerüst und auch die 5,5 m lange Gondel diente nicht der Versteifung. Das erste dieser als »Astra-Torres« bezeichneten Luftschiffe wurde 1911 gebaut und bewährte sich auf seinen Fahrten nach zeitgenössischen Berichten zu urteilen gut. Die Hülle hatte eine Länge von 48 m und einen Durchmesser von 8,4 m, das Volumen belief sich auf 8900 m^3. Die wulstartigen Röhren am Heck waren fortgefallen, die Stabilisierung wurde durch beidseitig am Heck angebrachte Doppelflächen erreicht, unter dem Heck befanden sich das Höhen- und Seitenruder zusammengefaßt zu einer Einheit angeordnet.

1913 erwarb die englische Heeresverwaltung ein Luftschiff dieser Bauart. Bei den im 1. Weltkrieg durch die englische Marine eingesetzten C-Star- und North Sea-Küstenüberwachungsluftschiffen wurde diese Bauform übernommen.

Bei der Firma Astra wurden noch bis 1922 erfolgreiche Luftschiffe für die französische Marine gebaut; ihr Haupteinsatz im 1. Weltkrieg galt Aufklärungsfahrten im Mittelmeerraum.

Auch der Besitzer der Fahrrad- und Automobilwerke Clement-Bayard, Gustave Adolphe Clement sen., der die französische Automobilindustrie mitbegründete, fand Interesse am Luftschiff und ließ 1908 in seinem Werk ein Luftschiff bauen, zu dem die Astra-Werke die Hülle lieferten, die sonstigen Teile aber im eigenen Werk entstanden. Zeigte das erste Clement-Bayard-Luftschiff noch Züge der Astra-Bauweise mit den Wülsten am Heck, so fielen diese bei dem 1909/1910 ganz bei der eigenen Firma gebauten zweiten Luftschiff zugunsten flächenförmiger Stabilisierungselemente sowie zwischen dem Gondelende und der Hülle befindlichen Höhen- und Seitensteuer weg. Das erste Luftschiff besaß eine Länge von 56 m und wurde von einem Clement-Bayard-Motor von 105 PS, der eine Luftschraube am Vorderteil der Gondel antrieb, ausgerüstet, mit dem es eine durchschnittliche Geschwindigkeit von 48 km/std. erreichte. Am 22. August 1908 konnte mit diesem Luftschiff ein Höhenrekord von 1550 m aufgestellt werden. Dieses Luftschiff wurde an die russische Heeresverwaltung verkauft. Das zweite Clement-Bayard-Luftschiff mit einer Länge von 76,5 m war mit 2 Motoren dieser Firma ausgerüstet, die je 135 PS leisteten und seitlich angeordnete Luftschrauben antrieben. Am 16. Oktober 1910 überquerte es als erstes Luftschiff den Kanal und wurde von der englischen Armee angekauft, hatte allerdings nur eine kurze Laufbahn, schon 1911 wurde es beim ersten Aufstieg im Dienste der Armee zerstört.

Die Astra-Werke übernahmen die Bauweise des Spaniers Torres mit der eigentümlichen kleeblattähnlichen Kontur der Hülle. AT 19 verläßt den Hangar.

Das erste Clement-Bayard-Luftschiff mit Wülsten am Heck, die bei späteren Luftschiffen dieser Firma nicht mehr verwendet wurden. Das vorne über der Gondel angebrachte Höhensteuer ist gut zu erkennen.

Das an England gelieferte Luftschiff Clement-Bayard II besaß eine Länge von 76,5 m, einen Durchmesser von 13,2 m und ein Volumen von 7000 m^3. Die Länge der Gondel belief sich auf 45 m, es war eine Stahlrohrkonstruktion. Als Antrieb dienten 2 Clement-Bayard Motoren von 100/130 PS. Das kombinierte Höhen- und Seitensteuer ist in Kastenform am Ende der Gondel angeordnet, außerdem befindet sich ein weiteres doppeldeckerartiges Höhensteuer über der Gondel im Schwerpunktbereich.

In der Folgezeit entstanden mehrere dieser Pralluftschiffe für das französische und russische Heer, jedoch waren die Luftschiffe dieser Firma nicht sonderlich erfolgreich im Einsatz. Das letzte Luftschiff mit dem Namen »General Meusnier« wurde 1915 gebaut, bewährte sich aber nicht und wurde 1916 nach größeren Umbauten ebenfalls an Rußland verkauft.

Als weiterer wichtiger Hersteller ist die 1896 gegründete Firma »Zodiac« in Puteaux zu nennen, die vor dem 1. Weltkrieg eine Anzahl von Pralluftschiffen für militärische und zivile Einsatzzwecke baute, die teilweise auch exportiert wurden. Die Anregung zum Bau dieser Luftschiffe ging von dem großen Förderer der französischen Luftfahrt, Graf de la Vaulx, aus, die Konstruktion stammte von Maurice Mallet, dem Inhaber von Zodiac, und seinen Mitarbeitern.

Die Zodiac-Luftschiffe waren leicht zerlegbar und benötigten wenig Raum beim Transport, so ließ sich die Gondel in 3 Teile auseinandernehmen, die auf einen normalen Wagen geladen werden konnten. Die entleerte Hülle benötigte ebenfalls wenig Platz. Der Gesamtaufbau der Zodiac-Luftschiffe entsprach der herkömmlichen Praxis mit der sich zum Heck hin verjüngenden Hülle und dem darunter befindlichen Seitensteuer. In geringem Abstand unter der Hülle war die Gondel zur Aufnahme der Mannschaft und der Motoren aufgehängt, über dem vorderen Gondelteil befand sich das Höhensteuer. Bei den ersten Zodiac-Luftschiffen war die Luftschraube entgegen der allgemeinen Praxis am Heck angeordnet. Die Länge der Hülle belief sich auf 40 bis 50 m.

Ein Entwicklungssprung wurde 1911 getan, als das französische Armeeluftschiff »Capitaine Ferber« gebaut wurde, dessen Länge 76 m betrug und mit 2 Ballonetts versehen war. Dieses Luftschiff besaß eine 35 m lange Gondel, in der 2 Motoren des Musters Dansette-Gillet mit einer Leistung von je 130/160 PS gelagert waren. Jeder der Motoren trieb 2 hölzerne an Auslegern seitlich angebrachte Luftschrauben an. Am 15. Dezember 1912 legte dieses Luftschiff mit 5 Personen

Das Luftschiff Clement-Bayard V mit verbesserter Leitwerkkonstruktion beim Aufstieg in Maubeuge 1914.

Die Gondel des Clement-Bayard V mit dem doppelten Höhensteuer und den beiden an Auslegern befestigten Propellern.

Zodiac III — Luftschiff mit Heckluftschraube, eine ungewöhnliche Anordnung bei den frühen Luftschiffen. Das Luftschiff befand sich im Besitz der französischen Heeresverwaltung. Die Länge der Hülle betrug 40,8 m, die der Gondel 22 m. Ein 45 PS starker Ballot-Motor trieb den Schubpropeller und das Radgebläse für das Ballonett an.

an Bord in 1400 m Höhe in 6 Stunden eine Strecke von 280 km zurück.

In den Werkstätten von Zodiac entstand auch das einzige französische Starrluftschiff, das von Joseph Spiess entworfen worden war. Bereits 1873 hatte Spiess Patente auf ein Starrluftschiff erworben, aber erst 1910 konnte mit dem Bau eines Luftschiffes nach seinen Plänen begonnen werden. Das Gerüst bestand aus hölzernen Rohren, lediglich die Verbindungsstellen des hölzernen Gerippes und die starre Verbindung zwischen dem Luftschiffkörper und den beiden Gondeln bestanden aus Aluminium. In der ersten Version besaß es eine Länge von 104 m bei einem Durchmesser von 13,5 m, das Volumen betrug 11 800 m^3. 12 Gaszellen waren in dem Luftschiff eingebaut worden. Ein 60 m langer verkleideter Kiel gab dem Gerüst weitere Stabilität und diente als Laufgang während der Fahrt. Die Gondeln waren in Ausschnitten im Kiel angebracht und waren jeweils mit einem 200 PS starken Chemi-Motor ausgerüstet.

Nach den ersten Versuchsfahrten mußte das Spiess-Luftschiff umgebaut und vergrößert werden, danach belief sich die Länge auf 140 m bei gleichgebliebenem Durchmesser, das Volumen war auf 16 400 m^3 gesteigert worden, aber auch in dieser neuen Form enttäuschten die Leistungen hinsichtlich der Nutzlast, Geschwindigkeit und Festigkeit des Gerippes, so daß die Versuche eingestellt werden mußten und das Luftschiff 1914 abgerüstet wurde.

Die Zodiac-Werke setzten auch nach dem 1. Weltkrieg ihre Luftschiffbautätigkeit fort und stellten für die französische Marine einige erfolgreiche halbstarre Luftschiffe für Beobachtungs- und Begleitschutzaufgaben her. Außerdem entstanden mehrere Luftschiffe für Schulungszwecke. 1936 wurde unter der Bezeichnung V 12 das letzte Zodiac-Luftschiff fertiggestellt.

Nach einer fast 30jährigen Pause begann ab 1912 wieder der Bau von Luftschiffen auf der staatlichen Luftschiffwerft in Chalais-Meudon nahe Paris, wo 1884 Renard und Krebs ihr erfolgreiches Luftschiff »La France« bauten.

Als erstes Luftschiff entstand 1912 der Neubau »Fleurus«, ein Prallschiff von 77 m Länge und klarer Linienführung. Unter dem Heck befand sich das groß dimensionierte Seitenruder, unter der Hülle hing an Kabeln verankert die aus Metall gearbeitete Gondel mit

Typ 15 wurde dieses in Japan für die Marine gebaute Luftschiff genannt. Es wurde 1926 gebaut und stand bis zum Ende des Luftschiffeinsatzes durch die japanische Marine 1932 im Dienst. Interessant ist die Konstruktion des Ankermastes.

nische Luftschiffe wurden nach Argentinien, England, Japan, Rußland, Spanien und die USA verkauft. Der erste militärische Luftschiffeinsatz fand seitens der Italiener im italienisch-türkischen Konflikt des Jahres 1912 statt, der in Libyen ausgetragen wurde. Von Tripolis aus wurde mit dem Armeeluftschiff P.2 am 5. März die erste Angriffsfahrt ausgeführt.

Der Luftschiffbau in Italien begann 1905, als Conte Almerico da Schio sein auf den Namen »Italia 1« getauftes Pralluftschiff in Schio erbaute und anschließend die ersten Aufstiege durchführte. Das 37,8 m lange und 7,6 m Durchmesser aufweisende Luftschiff besaß kein Ballonett, vielmehr war es mit einem aus zahlreichen Gummiblättern zusammengesetzten Kiel ausgerüstet, durch den die Hülle die notwendige Elastizität zum Ausgleich des Innendruckes erhielt. Der elastische Kiel war eine Erfindung von da Schio selbst. Unterhalb der Hülle befand sich die lange Gondel, die zunächst einen 12 PS starken Bouchut-Motor, später einen 40 PS starken Antoinette-Motor aufnahm. Das Luftschiff, das eine Geschwindigkeit von 60 km/std. erreichte, wurde am 7. April 1909 bei einem Unfall so stark beschädigt, daß es nicht mehr aufgebaut werden konnte.

Inzwischen war das Militär in Italien ebenfalls auf das Luftschiff aufmerksam geworden und errichtete in der Nähe von Rom eine Luftschiffwerft. Hier entwickelten im Rahmen der Brigata Spezialisti die Ingenieure Gaetano Arturo Crocco und Genio Ottavio Ricaldoni das erste Militärluftschiff N. 1, das Ende 1908 im Luftschiff-Erprobungszentrum Vigna di Valle bei Rom mit den Versuchsfahrten begann. Es war ein Luftschiff in halbstarrer Bauweise mit sich zum Heck stark verjüngender Hülle und seitlichen kastenförmigen kombinierten Höhen- und Seitenrudern. Unter der Hülle am Heck war eine langgezogene Stabilisierungsflosse angebracht worden. Die Gondel enthielt einen 100 PS starken Clement-Bayard-Motor, der 2 oberhalb der Gondel angebrachte Luftschrauben antrieb. Das Luftschiff erreichte eine Geschwindigkeit von 45 km/std. Seine Länge betrug 63 m, sein Durchmesser 18 m und das Volumen belief sich auf 4200 m^3. Nach Beendigung der ersten Versuchsphase wurde es abgerüstet und unter Verwendung der meisten Bauteile in abgeänderter

In Italien begann der Luftschiffbau 1905, als Graf da Schio sein auf den Namen »Italia« getauftes Luftschiff fertigstellte und erprobte.

Form als Luftschiff N. 1 bis wieder aufgebaut. 1909 wurde mit diesem Luftschiff der Erprobungsbetrieb erneut aufgenommen, 1910 wurde es dann endgültig außer Dienst gestellt.

1909 trat ein weiterer wichtiger Konstrukteur mit seinem Luftschiff an die Öffentlichkeit — es war der aus Mailand stammende Luftfahrtpionier und Ingenieur Enrico Forlanini, der ebenfalls aus der Brigata Spezialisti des Heeres hervorging, bei der er fast 10 Jahre lang gedient hatte. Nach Beendigung der Dienstzeit in der Armee übernahm er die Position eines Direktors in der Gasfabrik von Forli und befaßte sich privat speziell mit der Auftriebserzeugung verschiedener Gase. Die Tätigkeit sowohl bei der Brigata Spezialisti als auch in der Gasfabrik bildete die Grundlage für die Entwurfsarbeiten des ersten Luftschiffes von Forlanini, das nach dem Ausscheiden aus der Gasfabrik in seiner eigenen Werkstatt in Vaprio in der Nähe von Mailand gebaut wurde. Ihm zur Seite stand Ingenieur Dal Fabbro, der bereits bei den Vorarbeiten zum Luftschiff von da Schio mitgewirkt hatte.

Als sich das auf den Namen »Leonardo da Vinci« getaufte Luftschiff am 22. Juli 1909 zum ersten Mal in die Luft erhob, konnten die Zuschauer ein von der bisherigen Bauweise stark abweichendes Luftschiff sehen. Es war ein gedrungener Körper von 40 m Länge und einem größten Durchmesser von 14 m mit einer völlig geschlossenen in den unteren Teil der Hülle integrierten Gondel, der nach hinten spitz auslief und als Fortsetzung ein kastenförmiges etwa 20 qm großes Gleichgewichtsorgan trug. Am Heck unterhalb der Hülle im Anschluß an die Gondel war eine weitere Stabilisierungsfläche angeordnet, an der sich das kastenförmige Seitensteuer anschloß. Das Höhensteuer war oberhalb der Gondeloberkante in ungefährer Schwerpunktnähe in der Form herausragender waagerechter Flächen angeordnet worden.

Die Gondel war unterteilt in den Raum für die Besatzung und dem dahinter befindlichen Raum für den 40 PS starken Antoinette-Motor, der über Wellen 2 fünfflügelige Luftschrauben antrieb und dem Luftschiff eine Geschwindigkeit von 50 km/std verlieh. Der hintere Teil der Gondel wurde nicht benutzt, er hätte aber ausgebaut werden können zur Mitnahme von Passagieren. Der obere mit dem Traggas gefüllte Teil der Hülle war durch eine gasdichte Stoffbahn deutlich von

1908 begann das italienische Militär mit dem von den Ingenieuren Crocco und Ricaldoni entwickelte Militärluftschiff Nr. 1 in halbstarrer Bauweise die Erprobung im Luftschiff-Testzentrum in Vigna di Valle in der Nähe von Rom.

Einen etwas ungewöhnlichen Anblick bietet das von Forlanini entwickelte Luftschiff »Leonardo da Vinci«. Es wurde 1909 in Baggio gebaut und zeichnete sich durch ein neuartiges Kielversteifungsgerüst aus, das aus Stahlrohr und Stacheldraht bestand und an dem die Gondel als Erweiterung des Mittelteils des Versteifungsgerüsts direkt mit allen Einrichtungen für die Steuerung und Führung des Luftschiffes angebracht war.

dem unteren Teil des Luftschiffes mit dem Versteifungsgerüst getrennt, das aus Stahlrohr aufgebaut war.

Trotz des ungewöhnlichen Aussehens erreichte das Forlanini-Luftschiff während der Erprobung gute Resultate und bewies eine große Manövrierfähigkeit. Die aus gefirnißter Seide bestehende Hülle war mit Aluminiumpulver überzogen worden, um die Sonnenstrahlen reflektieren zu können und auf diese Weise einem zu starken Erwärmen des Gases vorzubeugen. Als weitere Maßnahme zur Temperaturkontrolle des Gases bestand die Möglichkeit, die Luft im Ballonett vor dem Einblasen durch den Kühler des Motors zu schicken. Auf diese Weise ließ sich entsprechend den gewünschten Bedingungen für die Fahrt erwärmte oder kalte Luft in das Ballonett einblasen und die Gastemperatur beeinflussen.

In 38 Fahrten, bei denen eine Gesamtstrecke von 850 km zurückgelegt werden konnte, bewies Forlanini die prinzipielle Richtigkeit seiner Konstruktion. Am 1. Februar 1910 mußte eine Notlandung in der Nähe von Pavia durchgeführt werden, bei der die Hülle beschädigt wurde, als das Luftschiff nach der glatten Landung wegen eines Motordefekts abgetrieben und an einem Baum durch einen Ast die Hülle aufgerissen wurde. Das ansonsten unbeschädigte Luftschiff wurde mit der Bahn zur Werft zurücktransportiert, aber nicht mehr aufgebaut.

In den kommenden Jahren entwarf und baute Enrico Forlanini eine Reihe weiterer Luftschiffe für private und militärische Aufgaben, die sich fast ausnahmslos durch technische Besonderheiten auszeichneten, die sie aus dem Rahmen der in der mehr herkömmlichen Art gebauten halbstarren Luftschiffe herausragen ließen.

1913 konnte Forlanini sein zweites Luftschiff, das den Namen »Citta di Milano« trug, vorstellen. Es besaß eine 72 m lange und 18 m Durchmesser aufweisende Hülle mit einem Volumen von 11500 m^3, als Antrieb dienten 2 Isotta Fraschini-Motoren von je 85 PS, die dem Luftschiff eine Geschwindigkeit von 70 km/std verliehen. Es war eine Variante des ersten Forlanini-Luftschiffes mit etwas gefälligeren Formen. Bemerkenswert jedoch war der Aufbau der Hülle: sie besaß eine doppelte Bespannung und zwar in der Art, daß die innere Hülle, die zudem in 12 Einzelkammern unterteilt war, das Traggas aufnahm, die äußere Hülle dagegen die Rippen aufnahm, die zur Steifhaltung neben dem Kielgerüst mit der Gondel beitrugen. Der Zwischenraum der beiden Hüllen war mit Luft gefüllt, die als thermischer Schutzmantel für das Traggas diente.

Am 17. August 1913 führte es seine erste Fahrt durch. Es havarierte am 9. April 1914 in der Nähe von Como, als es durch eine Bö gegen die Berge gedrückt wurde und dabei die Hülle aufriß. Bei den folgenden Bergungsarbeiten entstand ein Feuer, dem das gesamte Luftschiff zum Opfer fiel.

Das Nachfolgemuster »Citta di Milano II« maß 90 m Länge bei einem Durchmesser von 18 m und einem Volumen von 15000 m^3. Als Antrieb dienten jetzt 4 in der Gondel angebrachte FIAT-Motoren von je 80 PS Leistung, von denen je 2 gekoppelt eine Luftschraube antrieben. Dieses Luftschiff war aufgrund einer Bestellung für die englische Armee gefertigt worden, wurde aber nach dem Kriegsausbruch nicht mehr abgeliefert, sondern verblieb bei der italienischen Marine. 3 weitere Luftschiffe baute Forlanini bis 1918 für die italienischen Streitkräfte, die von der Konstruktion her verbesserte Ausführungen des Grundprinzips seiner Bauweise darstellten, sich aber nicht durchzusetzen vermochten. Erst 1929 begann Forlanini wieder mit dem Bau eines Luftschiffes, das nicht nur sein letztes, sondern das letzte in Italien gebaute Luftschiff überhaupt werden sollte. Enrico Forlanini erlebte die Fertigstellung nicht mehr, er starb 1930, aber seine Mitarbeiter vollendeten das Luftschiff noch 1931.

Mit dem letzten Forlanini-Luftschiff wurde abermals technisches Neuland betreten: Hülle, Kielgerüst und Gondelaufbau waren konventionell, neu hingegen war das Prinzip der Steuerung, das als ein Reaktions-Steuersystem unter Verwendung von komprimierter Luft und zwei Gruppen von über der Schiffslängsachse angeordneten Ventilen erstmals an einem Luftschiff ausprobiert wurde. Aus zwei Stoffrohren wurde die komprimierte Luft durch diese Ventile in kreuzförmig nach oben und unten, links und rechts sowie vor- und rückwärts zeigende Öffnungen gepreßt und dem Piloten die Möglichkeit gegeben, mittels der Steuerorgane die jeweiligen Öffnungsklappen zu betätigen und die gewünschte Richtung einzuschlagen.

Als Antrieb besaß das auf den Namen »Omnia Dir« getaufte Luftschiff einen 150 PS leistenden Isotta-Fraschini V-4B-Motor. Am 11. Juni 1931 wurde das Luftschiff erstmals getestet, die Funktion des Steuersystems konnte im Prinzip nachgewiesen werden, aber ein praktischer Nutzen lag nicht vor, dafür war es zu kompliziert. Nach nur wenigen Versuchsfahrten wurde das Erprobungsprogramm eingestellt, das Luftschiff wurde 1932 demontiert.

Nach der Periode des Experimentierens mit den frühen Luftschiffen entschloß sich das italienische Militär

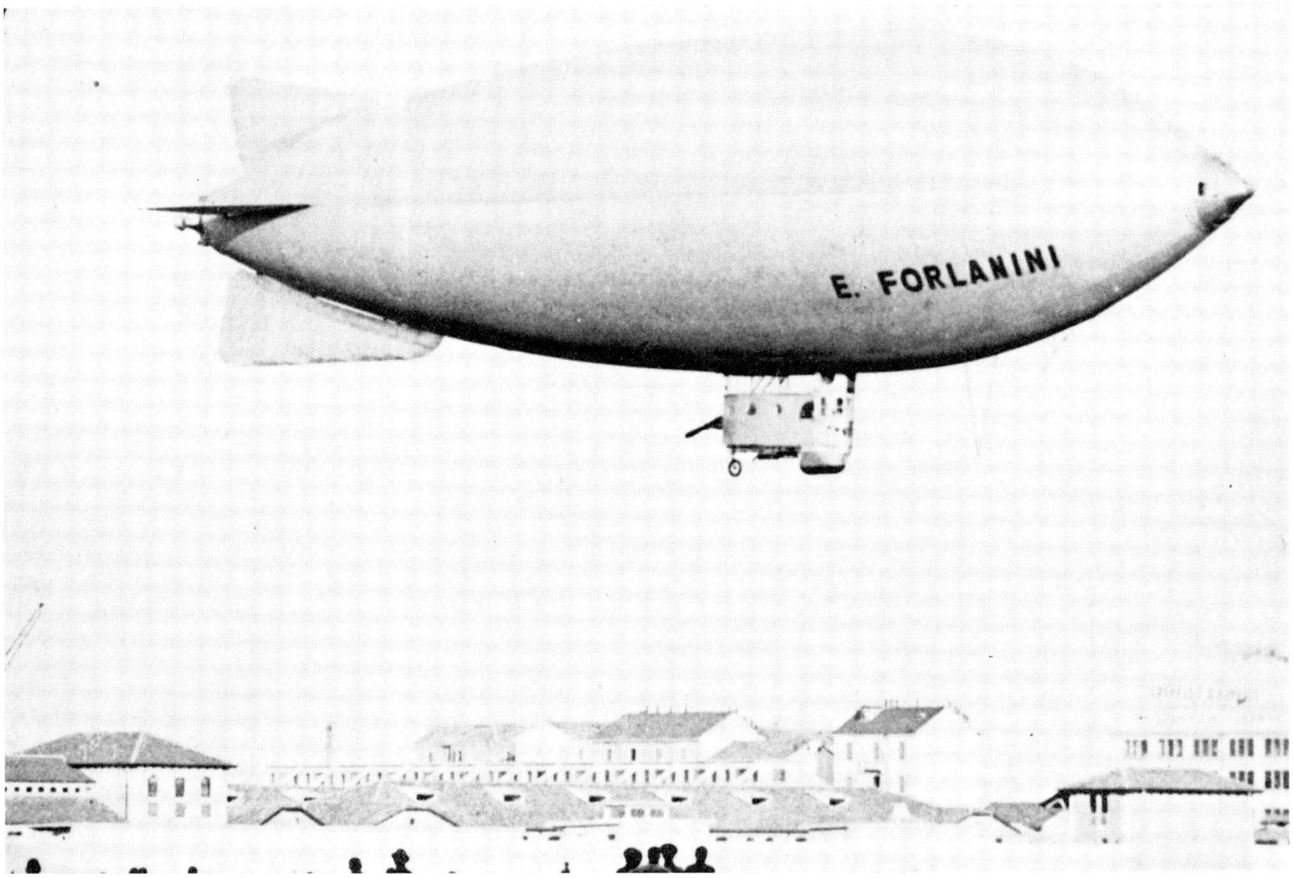

Technisches Neuland wurde auch mit dem letzten noch von Forlanini entworfenen und von seinen Mitarbeitern nach seinem Tode vollendeten Luftschiff betreten. Es war das erste und einzige der Welt, das durch Luftdüsen gesteuert wurde. Es stieg 1931 erstmals auf, die Erprobung wurde aber nicht zu Ende geführt. Es war das letzte italienische Luftschiff.

zum Aufbau einer operationellen Luftschifflotte und ließ auf der nahe Rom gelegenen staatlichen Werft Stabilimento Construzioni Aeronautici (SCA) in rascher Folge Luftschiffe herstellen, deren Konstruktion in der Hauptsache von den bereits erwähnten Ingenieuren Crocco und Ricaldoni sowie weiter von Rodolfo Verduzio und Umberto Nobile stammten.

In der Hauptsache waren es Luftschiffe der P- (Piccolo für klein), M- (Medio für mittelgroß) und V- (Veloce für schnell) Klasse, die die Werft verließen. Größenmäßig lassen sich die Luftschiffe der einzelnen Klassen ungefähr wie folgt einordnen: Die P-Schiffe waren etwa 62 m lang bei einem Volumen von etwas unter 5000 m^3, als Antrieb dienten 2 Motoren von je 70 PS und mehr; die M-Schiffe wiesen eine Länge von etwa 80 m und ein Volumen von 12 000 m^3 auf, sie wurden ebenfalls von 2 Motoren verschiedener Hersteller angetrieben, die jeweils etwa 180 PS leisteten; die V-Schiffe mit einer Länge von 87,5 m und einem Volumen von 15 600 m^3 besaßen 4 Motoren von je 180 PS. Im allgemeinen wies jedes neue Luftschiff Änderungen und Verbesserungen auf, ebenfalls wurden Motoren verschiedener Fabrikate eingebaut, so daß die Leistungen der einzelnen Luftschiffe voreinander abwichen. In der Hauptsache wurden die M-Schiffe eingesetzt, ihre Hauptaufgabe waren Beobachtungsfahrten sowie Bombenangriffe auf die österreichischen Militär- und Marineanlagen an der Adriaküste und hinter den feindlichen Linien. Angegriffen wurden die Städte Pola, Triest und San Marco mit teilweise großen Zerstörungen. Hierbei wurden die Ziele mit Bomben im Gesamtgewicht von 200 000 kg belegt. 6 Luftschiffe wurden durch die gegnerische Abwehr abgeschossen, eine Reihe weiterer Luftschiffe ging durch Unfälle und feindliche Bombenangriffe auf Luftschiffhäfen verloren.

Ein wichtiger Grund für die italienischen Streitkräfte, bis zum Ende des Krieges Luftschiffe für Angriffsfahrten einzusetzen, dürfte in der Tatsache zu sehen sein, daß die Kampfhandlungen oftmals in gebirgigem Gelände stattfanden, wo es schwierig war, für Flugzeuge geeignete ebene Flächen zu finden.

Usuelli, Prassone, Nobile und Crocco waren die Konstrukteure des italienischen Luftschiffes T 34 »Roma«, das 1919 gebaut und 1921 an die amerikanische Armee verkauft wurde. Am 21. Februar 1922 stürzte es brennend ab, nachdem es eine Hochspannungsleitung berührt hatte. Aufgrund des Unglücks mußten alle amerikanischen Luftschiffe fortan mit Helium gefüllt werden.

Auch nach dem Krieg wurden Luftschiffe weiterhin benutzt, wobei Transportaufgaben im Vordergrund standen. Aber auch Experimente mit Ankermasten und der U-Boot-Bekämpfung standen auf dem Programm. Übriggebliebene Kriegsluftschiffe wurden umgebaut und mit Passagiergondeln versehen, um einen Passagierdienst aufzubauen, und die von Deutschland übernommenen Zeppelin-Luftschiffe wurden ebenfalls für diese Aufgabe mit herangezogen. Viel Glück hatten die Italiener zunächst nicht mit den Zeppelinen, LZ 90 mit den neuen Namen »Ausonia« verbrannte 1921 kurz nach der Übergabe im Hangar in Ciampino, der schon 1920 ausgelieferte LZ 106 mit dem neuen Namen »Italia« wurde bereits bei der Landung nach der ersten Fahrt zerstört. Mehr Glück hatten die Italiener mit dem LZ 120 »Bodensee«, der mit dem neuen Namen »Esperia« ab Juli 1921 in italienischem Besitz war und erst 1928 demontiert wurde, nachdem er eine große Anzahl erfolgreicher Fahrten durchgeführt hatte.

Ein tragisches Schicksal erlitt das an die U.S. Army gelieferte Luftschiff »Roma«. Es wurde 1919 gebaut und besaß eine Länge von 128 m und ein Volumen von 34 000 m^3. Als Antrieb dienten 6 Ansaldo-Motoren in 3 Paaren unter dem Kiel angeordnet, mit denen das Luftschiff eine Geschwindigkeit von 110 km/std erreichte. Nach der Übergabe an die U.S. Army wurde es in zerlegtem Zustand in die USA geliefert und dort wieder aufgebaut. Der erste Aufstieg in den USA fand am 15. November 1921 von Langley Field in Virginia statt, denen einige weitere folgten, bevor bedingt durch das Winterwetter das Luftschiff im Hangar verbleiben mußte. Bei diesen Fahrten erwiesen sich die italienischen Ansaldo-Motoren als äußerst störanfällig und sie wurden gegen amerikanische Liberty-Motoren ausgewechselt. Am 21. Februar 1922 fand der erste Aufstieg der »Roma« mit den neuen Motoren statt, der mit einer Katastrophe endete. Von Langley Field aus fuhr das Luftschiff in Richtung Hampton Roads, als durch Bruch eines Teils der Bugstruktur und Verklemmen des Höhensteuers das Luftschiff außer Kontrolle geriet und in der Nähe von Hampton Roads in eine Hochspannungsleitung geriet und sofort in Flammen aufging. Von den 45 Mann an Bord fanden 34 den Tod. Das Luftschiff war noch mit Wasserstoff gefüllt, das furchtbare Unglück trug dazu bei, daß alle amerikanischen Luftschiffe mit dem unbrennbaren Helium gefüllt werden mußten.

Es war Umberto Nobile, der in den zwanziger Jahren den Luftschiffbau in Italien mit einer Serie von N-Schiffen energisch vorantrieb, die zu den Spitzenlei-

Höhepunkt des konstruktiven Schaffens von Umberto Nobile in Italien war die Serie der halbstarren N-Luftschiffe. 1923 wurde das Luftschiff N 1 fertiggestellt, die spätere »Norge«, mit der 1926 unter Amundsen und Nobile erstmals das Polarmeer und der Nordpol im Luftschiff überquert wurden.

stungen auf dem Gebiet der halbstarren Luftschiffe gehörten.

Als erstes Luftschiff dieser Serie begann N. 1 im Jahre 1923 mit der Erprobung, das 1926 mit dem Namen »Norge« die erste Überquerung des Nordpols unter Amundsen ausführte. Das 3. Luftschiff dieser Serie wurde an Japan verkauft und erhielt dort die Bezeichnung N. 6. Mit der Nummer N. 5 wurde der Bau eines 55 000 m^3 großen Halbstarrluftschiffes für den Verkehr nach Südamerika begonnen, dessen Länge 173,6 m betragen sollte, allerdings wurde 1928 der Bau abgebrochen. In diesem Jahr ereignete sich die N. 4 - »Italia«-Katastrophe in der Arktis, die für alle weiteren Arbeiten an den Luftschiffen von Nobile in Italien das Ende bedeutete und damit gleichzeitig das Ende des staatlichen Luftschiffbaus mit sich brachte.

England

Einen ähnlich regen Einsatz von Luftschiffen wie in Italien gab es während des 1. Weltkrieges und den Folgejahren in England, wobei das Schwergewicht im Einsatz von Pralluftschiffen bei der Küstenüberwachung, der Sicherung von Schiffsverbänden und der Suche nach U-Booten lag. Das halbstarre System konnte sich in England nicht in großem Maße durchsetzen, während die englischen Starrluftschiffe sowohl bemerkenswerte Leistungen vollbrachten als auch durch tragische Unfälle die Welt erschütterten.

Staatliche Luftschiffwerften und Privatleute sowie -firmen befaßten sich mit dem Bau von Luftschiffen; außerdem wurden Luftschiffe aus Deutschland, Frankreich und Italien erworben. Der als »Vater der britischen Luftschiffe« bezeichnete Ernest Thompson Willows baute 1905 im Alter von nur 19 Jahren sein erstes kleines Pralluftschiff in der Nähe von Cardiff, mit dem am 5. September 1905 der erste freie Aufstieg durchgeführt wurde. Es besaß lediglich ein Volumen von 340 m^3 und wurde von einem 7 PS starken Peugeot-Motor angetrieben. Interessant war die Steuermethode, die aus zwei am Bug der Gondel angeordneten schwenkbaren Propellern bestand, deren Stellung das Auf- oder Abwärtsfahren des Luftschiffes bewirkte. Ein am Heck der Gondel angebrachter größerer Propeller sorgte für die nötige Schubkraft. Diese Steuermethode allerdings war von William Beedle entwickelt worden, der versucht hatte, ein eigenes Luftschiff zu bauen, seinen Plan aber aufgeben mußte und sich mit Willows beim Bau von dessen erstem Luftschiff zusammentat.

Fast vergessen ist der Name des »Vaters der britischen Luftschiffe" Ernest Thompson Willows (1886—1926), der mit 19 Jahren sein erstes Pralluftschiff baute und erprobte. Das Bild zeigt ihn im Führersitz seines 2. Luftschiffes.

Außer den beiden schwenkbaren Propellern besaß das Luftschiff keine weiteren Steuerorgane. Insgesamt wurden 1905 nach verschiedenen Modifikationen 6 Aufstiege durchgeführt, von denen der am 30. September durchgeführte 2 Stunden dauerte. Allerdings wurden bei diesen bei ruhigem Wetter durchgeführten Aufstiegen nur geringe Höhen erzielt.

Der spätere Leiter der militärischen Ballonfabrik in Farnborough, Colonel J. E. Capper, inspizierte das Luftschiff im Auftrag des englischen Kriegsministeriums und kam zu einer recht positiven Gesamtbeurteilung der Konstruktion, wenngleich ein Ankauf seitens des Militärs nicht erwogen wurde.

Das 2. Luftschiff von Willows wurde 1909 gebaut, die von der Firma Spencer, einem Ballonhersteller, in London angefertigte Hülle zeigte größere Dimensionen als das 1. Willows-Luftschiff und auch das Steuersystem mit Propellern war gründlich revidiert worden. Als An-

Das erste Willows-Luftschiff besaß 3 Propeller. Am Heck befand sich ein Schubpropeller, am Bug der Gondel waren 2 schwenkbare Propeller angeordnet, die das Auf- und Absteigen des Luftschiffes unterstützten.

trieb diente ein 30 PS starker englischer JAP-Motor. Es war ein dem halbstarren System zuzurechnendes Luftschiff, das ein Kielgerüst besaß, an dem die Hülle direkt befestigt worden war. An der darunter befindlichen Gondel waren die beiden Steuerpropeller seitlich angeordnet worden. Der Pilot saß direkt hinter dem Motor und besaß eine Steuervorrichtung, die durch Drehung die am Kiel angebrachte Seitensteuerung bediente und durch Vor- und Rückwärtsziehen die beiden Propeller in die zum Auf- oder Abstieg gewünschte Position brachte.

Bis zum Ende des Jahres konnte Willows eine Reihe erfolgreicher Aufstiege durchführen, bevor wegen des Winterwetters die Aktivitäten beendet werden mußten. Die Versuche wurden erst am 4. Juni 1910 mit einer Fahrt über Cardiff wieder aufgenommen, denen sich weitere lokale Aufstiege anschlossen. Seinen ersten großen Erfolg konnte Willows am 6.—7. August 1910 erringen, als es ihm gelang, in der Nacht in 10 Stunden von Cardiff nach London zu fahren, wo er am frühen Morgen eintraf nach dem zu diesem Zeitpunkt längsten Überlandflug in England. Aus dem Luftschiff Willows 2 entstand durch Umbau und unter Verwendung einer neuen, etwas größeren Hülle das Luftschiff Nr. 3, mit dem es Willows gelang, am 4. November 1910 von Wormwood Scrubs nahe London aus den Kanal zu überqueren in der Hoffnung, bis nach Paris zu gelangen. Willows und der ihn begleitende Mechaniker Frank Goodden mußten die Hoffnung aber aufgeben, als nach Erreichen der französischen Küste die Hülle wegen eines Fehlers in der Luftzufuhr zum Ballonett nicht länger straff gehalten werden konnte. Sie landeten in der Nähe von Douai nach $10\frac{1}{2}$stündiger Fahrt sicher auf einem Feld. Das auf den Namen »City of Cardiff« getaufte Luftschiff wurde in dem nahe gelegenen kleinen Ort Corbehem notdürftig repariert in der Hoffnung, bald die Fahrt nach Paris fortsetzen zu können, aber es kam anders, denn schlechtes Wetter und kleinere notwendig werdende Reparaturen zwangen immer wieder zum Abbruch der begonnenen Reise. Erst am 28. Dezember gelang es, am frühen Morgen Paris zu erreichen — ein Triumph für Willows und Goodden und dem kleinen Luftschiff!

1912 konnte Willows sein 4. Luftschiff bauen, das von einem 35 PS starken Anzani-Motor angetrieben wurde und etwas kleiner als das 3. war. Das Luftschiff wurde für die Marine angekauft und umkonstruiert, allerdings wurde es nach dem Ankauf kaum benutzt. Dieses Luftschiff besaß eine verbesserte Form der Hülle und am Heck angeordnete Höhen- und Seitensteuer

Aufstieg des Luftschiffes Willows II, mit dem in der Nacht vom 6.—7. August 1910 in 10 Stunden die Strecke Cardiff—London zurückgelegt wurde, der zu diesem Zeitpunkt längste Überlandflug in England.

nach dem Umbau. In der Hülle befanden sich 2 Ballonetts. Außer den beiden Insassen konnte das Luftschiff Treibstoff und Öl für etwa 7 Stunden Fahrtdauer mitführen sowie Ballast im Gewicht von etwa 45 kg. Bei einer Inspektion durch das Militär wurde festgestellt, daß das Luftschiff wohl für Trainingseinsätze geeignet sei, nicht aber für etwaige Fahrten im frontnahen Gebiet. Mit dem erfolgreichen Verkauf eines Luftschiffes an das Militär hoffte Willows auf mehr offizielle Anerkennung seiner bisher privat geleisteten Arbeiten beim Bau von Luftschiffen. Am 17. März 1913 gründete er die Willows Aircraft Company mit Sitz in Cardiff, der eine in Hendon nahe London operierende Flugschule angeschlossen war, die Unterricht im Ballon- und Luftschiffführen gab. In Hendon entstand auch das neue Luftschiff Nr. 5, das am 27. November 1913 zu seinen ersten Versuchsfahrten aufstieg. Es war das größte der

Das erste der zahlreichen Sea Scout oder SS-Luftschiffe für die Seeüberwachung. Der Entwicklungsauftrag für diese Luftschiffe wurde am 28. Februar 1915 erteilt, um ein Mittel zur Begegnung der deutschen U-Boot-Bedrohung für die Schiffahrt in den englischen Küstengewässern zu erhalten. Als Gondel diente der Rumpf eines B.E. 2c-Doppeldeckers. Auf diese Weise wurde wertvolle Zeit bei der Konstruktion und dem Bau dieser kleinen Luftschiffe gewonnen, die sich als sehr effektvoll erwiesen.

von Willows gebauten Luftschiffe mit einem viermal so großen Volumen wie das erste seiner Luftschiffe. Mit 4 Personen an Bord konnte es bis zu 5 Stunden in der Luft bleiben, allerdings existierte es nicht sehr lange, da die Hülle bald nicht mehr gasdicht war und in Folge dessen das Luftschiff demontiert wurde.

Nach Kriegsausbruch wurde Willows Chef-Ingenieur der Firma Airships Ltd., die von dem berühmten englischen Luftfahrtpionier George Holt Thomas gegründet worden war und den Auftrag erhielt, für die Marine ein Luftschiff zum Zweck der Küstenüberwachung zu entwerfen. Das Resultat war das Luftschiff SS2 der englischen Marine, das größte und letzte von Willows gebaute Luftschiff. Ein 90 PS starker Curtiss-Motor diente als Antrieb, die Ergebnisse der mit dem Luftschiff durchgeführten Versuche war unbefriedigend ausgefallen, auch wurde das Steuerungssystem als zu kompliziert angesehen und das Luftschiff wurde seitens der Admiralität nicht akzeptiert. Willows arbeitete weiterhin an luftfahrtbezogenen Problemen wie Drachenballons und ihre Handhabung, leider erhielt er nicht die gebührende Anerkennung für die in zehn Jahren auf privater Basis geleisteten Arbeiten bei der Entwicklung des Luftschiffes in England. Waren seine Luftschiffe auch technisch nicht besonders anspruchsvoll, so gelangen ihm doch einige beachtenswerte Fahrten, die ihm seinen Platz in der Geschichte des Luftschiffes in England sichern. 1926 kam Ernest T. Willows bei einem Ballonunglück ums Leben.

Die Hülle von Willows' Luftschiff Nr. 4, das von der englischen Marine angekauft worden war, diente dem Marine-Personal beim Bau des SS1-Luftschiffes, das der Prototyp der in der Folgezeit von mehreren Firmen in großer Anzahl gebauten Seeüberwachungsluftschiffe oder Sea Scouts in ihren unterschiedlichen Versionen wurde. Statt der Bezeichnung Sea Scout wurde oftmals auch der Begriff Submarine Scout für diese kleinen Pralluftschiffe benutzt. Es waren die effektivsten englischen Luftschiffe während des 1. Weltkrieges, von denen von den unterschiedlichen Versionen insgesamt 213 Exemplare hergestellt wurden. Trotz des ständigen Einsatzes bei der Seeüberwachung auch bei

Die North Sea oder N.S.-Luftschiffe wurden ab 1916 gebaut als Ersatz für die geplanten Starrluftschiffe, mit deren Bau in England nur zögernde Fortschritte gemacht wurden. Die North Sea-Luftschiffe waren die größten in der Serie der See-Überwachungsluftschiffe und trugen eine Besatzung von 10 Mann. Die Dauer der Einsatzfahrten betrug teilweise bis zu 30 Stunden.

ungünstigem Wetter gingen von diesen Luftschiffen relativ wenige verloren.

Außer den SS-Luftschiffen, die mit einer Besatzung von 3 Mann eine durchschnittliche Fahrtdauer von 12 Stunden und einen Radius von maximal 320 km erreichten, gab es noch die Klasse der Coastal- und der North Sea-Luftschiffe im Dienst der englischen Marine.

Nachdem der dringendste Bedarf an SS-Luftschiffen gedeckt war, entstand für längere Aufklärungsfahrten über der Nordsee in den Werkstätten des Royal Naval Air Service die Klasse der Coastal-Luftschiffe, die mit einer fünfköpfigen Besatzung bis zu 11 Stunden patrouillieren konnten und einen Radius bis zu 875 km aufwiesen. Sie waren mit 2 Motoren ausgerüstet von je 150 PS und waren nach dem Astra-Torres-System mit der kleeblattförmigen typischen Hülle versehen und bewährten sich sehr gut. Eine mehr stromlinienförmige Weiterentwicklung erhielt die Bezeichnung »C-Star«, allerdings wurden nicht sehr viele Luftschiffe dieses Typs gebaut.

Mit der Klasse der North Sea-Luftschiffe wurde eine nochmalige Leistungssteigerung bei den englischen Pralluftschiffen erreicht, mit einer 10 Mann starken Besatzung konnten die North Sea-Luftschiffe bis zu 30 Stunden in der Luft bleiben und dabei bis zu 3200 km zurücklegen. Sie waren eine abermalige Weiterentwicklung des Astra-Torres-Prinzips mit verbesserter Stromlinienform der Hülle, die über 6 Ballonetts verfügte. Zunächst wurden 2 Rolls-Royce-Motoren von je 250 PS eingebaut, später kamen FIAT-Motoren ähnlicher Leistung zum Einbau. Die Motoren wurden separat von der Gondel angeordnet. Mit diesem Luftschifftyp besaß die englische Marine ein für die Eskortierung von Geleitzügen bestens geeignetes Mittel, das diese so gut beschützte, daß es zu keinen Schiffsverlusten kam, wenn Luftschiffe zur Überwachung eingesetzt wurden.

Das englische Heer zeigte ebenfalls Interesse am Luftschiff, und im Jahre 1902 wurden bescheidene Mittel zur Verfügung gestellt, um im Rahmen der Ballon-Abteilung erste Versuche anzustellen hinsichtlich der Klärung verschiedener technischer Aspekte beim Bau

Das erste britische Armee-Luftschiff »Nulli Secundus« in seiner zweiten Ausführung 1908 bei einem Aufstieg. Es war ein halbstarres Luftschiff und wurde in Farnborough gebaut.

eines Luftschiffes. Von dem Geld wurden zwei Hüllen aus Goldschlägerhaut angefertigt für Versuchszwecke, die aber nach Beendigung der Versuche zunächst keine Verwendung mehr fanden. Die treibende Kraft hinter den Luftschiffplänen des Heeres war Colonel James L. B. Templer, der 1879 im Auftrage des Kriegsministeriums in Chatham eine Luftschifferlehranstalt eingerichtet hatte, die 1891/92 nach Aldershot verlegt wurde. In Aldershot entstand außerdem die Ballon-Fabrik der Armee. Im nicht weit davon entfernten Farnborough wurde mit dem Bau einer Luftschiffhalle im Jahre 1904 begonnen — es ist der Beginn der späteren staatlichen Luftfahrtforschungsanstalt, dem Royal Aircraft Establishment, und Ort der großen Luftfahrtschau.

»Nulli Secundus« hieß das erste englische Militärluftschiff, das nach einem Entwurf von Colonel Templer 1907 fertiggestellt wurde; es hatte einen zylinderartig geformten Tragkörper mit abgerundetem Bug und Heck, unter dem ein Traggerüst angebracht war, an dem die Gondel befestigt wurde. Die Hülle bestand aus dem 1902 verwendeten Versuchsmaterial und besaß kein Ballonett. Als Antrieb diente ein 50 PS leistender Antoinette-Motor, der 2 seitlich angebrachte Propeller antrieb. Die Motorinstallation und die Gerüstkonstruktion für die Propeller waren ein Entwurf von Samuel Franklin Cody, der bereits den manntragenden Drachen als Beobachtungsplattform bei der englischen Armee entworfen hatte und später die ersten erfolgreichen Flugzeuge in England baute. Das Luftschiff besaß in der ersten Ausführung ein Volumen von 1420 m^3 und eine Länge von 37,2 m bei einem Durchmesser von 7,6 m. Am hinteren Teil des Kielgerüsts befanden sich Vorrichtungen für die Seiten- und Höhensteuerung, eine weitere Höhensteuervorrichtung war am Bug des Gerüsts vorhanden.

Am 10. September 1907 wurde der erste noch gefesselte Aufstieg unternommen, bei dem das offiziell als »Armee-Luftschiff Nr. 1« bezeichnete Luftschiff bis auf 45 m Höhe stieg. Es schlossen sich weitere gefesselte kurze Aufstiege unmittelbar an, die ein zufriedenstellendes Verhalten des Luftschiffes zeigten. Daraufhin entschloß Colonel Templer sich zum freien Aufstieg, der ebenfalls erfolgreich verlief. Einige weitere Aufstiege folgten in den nächsten Wochen. Am 5. Oktober fuhr Nulli Secundus von Farnborough aus nach

Bei Vickers entstand ebenfalls das Luftschiff 23, es besaß eine Kabine mittschiffs wie die deutschen Delag-Luftschiffe und wurde 1917 geliefert.

worden war, wurde bereits am 16. August beim Brand des Hangars, in dem es lag, vernichtet. R 29 unternahm von der Basis East Fortune am Firth of Forth in Schottland zahlreiche Aufklärungsfahrten und war an der Vernichtung des deutschen U-Boots UB 115 am 29. September 1918 entscheidend beteiligt. Im Oktober 1919 wurde es abgerüstet.

Die beiden Luftschiffe R 31 und R 32 wurden anstelle der stornierten Luftschiffe R 28 und R 30 gebaut. Hersteller war die Firma Short Brothers in dem von ihnen auf Wunsch der Regierung errichteten Zweigwerk in Cardington in Bedfordshire. Short Brothers ist das älteste englische Flugzeugwerk und lieferte im 1. Weltkrieg Marinekampfflugzeuge, bevor der Auftrag zum Bau der beiden Luftschiffe erteilt wurde, bei denen es sich um Kopien von den deutschen Schütte-Lanz-Luftschiffen handelte, deren Pläne ein ehemaliger Angestellter der Firma mit nach England bringen konnte.

Diese beiden Luftschiffe wurden im August 1918 und September 1919 fertiggestellt und ausgeliefert. R 31 erreichte eine unerwartet hohe Geschwindigkeit, allerdings zeigte es sich auch, daß der Treibstoffverbrauch höher als geplant war. Daraufhin wurde eine der hinteren Gondeln mit einem Motor ganz entfernt und eine weitere Gondel direkt unter dem Luftschiff statt wie ursprünglich an der Seite angebracht. Auch mit 5 Motoren erzielte R 31 eine zufriedenstellende Leistung und wurde am 6. November von der Marine übernommen und am selben Tag für die Überführung nach East Fortune, dem vorgesehenen Standort, vorbereitet. Dort kam das Luftschiff aber nie an, denn während der Fahrt brachen einige der geleimten Verbindungsstellen zwischen den Trägern des hölzernen Gerippes und das Ende der Überführung war eine Notlandung auf dem an der Ostküste Englands gelegenen Luftschiffhafen Howden, wo es den noch nicht wieder völlig hergestellten Hangar zugewiesen bekam, in dem einige Monate vorher das Luftschiff R 27 verbrannt war. Hier verblieb R 31 für die nächsten Monate, ohne daß man sich viel um das Luftschiff kümmerte. Regen und Feuchtigkeit drang durch das teilweise offene Dach des Hangars und beschädigten Hülle und Gerippe so sehr, daß es nach einer Inspektion demontiert wurde, da ein Wiederaufbau als nicht mehr möglich angesehen wurde. Insgesamt hatte das Luftschiff gerade 9

Die Firma Short Brothers, eines der ältesten Flugzeugwerke der Welt mit heutigem Sitz in Belfast, baute anhand aus Deutschland herausgeschmuggelter Pläne der Schütte-Lanz-Luftschiffe in der neu errichteten Luftschiffwerft in Cardington die Luftschiffe R 31 und R 32 ebenfalls mit hölzernem Gerippe. R 31 war 187 m lang und 19,9 m im Durchmesser. Es enthielt 21 Gaszellen. Der erste Aufstieg erfolgte im August 1918, nach nur 9 Stunden in der Luft wurde es bereits im November 1918 außer Dienst gestellt.

Flugstunden erreicht, ein deutliches Zeichen der negativen offiziellen Einstellung dem Starrluftschiff gegenüber!

Das zweite bei Short in Cardington gebaute Luftschiff R 32 besaß von Anfang an nur 5 Motoren, es wurde am 3. September 1919 in Dienst gestellt und bis Oktober 1920 für eine Reihe von Experimenten benutzt, bis es als Trainingsschiff für die amerikanische Marine-Besatzung eingesetzt wurde, die das englische Luftschiff R 38 übernehmen sollte. Nach Abschluß dieser Aufgabe wurde es nach insgesamt 260 Flugstunden am 27. April 1921 in Howden bei einem Belastungstest bis zum endgültigen Bruch des Gerippes zerstört.

Mit dem letzten von Short entworfenen, aber nicht mehr komplett gebauten Luftschiff R 38 verband sich eine der dramatischsten Katastrophen der englischen Luftfahrt nach dem 1. Weltkrieg. Mit dem Bau wurde Short im September 1918 beauftragt. Es war basierend auf der Technik der bei Angriffsfahrten gegen England abgeschossenen deutschen Höhen-Zeppeline entwickelt worden. Bei der Analyse der neuen deutschen Bautechnik und ihrer Anwendung im englischen Luftschiffbau wurde aber übersehen, daß diese Neubauten aufgrund ihres leichteren Gerippes sehr sorgfältig gesteuert werden mußten, um ein Zerbrechen zu verhindern.

Im April 1919 wurden die von Short in Cardington mit einem staatlichen Darlehen errichteten Werftanlagen vom Luftfahrtministerium übernommen und als Royal Airship Works weitergeführt. Teile der alten Belegschaft verblieben allerdings in Cardington und arbeiteten weiter an der Fertigstellung von R 38.

Am 24. Juni 1921 stieg R 38 erstmals auf, es trug die englische Bezeichnung, war aber während der Bauarbeiten bereits an die amerikanische Marine verkauft worden, die das Luftschiff nach Beendigung der Abnahmefahrten als ZR-2 in Dienst stellen wollte.

Die ersten Fahrten verliefen abgesehen von einigen kleineren Unregelmäßigkeiten und Abänderungen zufriedenstellend. Am 23. August startete R 38 zur vierten Fahrt mit 44 Mann an Bord, unter ihnen ein Großteil

Mit dem Luftschiff R 34, einer Kopie des erbeuteten Zeppelin-Luftschiffes L 33, konnte 1919 die erste direkte Nordatlantik-Überquerung in beiden Richtungen durchgeführt werden — trotzdem fand das Starrluftschiff in England wenig Befürworter.

der vorgesehenen amerikanischen Besatzung. In den Nachtstunden wurden Flugmanöver über der Nordsee durchgeführt, am Morgen wurde die englische Küste wieder angesteuert. Jetzt begann eine Serie von Hochgeschwindigkeitstests verbunden mit scharfen Kursänderungen, denen die Struktur des Luftschiffes nicht mehr gewachsen war. Aus 750 m Höhe stürzte es nach dem Zerbrechen brennend nahe der Ortschaft Hull in den Humber-Fluß, 39 Mann der Besatzung verloren ihr Leben.

Das bedeutete das Ende der englischen Militärluftschiffahrt, die zwei Jahre vor diesem Unglück einen großen Erfolg erringen konnte, als das Luftschiff R 34, das von der Firma Beardmore erbaut worden war, erstmals den Nordatlantik in beiden Richtungen überquerte.

Dieses Luftschiff wurde von der Admiralität an das Luftfahrt-Ministerium überstellt, um die Möglichkeit eines transatlantischen Luftschiffverkehrs unter Beweis zu stellen und somit dem Starrluftschiff in England eine Zukunft zu geben. Mit 22 Mann Besatzung startete R 34 am 2. Juli 1919 in East Fortune und landete nach einer Fahrt von 108 Std. 12 Min. in Mineola in der Nähe von New York. Zur Rückfahrt wurde bereits am 9. Juli angetreten und nach 75 Stunden landete das Luftschiff bereits auf dem Stützpunkt Pulham — die großen Hoffnungen für zukünftige Verkehrsverbindungen mit Luftschiffen erfüllten sich trotz der Leistung nicht.

Bisher waren die englischen Starrluftschiffe mehr oder weniger geglückte Kopien deutscher Luftschiffe, erst mit dem Bau des Luftschiffes R 80 durch die Firma Vickers änderte sich diese Tendenz. Dieses Luftschiff war von Barnes Wallis zwar auf der Basis der Zeppelin-Luftschiffe entworfen worden, es besaß aber eine sehr günstige aerodynamische Form, die sich von der bislang vorherrschenden bleistiftähnlichen Form der englischen Luftschiffe positiv abhob. Die Größe dieses Luftschiffes war bestimmt durch die gegebenen Dimensionen des Bauhangars der Vickers-Werft auf Walney Island und fiel aus diesem Grunde geringer aus als wünschenswert gewesen wäre. Trotzdem zeigte es beachtliche Leistungen bei der Erprobung und war mit seiner Geschwindigkeit von rd. 100 km/std das schnellste englische Luftschiff. Als Antrieb dienten 4

R 80 war das erste in England entworfene Luftschiff, das eine günstige Stromlinienform besaß. Es wurde von Barnes Wallis entworfen und von Vickers in Barrow gebaut. Der erste Aufstieg erfolgte am 19. Juli 1920, die letzte Fahrt führte es am 20. September 1921 durch. Das Luftschiff erreichte lediglich 73 Flugstunden. Die Länge betrug 163 m, der Durchmesser 21,3 m.

Wolseley-Motoren von je 230 PS, die in zwei stromlinienförmig verkleideten Gondeln und der Führergondel untergebracht worden waren.

Am 19. Juli 1920 führte dieses Luftschiff seinen ersten Aufstieg durch und stellte seine guten Eigenschaften heraus, nur bestand zu diesem Zeitpunkt kein offizielles Interesse mehr am Einsatz von Luftschiffen. Nach mehreren Erprobungsfahrten überstellte die Marine das Luftschiff R 80 an die englische Luftwaffe, deren Interesse am Einsatz von Luftschiffen gleichfalls sehr gering war. Für die amerikanische Besatzung des Luftschiffes R 38 wurde es einige Male zu Trainingsfahrten eingesetzt, nach der Katastrophe dieses Luftschiffes lag R 80 mehrere Jahre ungenutzt im Hangar und wurde 1924 abgewrackt. Insgesamt hatte es sich nur 73 Stunden lang in der Luft befunden.

Das Ende der militärischen Luftschiffahrt in England nach der R 38-Katastrophe bedeutete indes noch nicht das Ende aller Bestrebungen, Luftschiffe für den Verkehr zwischen den weit voneinander entfernten Teilen des britischen Empire einzusetzen. Insbesondere die Firma Vickers war am Aufbau eines Luftverkehrs mit Luftschiffen über weite Distanzen interessiert und unterbreitete verschiedene Vorschläge über Passagierluftschiffe, die aber kein Interesse hervorriefen. Erst als 1922 durch Commander C. D. Burney, der mit der Firma Vickers in Verbindung stand, ein Vorschlag unterbreitet wurde, der einen Liniendienst nach Indien und Australien per Luftschiff beinhaltete, wurde das letzte Kapitel des englischen Starrluftschiffbaus eingeleitet. Der Vorschlag sah vor, eine private Luftschifflinie zu betreiben, die alle staatlichen Luftschiffeinrichtungen übernehmen sollte und dafür einen jährlichen staatlichen Zuschuß erhielt. Träger dieser Gesellschaft sollten die Firmen Vickers und die Shell-Gruppe sein. Um dem Plan einen gewissen Nachdruck zu verleihen, gründeten Vickers und Commander Burney die Airship Guarantee Company als eine Vickers-Tochtergesellschaft.

Die neugewählte Labour-Regierung stand diesem Plan nach sorgfältiger Prüfung und verschiedenen Änderungen positiv gegenüber und beteiligte sich nun ihrerseits am Aufbau der Luftschifflinien nach Indien und Kanada, indem sie die Errichtung von Ankermasten,

Nach 64 Stunden in der Luft sichtete die Besatzung der »America« den Dampfer »Trent« und ging in dessen Nähe auf dem Wasser nieder, eine sicherlich gute Entscheidung! Auf dem Bild ist das unter dem Luftschiff vorsorglich angebrachte Rettungsboot mit den 6 Mann zu erkennen.

nach Atlantic City verschifft, wo am 9. August 1910 mit dem Aufbau begonnen wurde, der sich bis zum 12. Oktober hinzog. Als das Luftschiff endlich fertig war, beging Wellman wieder den Fehler, der schon wesentlich zum Scheitern der Polarfahrten beigetragen hatte — er unterließ es, das Luftschiff gründlich zu testen, vielmehr setzte er die Abfahrt auf den 15. Oktober fest, nur 3 Tage nach der Beendigung des Aufbaus.

Große technische Änderungen hatte das Luftschiff nicht erfahren, allerdings war die Hülle vergrößert worden, sie wies jetzt eine Länge von 69,5 m und einen Durchmesser von 15,85 m bei einem Volumen von 9765 m^3 auf. Als Antrieb dienten 2 Motoren von je 80 PS, einmal war es der alte französische Lorraine-Dietrich-Motor, der schon bei den Polarfahrten eingebaut war, neu hinzugekommen war ein britischer E.N.V.-Motor. Für die 4 Propeller hatte Vaniman einen Schwenkmechanismus entwickelt. Unter der Hülle hing wieder der Equilibrator, neu war das Rettungsboot mit einem Marconi-Telegraphengerät und Notproviant. Über eine Leiter konnte das Rettungsboot jederzeit betreten werden.

Mit 6 Mann und einer eingeschmuggelten Katze an Bord stieg die überladene »America« am Morgen des 15. Oktober zur Atlantiküberquerung auf, aber statt in Europa anzukommen, landete es nach verschiedenen Motorschwierigkeiten, zeitweise ausgefallener Steuerung, Gasverlust durch falsche Höhenmanöver und abermaligem Ärger mit dem hinter dem Luftschiff im Wasser herschleifenden Equilibrator und vom Wind nach Süden abgetrieben im Atlantik nach 64 Stunden in der Nähe des Frachters »Trent«. Das Rettungsboot kam glatt zu Wasser, alle Insassen einschließlich der Katze konnten gerettet werden, das Luftschiff jedoch verschwand auf Nimmerwiedersehen über dem Atlantik. Wellman hatte zwar 1 625 km zurückgelegt und den bestehenden Dauerrekord im Flugwesen gebrochen, sonst hatte er nichts erreicht und es war das letzte Mal, daß er sich in der Luftfahrt betätigte.

Sein Mechaniker Vaniman ließ sich 1911 von der Firma Goodyear ein Luftschiff bauen für einen neuerlichen Versuch den Atlantik zu überqueren, aber auch er hatte kein Glück, denn das auf den Namen »Akron« getaufte Luftschiff explodierte bei einer Probefahrt am 2. Juli 1912 nahe Atlantic City, wobei er und seine 3 Mitfahrer ums Leben kamen.

Das erste bei Goodyear im Auftrag von Melvin Vaniman, dem Gehilfen von Wellman, gebaute Luftschiff entstand im Jahre 1911. Es trug den Namen »Akron« und sollte für einen neuerlichen Versuch eingesetzt werden, den Atlantik von den USA nach Europa im Luftschiff zu überqueren. Es explodierte am 2. Juni 1912 bei einem Probeaufstieg.

Offizielles Interesse am Einsatz von Luftschiffen erwachte in den USA, als die Marine 1917 in Erwartung des baldigen Kriegseintritts der USA und unter dem Eindruck der Leistungen der englischen Pralluftschiffe bei der Küsten- und U-Boot-Überwachung 16 Pralluftschiffe in Auftrag gab. Zwar war bereits 1915 ein Auftrag auf ein Pralluftschiff für Studienzwecke der Marine bei der Connecticut Aircraft Company erteilt worden, das die Bezeichnung DN-1 erhielt. Es wurde aber erst im April 1917 geliefert, führte am 20. April seinen ersten und am 29. April seinen dritten und zugleich letzten Aufstieg durch und wurde anschließend als unbrauchbar demontiert.

Die Aufträge für die ersten 16 Serien-Pralluftschiffe ergingen an die Firma Goodyear für 9, an die Firma Goodrich für 5 und wiederum an die Connecticut Aircraft Company für 2 Exemplare. Von diesen jeweils unterschiedlichen Luftschiffen bewährten sich die von Goodyear erbauten am besten. Goodyear lieferte der Marine allein zwischen 1917 — 1960 244 Pralluftschiffe und 2 Starrluftschiffe, zwischen 1919 — 1933 an das Heer 22 Pralluftschiffe sowie ein Halbstarrluftschiff, das als RS-1 bezeichnet wurde und am 8. Januar 1926 erstmals aufstieg. Waren die ersten 16 Luftschiffe hauptsächlich für Trainingsaufgaben gedacht, so wurden die als nächstes bestellten 10 C-Luftschiffe für Küstenüberwachung und Begleitung von Schiffsverbänden verwendet. 6 dieser C-Luftschiffe baute wiederum Goodyear, 4 Goodrich. Mit diesen Luftschiffen wurden verschiedene interessante Experimente ausgeführt, wie der Start eines unter der Hülle befestigten Flugzeuges und Auftanken auf dem offenen Meer von einem Schiff aus. In der Zeit vom 14.— 15.Mai 1919 fuhr das Luftschiff C-5 nonstop von New York nach Neufundland, um von dort aus den Nordatlantik zu überqueren, allerdings riß es ein Sturm vom Ankermast in St. John's und trieb es auf das offene Meer hinaus. Das Luftschiff C-7 war das erste, das am 1. Dezember 1921 mit Helium gefüllt startete anstelle des bislang benutzten Wasserstoffs. Nach dem erfolgreichen Abschluß der Versuche mit Heliumfüllung wurde angeordnet, nur noch dieses Gas für die Militärluftschiffe der USA zu verwenden. Durch die Katastrophe des Heeresluftschiffes »Roma« am 21. Februar 1922 wurde die Notwendigkeit dieser Anordnung dramatisch unterstrichen.

Das Goodyear-Kleinluftschiff »Pilgrim« aus dem Jahre 1925 war das erste Prallluftschiff, das für Heliumfüllung konstruiert wurde. Es wurde als »Luft-Yacht« propagiert und konnte zusätzlich zu dem Piloten 2 Passagiere in der kleinen Gondel tragen.

Eines der frühen Reklame-Luftschiffe der Firma Goodyear, NC 8 A »Volunteer« (Typ GZ-3), das von 1929—1939 im Dienst stand und in Los Angeles stationiert war.

Typentafel der von Goodyear im 2. Weltkrieg an die US Navy gelieferten Luftschiffe.

Eines der an das amerikanische Heer gelieferten Goodyear-Luftschiffe TC-13 beim Aufstieg.

Noch einmal teilten sich die Firmen Goodyear und Goodrich einen Auftrag über Luftschiffe für die Marine, als 1919 von der D-Serie 3 von Goodyear und 2 von Goodrich geliefert wurden. Goodyear lieferte 2 weitere Luftschiffe in diesem Jahr, je eines der E- und der F-Serie, die aber Einzelmodelle blieben. Von nun an war Goodyear alleiniger Hersteller aller Serienluftschiffe für die Marine.

Es folgten Luftschiffe der G-, H- und J-Serien, von denen jedoch nur immer geringe Stückzahlen geliefert wurden. Erst mit dem Erscheinen der K-Serie ab 1938 gab es eine größere Anzahl von Luftschiffen für Patrouilleneinsätze. Sie wurden von 2 Pratt & Whitney R-1340 Wasp-Motoren von je 550 PS angetrieben, die Besatzung bestand aus 3 Offizieren und 9 Mann. Insgesamt wurden 134 Luftschiffe dieser Serie geliefert, die teilweise modifiziert bis in die fünfziger Jahre hinein im Dienst standen.

Als Trainingsluftschiffe wurden für die Marine ab 1937 13 Luftschiffe der L-Serie beschafft, von denen einige allerdings keine Neubauten waren, sondern aus der Goodyear-Reklameflotte übernommen wurden.

Die K- und L-Luftschiffe hatten ein Volumen zwischen 11000 bis 12000 m^3, ihre Geschwindigkeit betrug 75 km/std und sie hatten eine Reichweite von 3000 km. Im Mai 1944 wurden 6 K-Luftschiffe auf dem Luftwege von der Ostküste der USA nach Französisch-Marokko in 60 Stunden Flugzeit überführt, um anschließend im westlichen Mittelmeerraum zur U-Boot-Überwachung und für Minenräumeinsätze herangezogen zu werden.

Im Oktober 1943 erhob sich das erste Luftschiff der neuen M-Serie in die Luft, die speziell für die U-Boot-Bekämpfung entwickelt worden waren und für die ein Auftrag über 22 Exemplare erteilt wurde. Nur 4 wurden geliefert, da die deutsche U-Boot-Gefahr stark zurückgegangen war. Die M-Luftschiffe zeichneten sich durch eine ungewöhnlich lange und dreigeteilte Gondel aus. Diese Bauweise war erforderlich, damit die Gondel sich den Biegungen der Hülle anzupassen vermochte. Bis 1956 stand das letzte M-Luftschiff im Dienst. Sie hatten ein Volumen von 20500 m^3, besaßen eine Geschwindigkeit von 125 km/std und verfügten über eine große Reichweite.

Es waren die letzten noch während des Krieges georderten Luftschiffe für die Marine. Bei Kriegsende standen bei der amerikanischen Marine 168 Blimps, wie diese Pralluftschiffe genannt wurden, im Dienst, es

Für die über dem Atlantik errichtete Frühwarnkette standen riesige Pralluftschiffe von Goodyear im Einsatz. Das Bild zeigt die Anordnung der Radarantenne in einem ZPG-3W-Luftschiff.

waren G- und L-Luftschiffe für Trainingsaufgaben, die aber kurze Zeit später außer Dienst gestellt wurden, sowie mehrheitlich K-Luftschiffe, die teilweise modifiziert und vergrößert wurden und neue Klassen bildeten. Der erste Neubau eines Luftschiffes für die Marine der USA nach dem 2. Weltkrieg trug bei der Auslieferung 1951 noch die N-Serien-Bezeichnung. Im Zuge der Umstellung der Typenbezeichnungen der Marine für ihre Flugzeuge und Luftschiffe im Jahre 1954 bekam es die neue Bezeichnung ZGP-1 und bildete den Prototyp einer Reihe unterschiedlich bezeichneter Serien von Langstreckenaufklärungs- und Frühwarnluftschiffen, die über der hohen See eingesetzt wurden. Diese Luftschiffe trugen in ihrem Rumpf teilweise bis zu 12 m große Radarantennen sowie umfangreiche Elektronikausrüstung in der großen Gondel. Sie besaßen eine lange Fahrtdauer und es war möglich, die Besatzungen durch Begleitschiffe auszutauschen und Treibstoff sowie Verpflegung auf hoher See zu übernehmen. Der Dauerrekord des ZPG-2 »Snowbird« vom 4.— 15. März 1957, bei dem in etwas über 264 Stunden ohne Nachtanken eine Strecke von 15211 km zurückgelegt wurde, besteht noch heute.

Letzte Steigerungsstufe dieser riesigen Pralluftschiffe waren die 4 zwischen 1958—1960 gelieferten ZPG-3W, die eine Länge von 131 m aufwiesen und 130 km/std schnell waren. 2 Wright R-1820 Cyclone-Motoren von je 1525 PS trieben diese Riesenblimps an, die bis zu 21 Mann Besatzung an Bord hatten und ebenfalls für die Frühwarn- und Radaraufklärung eingesetzt wurden. Am 6. Juli 1960 verunglückte eines dieser Luftschiffe über dem Atlantik durch Zusammenbrechen der Hülle, 15 Mann der Besatzung kamen ums Leben. In der Zwischenzeit standen moderne Radaraufklärungs- und Frühwarnflugzeuge zur Verfügung, die die Aufgaben der Luftschiffe übernahmen — am 28. Juni 1961 wurde der Einsatz von Luftschiffen seitens der Marine eingestellt.

Die amerikanische Armee erhielt zwischen 1919—1933 von Goodyear 23 Luftschiffe einschließlich dem bereits erwähnten Halbstarrluftschiff RS-1 und setzte sie für Trainings- und Beobachtungsaufgaben sowie eine Vielzahl von Experimenten ein, ohne daß es zu dem großen Gebrauch von Luftschiffen kam, wie bei der Marine.

Die amerikanische Marine besaß außer den zahlrei-

Eines der riesigen Frühwarnluftschiffe des Typs ZPG-3W, von denen 4 Stück gebaut wurden, am Ankermast. Es waren die größten je gebauten Pralluftschiffe, gleichzeitig auch die letzten Luftschiffe, die von der US Navy in Dienst gestellt wurden.

chen Blimps 5 Starrluftschiffe, von denen je eines in England und Deutschland und 3 in den USA gebaut wurden.

Das erste Starrluftschiff war die ZR-1 »Shenandoah«, es wurde auf der Marinewerft in Philadelphia in seinen Einzelteilen erbaut, die anschließend zur Endmontage nach Lakehurst transportiert werden mußten, da es nur dort einen entsprechend großen Luftschiffhangar gab. Der Entwurf des Luftschiffes basierte auf dem deutschen Höhenluftschiff L 49 der Zeppelinwerke, das im Oktober 1917 über Frankreich zur Notlandung gezwungen wurde und von der Besatzung nicht mehr rechtzeitig zerstört werden konnte, so daß es fast unbeschädigt dem Feind in die Hände fiel.

5 Packard-Motoren von je 300 PS trieben das Luftschiff an, das am 4. September 1923 erstmals aufstieg. Im Entwurf war noch Wasserstoffüllung vorgesehen gewesen und war entsprechend der Tragkraft dieses Gases ausgearbeitet worden. Durch die früher getroffene Entscheidung, ausschließlich Helium zur Füllung aller militärischen Luftschiffe der USA zu benutzen, wurde dieses Gas verwendet, so daß wegen der geringeren Tragfähigkeit des Heliums die errechneten Leistungen nicht voll erbracht werden konnten. Dennoch zeigte das Luftschiff zufriedenstellende Leistungen bei seinen 57 Fahrten. Sein Haupteinsatzzweck sollten Beobachtungs- und Überwachungsfahrten über der offenen See sein, hauptsächlich wurden aber Tests mit der ZR-1 durchgeführt, zu denen das Ankern am Mast an Bord eines Kriegsschiffes gehörte.

Aus Gewichtsersparnisgründen und zum Vermeiden des Abblasens des teuren und nur begrenzt zur Verfügung stehenden Heliums waren eine Anzahl der Abblasventile an den Gaszellen entfernt worden. Hierin dürfte einer der Hauptgründe zu sehen sein, die am 3. September 1925 über dem Bundesstaat Ohio zum Auseinanderbrechen und Absturz führten. Das Luftschiff sollte verschiedene Städte überfahren, in denen große Herbstfeiern stattfanden und geriet dabei in eine äußerst turbulente Gewitterfront, der es nicht mehr ausweichen konnte, so daß es von den Böen aus der normalen Höhe um über 1 000 m hinaufgeschleudert wurde und über die Prallhöhe gelangte. Jetzt konnte das Helium nicht rasch genug abgeblasen werden, so daß die Gaszellen unter dem enormen Druck des sich plötzlich ausdehnenden Gases zerplatzten und das

Die Starrluftschiffe ZR I »Shenandoah« und ZR III »Los Angeles« (LZ 126) im Hangar in Lakehurst. Die »Shenandoah« hatte eine Länge von 207 m und einen Durchmesser von fast 24 m. Nur ZR III ist mit Helium gefüllt, das in den zwanziger Jahren noch so knapp war, daß es nicht möglich war, beide Luftschiffe gleichzeitig einzusetzen.

Gerippe zerbrach. Von den 43 Mann an Bord fanden 14 den Tod, die anderen konnten durch geschicktes Manöverieren mit den langsam herabfallenden Wrackteilen des Luftschiffes gerettet werden.

Das Luftschiff ZR-2 wurde in England als R 38 gebaut und noch vor Beendigung des Baues durch die amerikanische Marine angekauft. Bei einem Hochgeschwindigkeitsversuch kurz vor der Abnahme zerbrach es in der Luft über dem Humber mit hohen Verlusten an Menschenleben, unter denen sich zahlreiche amerikanische Besatzungsangehörige befanden, die das Luftschiff in die USA überführen sollten.

Als Kriegsbeute war der amerikanischen Marine die Übergabe von 2 Zeppelin-Luftschiffen zugestanden worden, die sie aber nicht erhielt, da diese und andere Luftschiffe durch Sabotageakte zerstört wurden, bevor sie ausgeliefert werden konnten.

Als Ersatz wurde bei den Zeppelinwerken das Luftschiff LZ 126 gebaut, das nach der Überführung in die USA als ZR-3 bezeichnet und auf den Namen »Los Angeles« getauft wurde. Von der Auslieferung nach der Atlantiküberquerung im Oktober 1924 von Friedrichshafen aus nach Lakehurst bis zur endgültigen Demontage Ende 1939 führte dieses Luftschiff zahlreiche Fahrten und Experimente für die amerikanische Marine durch und trug durch seine Zuverlässigkeit wesentlich dazu bei, das durch den Verlust der »Shenandoah« und R 38 verlorengegangene Vertrauen in die Zuverlässigkeit des Starrluftschiffes wieder herzustellen. Als herausragende Persönlichkeit hatte der Commander und spätere Vize-Admiral Charles E. Rosendahl durch seine über 330 Fahrten mit dem ZR-3 wesentlichen Anteil an diesem Meinungsumschwung.

Dem nach dem 1. Weltkrieg in seiner Existenz gefährdeten Luftschiffbau Zeppelin gelang es durch Erhalt des Bauauftrages für das Luftschiff LZ 126/ZR-3 die Demontage der Werftanlagen zu verhindern und darüber hinaus durch die Gründung der Goodyear-Zeppelin Corporation 1923 als eine deutsch-amerikanische Firma unter der Leitung des Goodyear-Präsidenten Paul W. Litchfield enge Geschäftsverbindungen mit amerikanischen Finanzkreisen herzustellen mit der Absicht eine gemeinsame Gesellschaft aufzubauen für den Transatlantikverkehr mit Luftschiffen, die sowohl

Von 1924—1939 existierte das in Friedrichshafen gebaute Luftschiff LZ 126, bei der US Navy als ZR III »Los Angeles« geführt. Es führte zahlreiche erfolgreiche Fahrten durch, bis es ab 1935 nur noch für Versuche im Hangar und am Ankermast benutzt wurde. Ende 1939 wurde es demontiert.

in Deutschland als auch in den USA gebaut werden sollten. Von der Zeppelin-Werft in Friedrichshafen übersiedelte der Chefkonstrukteur Dr. Karl Arnstein mit 12 Mitarbeitern nach Akron/Ohio, dem Sitz der Firma Goodyear, und nahm die Vorbereitungsarbeiten zur Aufnahme des Starrluftschiffbaus auf, da auf diesem Gebiet keine Erfahrungen vorhanden waren.

Auf diese Weise bestens vorbereitet konnte die Goodyear-Zeppelin Corporation sich erfolgreich um den Bau von 2 Starrluftschiffen für die amerikanische Marine bewerben, die 1926 seitens der Regierung ausgeschrieben wurden zum Einsatz als Fernaufklärer der Flotte. 1928 erhielt Goodyear-Zeppelin's Angebot den Zuschlag unter insgesamt 37 Bewerbern.

Am 7. November 1928 begannen die Konstruktionsarbeiten für das erste der beiden Luftschiffe, das die offizielle Bezeichnung ZRS-4 und den Namen »Akron« erhielt.

Da von Anfang an feststand, daß das Luftschiff mit Helium gefüllt werden würde, gab es eine Reihe konstruktiver Neuheiten. Hierzu zählte in erster Linie der Einbau der 8 deutschen Maybach VL2-Motoren im Inneren des Luftschiffes, so daß anstelle großer außen angebrachter Motorgondeln lediglich kleine Gondeln im Rumpf anzubringen waren. Auf diese Weise konnte eine erhebliche Gewichtsersparnis erzielt werden, außerdem wurde der Luftwiderstand herabgesetzt. Die Propeller waren schwenkbar und wurden über ein System von Wellen angetrieben. Die Propeller ließen sich zum Abbremsen und Manövrieren sowie zum Auf-und Absteigen des Luftschiffes in die jeweils gewünschte Position schwenken und erleichterten die Handhabung des Luftschiffes auf diese Weise. Bereits in früheren Jahren waren Überlegungen angestellt worden zum Einbau der Motoren im Schiffsinneren, aber der hohe Aufwand für Feuerschutzeinrichtungen angesichts der großen Brandgefahr bei Wasserstoffüllung führte dazu, daß trotz mancher offensichtlicher Vorteile davon Abstand genommen wurde. Über der jeweiligen Motorenposition waren an der Außenhülle Kühler angeordnet worden zum Auffangen und Kondensieren der in den Motorabgasen enthaltenen Feuchtigkeit. Auf diese Weise ließ sich Ballastwasser erzeugen als Gewichtsausgleich für den verbrannten Treibstoff, so daß es

Die Goodyear-Zeppelin Corporation in Akron/Ohio baute für die amerikanische Marine 2 Starrluftschiffe, deren Chef-Konstrukteur Dr. Karl Arnstein vom Zeppelin-Luftschiffbau kam, der nach Amerika übersiedelte, nachdem es zu der gemeinsamen Firmengründung gekommen war. 1931 wurde das Luftschiff ZRS-4 »Akron« in Dienst gestellt, dessen Gaszellen mit 184 000 m³ Helium gefüllt waren und das eine Geschwindigkeit von 135 km/std entwickelte.

Als Antrieb der »Akron« dienten 8 Maybach-Motoren, die im Inneren des Luftschiffes in besonderen ▷ Kammern angeordnet waren. Die Kraftübertragung auf die Propeller geschah mittels langer Auslegerwellen, so daß auf diese Weise die Außenmotorgondeln vermieden werden konnten. Die Luftschrauben konnten geschwenkt werden und unterstützten das Manövrieren mit dem Luftschiff insbesondere bei der Landung.

Bordflugzeuge des Typs Curtiss F9C-2 »Sparrowhawk«, von denen die »Akron« und »Macon« je 4 im Flugzeughangar im Inneren des Luftschiffes und ein weiteres an einer Außenstation mitführen konnten. Beim Einsatz nur vom Luftschiff aus mit anschließender erneuter Übernahme mittels des Trapez wurde das Fahrgestell entfernt und eine Leistungssteigerung der Maschine erzielt. Die F9C-2 war ein Doppeldecker herkömmlicher Konfiguration, von der Bauweise her aber das erste Ganzmetallflugzeug der Curtiss-Werke.

Das Schwesterschiff der »Akron« war das nach deren Verlust in Dienst gestellte Luftschiff ZRS-5 »Macon«. Es wird hier beim Verlassen des Hangars zum ersten Aufstieg am 21. April 1933 gezeigt.

nicht nötig war, das teuere Helium abzublasen. Erstmals wurde im Inneren eines Luftschiffes ein Flugzeughangar für die Begleitschutzjäger eingerichtet, die mittels eines Trapez in der Luft sowohl gestartet als auch wieder an Bord genommen werden konnten. Zunächst wurden 6 Trainingsflugzeuge des Typs Consolidated N2Y für Übungseinsätze der Piloten beschafft, die von dem Typ Curtiss F9C-2 »Sparrowhawk« als den Einsatzflugzeugen abgelöst wurden. Auf der oberen Tragfläche dieser Doppeldecker befand sich ein Haken, der die Verbindung mit dem aus dem Luftschiff herabgelassenen Trapez herstellte, das die Flugzeuge herunterließ und nach Beendigung des Flugauftrages wieder an Bord nahm. Die Hauptringe wiesen eine neue Konstruktionsweise auf, indem sie als begehbare räumliche Träger ausgebildet waren, die ohne Verspannung in Abständen von 22,5 m eingebaut waren. Zwischen diesen Hauptringen waren jeweils 2 Zwischenringe angebracht. Das Innere des Luftschiffes war von 3 Laufgängen durchzogen. Unter dem Rumpf befand sich die Führergondel, eine weitere Kontrollkabine war in der unteren Seitenflosse eingerichtet worden. Alle weiteren Stationen und militärischen Einrichtungen befanden sich im Schiffsinneren.

Am 23. September 1931 führte das Luftschiff »Akron« seine erste Probefahrt aus, am 27. Oktober 1931 übernahm es die amerikanische Marine und stationierte es auf der Basis in Lakehurst.

In den folgenden zwei Jahren nahm die »Akron« an Flottenmanövern sowohl über dem Atlantik als auch dem Pazifik teil. Auf der 73. Fahrt geriet es am 4. April 1933 vor der Küste von New Jersey in einen schweren Sturm, der es auf das Meer hinabdrückte. Von den 76 Mann an Bord ertranken 73 in den eisigen Wassern des Atlantik. Unter den Toten befand sich Admiral William A. Moffett, der Chef der Marinefliegerei der USA. Die 4 Bordflugzeuge befanden sich zur Zeit des Unglücks nicht auf dem Luftschiff. Insgesamt belief sich die Flugzeit des Luftschiffes ZRS-4 »Akron« auf 1695,8 Stunden.

Das letzte Starrluftschiff der amerikanischen Marine mit der Bezeichnung ZRS-5 bekam den Namen »Macon«, es war eine Kopie der »Akron« mit einigen technischen Verbesserungen und Gewichtseinsparungen. Auch dieses Luftschiff wurde von 8 Maybach-Motoren angetrieben und besaß einen Flugzeughangar. Der erste Aufstieg erfolgte am 21. April 1933 in Akron/Ohio, am 23. Juni 1933 wurde es von der Marine offiziell übernommen und auf der neu errichteten Luftschiffbasis der Marine in Sunnyvale in Kalifornien stationiert, die zur Erinnerung an Admiral Moffett den Namen Moffett-Field erhielt. Gemeinsame Manöver mit der Pazifikflotte gehörten zu den hauptsächlichen Aufgaben des Luftschiffes, allerdings wurde der Einsatz von großen Starrluftschiffen von verschiedenen hohen Marineoffizieren zugunsten von Langstreckenflugbooten abgelehnt. Bei einer Fahrt über Texas in Richtung Karibik am 21. April 1934 geriet die »Macon« in ungewöhnlich turbulente Luftschichten, so daß 2 Träger nahe dem Heck brachen und ein weiterer beschädigt wurde. Trotz der Beschädigungen erreichte es das Ziel Opa-Locka in Florida, wo es am Ankermast befestigt wurde und von einer Reparaturmannschaft notdürftig wieder hergestellt wurde. Es wurde zwar beschlossen, die Struktur der Hauptträger im Heckbereich zu verstärken, sah die Ausführung aber nicht als dringend an; um den Einsatzplan des Luftschiffes nicht zu gefährden, sollten die Reparaturen lediglich während längerer Einsatzpausen durchgeführt werden. Mehrere Monate vergingen, während der das Luftschiff mit der Behelfsreparatur eingesetzt wurde. Das wurde der »Macon« zum Verhängnis. Als es am 12. Februar 1935 am Ende eines Flottenmanövers im Pazifik auf der Heimfahrt war, geriet es in eine Schlechtwetterzone vor der kalifornischen Küste auf der Höhe von Point Sur und wurde plötzlich von einer außergewöhnlich heftigen Bö gepackt, die das Luftschiff so stark hin und her riß, daß die obere Seitenflosse abgerissen wurde. Gleichzeitig brachen unter der Wucht der Bö die nur notdürftig reparierten Träger im Heckteil, die die 3 hinteren Gaszellen durchschlugen, die sich daraufhin schnell entleerten. Um den aufgetretenen Verlust an Auftrieb auszugleichen, wurde Befehl gegeben, die hinteren Treibstoff- und Ballasttanks abzuwerfen: erst dieser Befehl besiegelte das Schicksal der »Macon« endgültig. Das Luftschiff gewann mit aufgerichtetem Bug sehr schnell an Höhe und geriet über seine Prallhöhe hinaus, so daß automatisch große Mengen des Heliums abgeblasen wurden. Das führte wiederum dazu, daß das Luftschiff sich nicht länger schwebend halten konnte. Langsam sank die »Macon« mit noch immer aufgerichtetem Bug der Wasseroberfläche entgegen, die Besatzung hatte Zeit, sich auf den Aufprall vorzubereiten und die Schwimmwesten anzulegen. Von den 83 Mann an Bord konnten eine halbe Stunde später 81 von herbeieilenden Rettungsschiffen geborgen werden, 2 Mann fanden den Tod.

Mit dem Verlust des letzten operationellen Starrluftschiffes der amerikanischen Marine, der durch rechtzeitige Ausführung der notwendigen Reparaturarbeiten hätte vermieden werden können, ging eine Ära zu Ende. Trotz eine Reihe neuer Luftschiffprojekte für die Marine wurde in den USA kein neues Starrluftschiff mehr gebaut. Das im Hangar von Lakehurst inaktiv liegende Luftschiff »Los Angeles« wurde noch für Versuche mit dem Ankermast herangezogen, es stieg aber nie mehr auf und wurde Ende 1939 endgültig demontiert. Langstreckenflugboote übernahmen die Aufgaben der Starrluftschiffe bei der amerikanischen Marine.

Außer den Goodyear-Pralluftschiffen und den großen Starrluftschiffen besaß die amerikanische Marine in dem Zeitraum von 1929 bis zur Demontage 1941 eines der ungewöhnlichsten Luftschiffe, das gebaut wurde. Es war das von der Aircraft Development Corporation in Detroit entwickelte und gebaute Ganzmetalluftschiff ZMC-2, dessen Entwurfsarbeiten bereits 1922 begannen und das von der Marine 1926 in einem Exemplar in Auftrag gegeben wurde.

Die Hülle dieses Luftschiffes bestand aus einer extrem dünnen Metallhaut, die von einer Anzahl quer laufender Metallrahmen und längsgerichteter Versteifungen gestützt wurde. Trotz des Aufbaus aus Metall zählte dieses Luftschiff nicht zur Kategorie der Starrluftschiffe, sondern war ein Pralluftschiff. Das Helium wurde in die mittels 3 000 000 Nieten in extrem kurzem Abstand voneinander gasdicht gehaltene Hülle gepumpt, 2 Ballonetts sorgten für den erforderlichen Druckausgleich.

Am Heck des dickbäuchigen Luftschiffes waren 8 Steuerflossen kreisförmig angeordnet. Als Antrieb dienten 2 an Streben außerhalb der kleinen Gondel angebrachte 220 PS starke Wright J-5 Whirlwind-Motoren, die dem Luftschiff eine Geschwindigkeit von etwa 100 km/std verliehen.

Am 20. August 1929 erfolgte der erste Aufstieg, nach weiteren 4 Aufstiegen, die die Befürchtungen zerstreuten, die Hülle wäre nicht genügend gasdicht, wurde das Luftschiff nach Lakehurst überführt. Es blieb ein Experimentalluftschiff, mit dem 752 Fahrten durchgeführt wurden, ein Beweis für die grundsätzlich richtige Konstruktionsweise, es konnte sich aber aus verschiedenen Gründen nicht gegen die normalen Blimps durchsetzen und wurde 1941 verschrottet.

Aus der Sicht des Historikers ist das Metalluftschiff ZMC-2 der späte Beweis für die Richtigkeit der Arbeiten von David Schwarz im ausgehenden 19. Jahrhundert, der hauptsächlich an der seinerzeit noch nicht vorhandenen Fertigungstechnik scheiterte.

Blick in das Innere des Ganzmetall-Luftschiffes ZMC-2, das für die amerikanische Marine als Experimentalluftschiff gebaut wurde. 3 Millionen Nieten sorgten für eine gasdichte Hülle, die aus einer extrem dünnen Metallhaut bestand. Das Bild zeigt die Montagearbeiten vor dem Einbringen des Ballonetts.

Der »Blech-Blimp« ZMC-2 kurz vor der Fertigstellung. 8 Steuerflossen waren kreisförmig am Heck angeordnet. Mit diesem Luftschiff wurden 725 Fahrten ausgeführt, bevor es verschrottet wurde, dennoch konnte sich die Bauweise nicht durchsetzen.

Teil II

Aus der Technik des Luftschiffes

Ein Pralluftschiff im Bau. Die Hülle des Parseval P.L. 13, der 1913 für das japanische Heer gebaut wurde, wird gefüllt, gleichzeitig wird an der Montage des Leitwerks gearbeitet.

Die drei Systeme

Das Luftschiff wird in einem alten, zeitgenössischen Lexikon wie folgt definiert: »Durch Gas entlastete Luftfahrzeuge, welche durch Propeller vorwärts getrieben werden. Zum Heben dient der Tragkörper, dessen Form verschieden ist. Die Mannschaft und die Antriebsmaschinen befinden sich in der Gondel, welche unter dem Tragkörper angebracht ist. Da der Tragkörper im allgemeinen langgestreckte Form hat, so muß er gegen das Einknicken gesichert werden. Beim starren System wird dies dadurch erreicht, daß der ganze Tragkörper als Träger ausgebildet ist; beim halbstarren, daß unter dem Gaskörper, der durch Luft aufgeblasen wird, ein die ganze oder fast die ganze Länge des Tragkörpers aufweisender Träger liegt. Oder es ist eine besondere, unter dem Versteifungsträger liegende Gondel vorgesehen. Beim unstarren System wird die Erhaltung der Form nur durch inneren Überdruck erreicht. Die Höhensteuerung geschieht fast allgemein durch besondere Höhensteuer, nur bei den größeren Parseval-Luftschiffen durch vorn und hinten angebrachte Ballonetts ...« (Braunbecks Sportlexikon, Ausg. 1912)

Mit diesen knappen Sätzen ist das Wesen des Luftschiffes in seinen wichtigsten Grundzügen charakterisiert, ohne in den zu dieser Zeit heftig ausgefochtenen Meinungskampf über Vor- und Nachteile der drei konkurrierenden Systeme einzugreifen. Jedes System besaß seine Vorteile und seine Nachteile und es war letztlich der vorgesehene Gebrauch, der dem einen oder anderen System den Vorzug gab. Für die strategische Fernaufklärung und den Bombenkrieg gegen England im 1. Weltkrieg sowie den Langstreckenverkehr von Kontinent zu Kontinent war das große Starrluftschiff das geeignete System, dagegen bewährte sich im Rahmen der taktischen Aufklärung in Frontnähe und insbesondere der Küstenüberwachung und U-Boot-Abwehr das kleinere und im Betrieb billigere Prall- und Halbstarrluftschiff am besten.

Was sind die hauptsächlichen Baumerkmale der drei Systeme, nach denen die Luftschiffe klassifiziert werden?

Das Pralluftschiff als das älteste System ist seinem Ursprung nach ein motorisierter Ballon, weshalb auch in der älteren Luftfahrtliteratur für diese Luftschiffe der Ausdruck »Motorballon« benutzt wird. In seinen Grundzügen besteht das Pralluftschiff aus einem länglichen Körper aus gummierter Leinwand — bei den heutigen Luftschiffen werden moderne Polyestergewebe hoher Dichtigkeit verwendet — zur Aufnahme des Gases, unter dem die Gondel mit dem Motor, dem Treibstoff, der Besatzung und der Zuladung angeordnet ist. Ein Problem ergab sich beim Prallhalten der Hülle durch den wechselnden Innendruck des Gases. Theoretisch kann die Hülle am Boden soweit mit Gas gefüllt werden, daß sie prall ist und ihre Form hält. Da das Gas sich aber unter den wechselnden Temperatur- und Luftdruckverhältnissen ausdehnt oder zusammenzieht, würde das Luftschiff nach dem Aufstieg in kurzer Zeit Gefahr laufen, daß die Hülle durch das sich ausdehnende Gas entweder zerrissen wird oder bei sich zusammenziehendem Gas nicht mehr länger prall gehalten werden kann und wie ein Taschenmesser einknicken würde — in beiden Fällen wäre das Luftschiff verloren. Aus diesem Grund enthalten Pralluftschiffe in der Hülle ein oder mehrere Ballonetts, oft auch als Luftsack bezeichnete gasdichte Körper, die durch ein Gebläse von außen mit Luft gefüllt werden und auf diese Weise den Innendruck konstant halten, indem sie sich der jeweiligen Gasdichte anpassen und entsprechend ausgleichen. Am Bug von Pralluftschiffen werden besondere Versteifungen eingezogen, die bei höherer Geschwindigkeit ein Eindrücken verhindern sollen. Die Gondel wird an besonderen Traggurten befestigt, die an der Hülle des Luftschiffes ihren Halt haben. Das richtige Befestigen der Gondel gehörte zu einem der schwierigen Probleme der Konstrukteure und leitete über zu den Luftschiffen in halbstarrer Bauweise, bei denen unterhalb der Hülle eine Versteifungskonstruktion in der Form eines Gitterträgers als Langgondel mit zahlreichen kurzen Seilen befestigt war, die einmal die mitzuführenden Lasten aufnahm und außerdem eine bessere Druckverteilung auf die Luftschiffhülle ergab. Auch beim Aufhängen der Langgondel gab es Verbesserungen, indem die Konstrukteure dazu übergingen, die Seile der Gondelaufhängung schräg durch die Hülle hindurchzuführen und am Scheitel der Hülle zu befestigen. Auf diese Weise war es möglich, die Gondel enger an die Hülle heranzuziehen und zu einer weiteren Verbesserung der Lastverteilung auf die Hülle zu kommen. Die zweite Kategorie der Halbstarrbauweise ist das Kielluftschiff, hier sorgt

Die Ballonfabrik Augsburg baute 1956 ein Pralluftsschiff für Werbeeinsätze. Die fertige und gefüllte Hülle ist mit dem Montagenetz überzogen, um ein unbeabsichtigtes Aufsteigen zu verhindern. Die Gondel ist noch nicht montiert worden.

Einbau des Ballonetts im Luftschiff D-LEDA.

Nachdem die Gondel montiert worden ist, wird das neue Luftschiff für den ersten Aufstieg vorbereitet. Noch ist das Montagenetz nicht entfernt worden.

Aus Leichtmetallrohren teilweise gelenkig zusammengesetztes Kielgerüst für ein halbstarres Parseval-Naatz-Luftschiff, das ins Innere der Hülle verlegt wurde und die Gondel trug.

ein Kielträger im unteren Teil der Hülle für die Verbesserung der Formhaltung und Aufnahme der mitzuführenden Lasten. Der Kielträger wurde in verschiedener Ausführung angeordnet, entweder als Versteifungskiel, der an der Hüllensohle verschnürt war, oder als frei schwebende Gerüstkonstruktion unter dem Tragkörper wie beispielsweise bei den deutschen M-Luftschiffen des Luftschifferbataillons in Berlin-Tegel.

Grundsätzliche Unterschiede bestehen zwischen den Prall- und Halbstarrluftschiffen einerseits und den Starrluftschiffen, hier gibt es keine fließenden Übergänge mehr. Das Starrluftschiff zeichnet sich durch das feste Gerippe aus, in dem die Gaszellen eingehängt sind und das von einer Leinwandhülle überzogen ist. Das Gerippe gibt dem Starrluftschiff die unveränderliche Form und nimmt alle mitzuführenden Lasten auf. Das Gerippe wird aus in gleichmäßigem Abstand vom Bug bis zum Heck angeordneten Ringträgern gebildet, die durch Längsträger verbunden sind. Diagonalverspannungen aus Stahldrähten im Inneren des Gerippes sorgen für zusätzliche Versteifung des komplizierten Luftschiffkörpers. Zwischen den Ringträgern wurden die Gaszellen eingelassen, die im gefüllten Zustand die Zwischenräume nahezu ausfüllten. Diese Gaszellen bestanden in der ersten Zeit des Starrluftschiffbaus aus Baumwollstoff mit einer aufgetragenen Gummischicht, allerdings erwies sich dieses Material bald als nicht genügend gasundurchlässig. Der nächste Schritt bestand darin, daß die Gaszellen aus zwei Lagen Stoff mit einer Gummischicht dazwischen hergestellt wurden. Dieses Material bewährte sich zwar besser, war aber auf Dauer auch nicht zufriedenstellend, da es rasch alterte und ständig erneuert werden mußte. Abhilfe schuf die Goldschlägerhaut, mit der ab 1908 experimentiert wurde und aus der gut dichtende Gaszellen hergestellt werden konnten. Es handelt sich bei diesem Material um die obere Hautschicht des Rinderblinddarms, der Name stammt von der ursprünglichen Benutzung durch Goldschläger beim Bearbeiten von Blattgold. Dieses feine tierische Hautprodukt wurde in siebenfacher Lage übereinander geschichtet, um die erforderliche Dichtigkeit zu erlangen. Da es ein mühevolles und aufwendiges Verfahren war, sann man bald auf Abhilfe und begann Stoffhaut zu benutzen, die aus einem Baumwollstoff als Basis mit aufgeklebten tierischen Häuten oder Därmen bestand. Die Stoffhaut bewährte sich im Fahrbetrieb gut.

Bei den Prall- und Halbstarrluftschiffen wirkte der Gasdruck direkt auf die Hülle, die den Tragkörper des Luftschiffes bildete, als Ausgleich bei unterschiedlichem Druck diente das Ballonett, außerdem waren Ausgleichsventile vorhanden. Da beim Starrluftschiff die Gaszellen nicht zur Formhaltung des Luftschiffkörpers mit herangezogen werden, konnte das Material, aus dem sie hergestellt wurden, entsprechend leichter sein. Ausgleichsventile für die Vermeidung zu hohen Gasüberdrucks waren aber an jeder Zelle vorhanden, deren Aufgabe es war, soviel Gas abzulassen, bis für die Gaszelle keine Gefahr des Zerreißens mehr bestand. Die Ventile waren unten an den Gaszellen ange-

Wesentlich aufwendiger waren die Bauarbeiten für die großen Starrluftschiffe, wie diese interessante Aufnahme des Schütte-Lanz S.L. 22 aus dem Jahre 1918 zeigt. Es war das letzte Schütte-Lanz-Luftschiff und besaß noch ein aus Holz gearbeitetes Gerippe.

ordnet, um ein Leerlaufen durch entsprechende Überwachung zu verhindern. Das ausgetretene Gas entwich bei den ersten Zeppelin-Luftschiffen durch die poröse Außenhaut ins Freie, spätere Luftschiffe besaßen Gasschächte, in die das Gas hineingeblasen wurde und dann auf dem Schiffsrücken durch Öffnungen, die mit Saughutzen in der Art einer Kappe abgedeckt waren, ins Freie gelangte. Ein Teil der Gaszellen verfügte außerdem über Manövrierventile, um das Steigen des Luftschiffes beeinflussen zu können.

Durch das Luftschiff zieht sich der Laufgang, der die Gewichte der Gondel und der Motoren auf die Hauptringe überträgt und der als das Rückgrat des Luftschiffes angesehen werden kann. Weiter nahm der Laufgang die Betriebsmittel und die Nutzlast auf. Er ermöglichte der Besatzung, das Luftschiff in seiner ganzen Länge zu begehen um zu den Motorengondeln und allen sonstigen Punkte zu gelangen, deren Überprüfung für den sicheren Fahrbetrieb notwendig waren.

Gesteuert wurde das Luftschiff von der Führergondel aus, wo alle Instrumente in sinnreicher Anordnung zusammengefaßt waren und durch Maschinentelegraphen und Bordtelefone die erforderlichen Befehle an die Motorengondeln und sonstigen Arbeitsplätzen im Luftschiff erteilt wurden. Von hier aus wurden ferner die Gaszellen ständig überwacht.

Einem Wandel war die Anordnung der Passagierräume unterworfen. Bei den Delag-Luftschiffen bis 1914 war es eine mit Korbsesseln ausgestattete Kabine im mittleren unteren Teil des Schiffsrumpfes mit großen Aussichtsfenstern, bei den nach dem 1. Weltkrieg gebauten Luftschiffen schloß sich die Passagierkabine unmittelbar an die Führergondel an und bildete mit dieser gemeinsam eine bauliche Einheit, die stromlinienförmig verkleidet war. Beim LZ 129 und LZ 130 wurden Führergondel und Passagierräume erneut getrennt; die Passagiere waren in großzügig bemessenen Kabinen und Aufenthaltsräumen im Schiffsinneren mit seitlichen Panoramafenstern untergebracht, die Führergondel war unter dem Schiffsrumpf im vorderen Teil angeordnet. Passagierräume und Führergondel standen durch einen Gang miteinander in Verbindung.

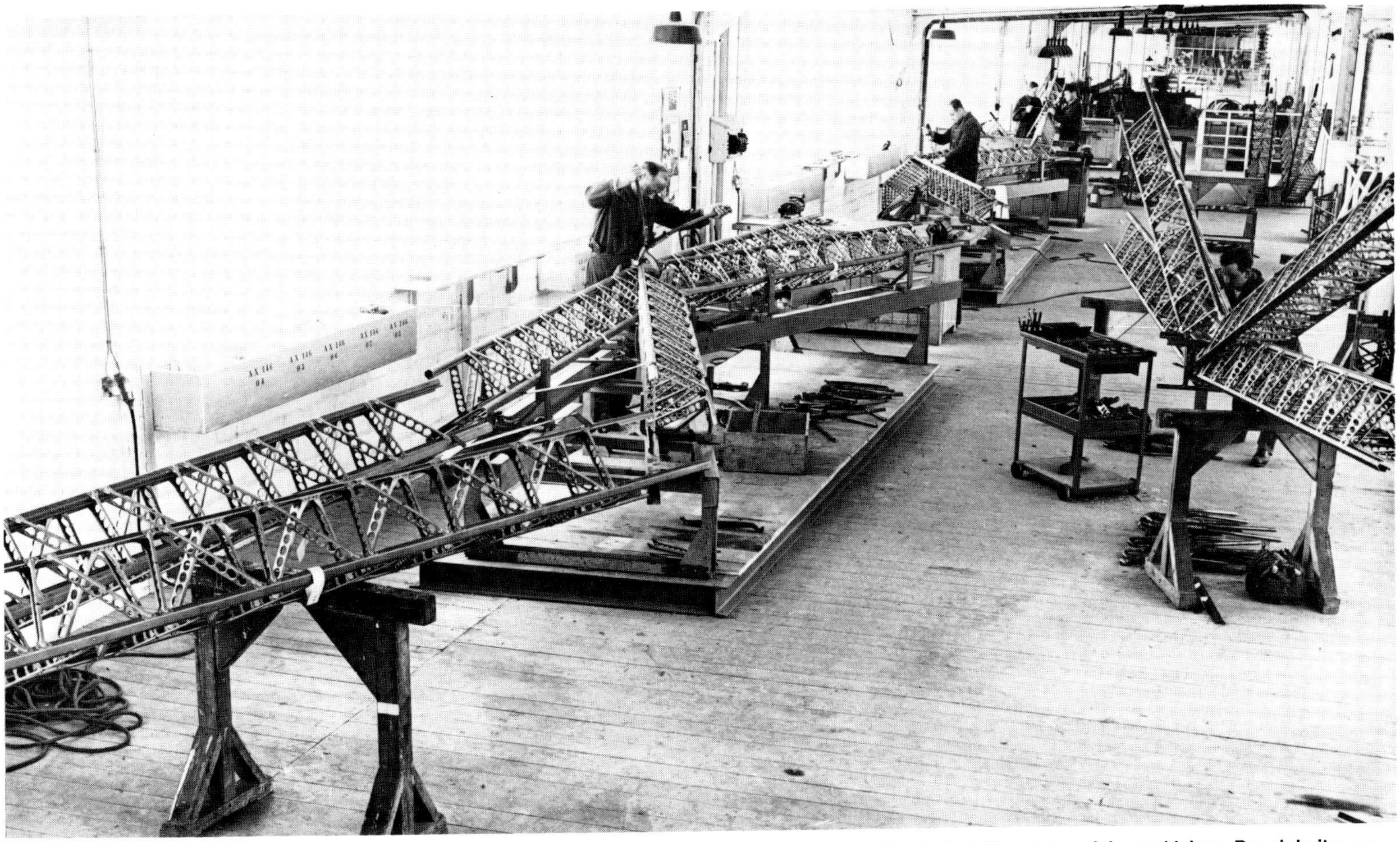

Auch die riesigen Starrluftschiffe setzten sich aus kleinen Baueinheiten zusammen. In der Ringbauhalle sind Arbeiter mit dem Nieten von Einzelteilen für das nicht mehr fertiggestellte Luftschiff LZ 131 beschäftigt.

Blick vom First des im Bau befindlichen Gerippes des LZ 129 auf einen fertig montierten Ring (alle weiteren Bilder zeigen Montagearbeiten an diesem Luftschiff).

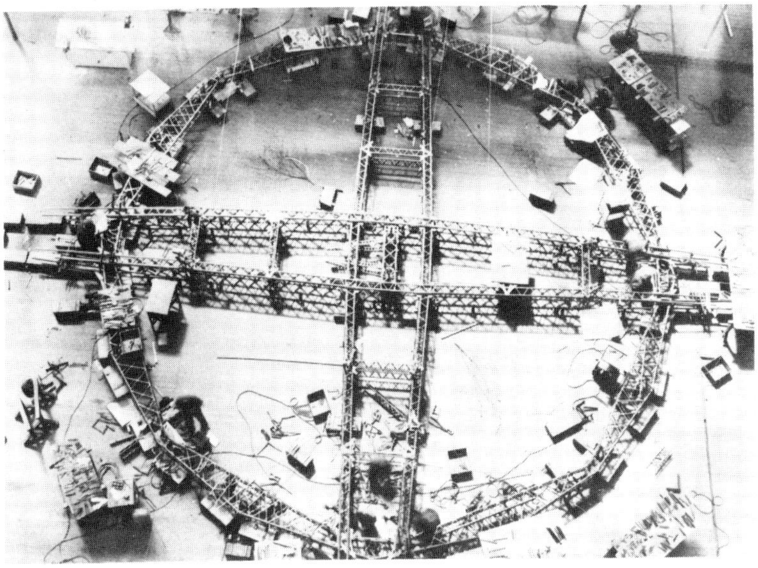

Das Heckkreuz im Bau.

◁◁ Der untere Laufgang mit den seitlich lagernden Schweröltanks. Im Hintergrund in der Bildmitte ist ein Gasschacht zu sehen. Das Gerippe ist teilweise bereits bespannt, die Gaszellen fehlen noch.

◁ Gaszellen werden in das Gerippe eingebaut.

Am Heck des weitgehend montierten Schiffkörpers ist das Leitwerkskreuz mit den angenieteten Ansatzstücken für die Kielflossen vom Höhen- und Seitenleitwerk zu sehen. ▷

◁◁ Blick zum Bug mit den im Bau befindlichen Passagierräumen.

◁ Motorengondel mit dem Daimler-Benz-Schwerölmotor bei der Montage.

Der Luftschiffkörper wird mit der Hülle bespannt. ▷

Das Nervenzentrum des Luftschiffes, die Führergondel, die getrennt von den Passagierräumen angeordnet ist (hier beim LZ 130).

Das Gerippe der Luftschiffe war mit einer Hülle aus Baumwollstoff verkleidet, dessen Widerstandsfähigkeit durch mehrmaliges Auftragen eines Schutzanstrichs erhöht wurde. Bei den letzten Zeppelinluftschiffen war dieser Schutzanstrich mit einem Aluminiumpulver vermengt, wodurch das Sonnenlicht gut reflektiert und die unerwünschte Wärmeeinstrahlung herabgesetzt wurde. Auf diese Weise ließ sich eine zu hohe Erwärmung des Gases vermeiden.

Bei der Fabrikation der Stoffe für die Luftschiffe waren die Arbeiten vieler Ingenieure und Chemiker sowie lange Versuchsserien in den Prüfungsanstalten erforderlich, war doch nicht nur eine hohe Reißfestigkeit erforderlich, sondern die für die Abdichtung benutzten Gummisorten und Lösungsmittel sollten dem Gewebe größte Gasdichtigkeit bei geringem Gewicht verleihen. Zu den führenden deutschen Firmen bei der Herstellung dieser Ballonstoffe zählten Continental und Metzeler, deren Erzeugnisse bei zahlreichen in- und ausländischen Luftschiffen benutzt wurden.

Der große Augenblick, das neue Luftschiff LZ 129 erhebt sich zum ersten Mal in die Luft.

Die Entwicklung der Luftschiff-Motoren

Erst mit der Bereitstellung einer geeigneten mechanischen Antriebsquelle konnte der entscheidende Übergang vom Freiballon zum lenkbaren Luftschiff vollzogen werden. Henri Giffard gelang es 1852 erstmals, mit dem von ihm konstruierten Luftschiff unter Verwendung einer ebenfalls von ihm konstruierten Dampfmaschine einen ersten bescheidenen Erfolg zu erringen, als er am 24. September eine 25 km lange Fahrt durchführte, bei dem der vorgegebene Kurs eingehalten werden konnte. Die Dampfmaschine wog zusammen mit dem Kessel 150 kg und leistete 3 PS. Das war der erste Schritt zum lenkbaren Luftschiff, aber noch keinesfalls die Lösung des Problems. Erst mit der Erfindung des Viertaktmotors für flüssigen Brennstoff durch Nicolaus August Otto von 1876 und dem daraus entwickelten Benzinmotor, den Gottlieb Daimler 1883 schuf, bekamen die Luftschiffkonstrukteure eine für ihre Zwecke geeignete Antriebsquelle.

Das erste Luftschiff, das von einem Daimler-Motor angetrieben wurde, war ein 1888 von Dr. Wölfert gebautes Pralluftschiff. Im Jahre 1899 lieferte Daimler zwei Motoren an Graf Zeppelin für dessen erstes Luftschiff, die je 15 PS leisteten und ein Gewicht von 385 kg hatten. Auch für das französische Lebaudy-Luftschiff lieferte Daimler den Motor, der etwa 40 PS leistete. Bei diesen Motoren handelte es sich um Automobilmotoren, die in abgeänderter Form für den Einbau im Luftschiff geliefert wurden. Da aber für den Einsatz im Luftschiff besondere Bedingungen vorlagen, die mit den abgewandelten Automobilmotoren nicht zu erfüllen waren, wurde als Tochtergesellschaft der Zeppelin-Werke die Firma Maybach-Motorenbau in Friedrichshafen gegründet.

In Deutschland hatte es in den Jahren 1908 und 1909 von der Motorluftschiff-Studiengesellschaft veranlaßte Wettbewerbe zur Schaffung leistungsfähiger

Einbau des 15 PS starken Daimler-Motors in der hinteren Gondel des LZ 1 aus dem Jahre 1900.

Eine Motorgondel des Siemens-Schuckert-Luftschiffes mit einem 125 PS starken Daimler-Motor.

Luftschiffmotoren gegeben, an denen sich die Firmen Daimler und die Tochtergesellschaft der AEG, die Neue Automobil-Gesellschaft (NAG) erfolgreich beteiligten. Die wichtigsten Forderungen, die an Luftschiff- (und Flug-)Motoren gestellt wurden, waren geringe Abmessungen, niedriges Eigengewicht und niedriger Brennstoffverbrauch, dazu als weitere Notwendigkeit eine absolute Betriebszuverlässigkeit über einen langen Zeitraum hinweg entsprechend der Fahrtdauer der Luftschiffe. Sonderforderungen wie möglichst vibrationsfreier Lauf, schnelles Anlassen und Möglichkeit des Umsteuerns, d.h. von Vorwärts- auf Rückwärtslauf entsprechend den Manövern des Luftschiffes in der Start- und Landephase wurden außerdem erhoben. In späteren Jahren kamen Sonderforderungen des Militärs hinzu nach Höhenmotoren zur Fortführung der Angriffsfahrten gegen England in Höhen bis zu 7000 m.

Für die Zeppelin-Luftschiffe lieferte bis 1910 die Firma Daimler die Motoren, statt der 15 PS der ersten Motoren für den LZ 1 besaßen sie inzwischen eine Leistung von 120 PS bei nur unwesentlich erhöhtem Gewicht, aber deutlich herabgesetztem Treibstoffverbrauch. Insbesondere die Arbeiten von Wilhelm Maybach, der bis 1909 technischer Direktor der Daimler-Motorengesellschaft war und die Motoren des LZ 1 konstruierte sowie seines Sohnes Karl Maybach waren entscheidend für die Vervollkommung des Luftschiffmotors. Graf Zeppelin gründete gemeinsam mit Wilhelm Maybach im März 1909 die Luftfahrzeug-Motoren GmbH mit Sitz in Bissingen in der Nähe von Stuttgart, die 1912 nach Friedrichshafen verlegt wurde und als Motorenbau Friedrichshafen die Fertigung der von Karl Maybach entwickelten Motoren aufnahm und nun zum wichtigsten Hersteller von Luftschiff- und Flugmotoren wurde. Ab 1918 wurde die Firma in Maybach-Motorenbau GmbH umbenannt, sie gehört heute zur MTU-Gruppe.

Die ab 1910 von Karl Maybach entwickelten Luftschiffmotoren gliedern sich in mehrere Haupttypen auf, zunächst wurde der Typ AZ mit einer Leistung von 145 PS herausgebracht, der sich durch niedrigen Treibstoffverbrauch auszeichnete, der durch eine Treibstoffsparvorrichtung und Anpassen des Gemisches an die unterschiedlichen Höhen, in denen sich das Luftschiff befand, erzielt wurde. Dieser in siebenmonatiger Konstruktionsarbeit entstandene Motor wurde 1910 im LZ 6 erprobt und kam bei den Luftschiffen LZ 9-12 zum Einbau. Die Entwicklung dieses Motortyps wurde weitergeführt, durch Verbesserungen konnte die Leistung auf 180 PS erhöht werden.

1912/13 entstand in Friedrichshafen der CX-Motor, der 210 PS leistete, 450 kg schwer und etwas kleiner war und der sich durch Erhöhung des Hubraums auf 22,8 l von seinem Vorgänger unterschied. Der CX-Motor wies außerdem eine erhöhte Drehzahl und Verdichtung auf. Der Motor diente bei einer größeren Anzahl von Militärluftschiffen als Antrieb.

1915 brachte Maybach den neukonstruierten HSLu-Motor heraus, der 240 PS leistete und der am häufigsten verwendete Luftschiffmotor wurde. Ab dem LZ 48 kam dieser Motor bei fast allen Luftschiffen des Luftschiffbau Zeppelin zum Einbau, ab dem S.L.9 wurde der Motor ebenfalls in die bei Schütte-Lanz gebauten Luftschiffe eingebaut. Im Einsatz stellten sich Schwierigkeiten bei der Wärmeabführung aus Lagern und Zylindern ein, die durch Belüftung des Gehäuses durch den Fahrtwind behoben werden konnte.

Aus dem Flugzeugmotor Maybach Mb IVa, dessen Entwicklung seit dem Frühjahr 1916 vorangetrieben wurde und der der erste serienmäßige Höhenflugmotor wurde und sich im Einsatz bei den Rumpler-Aufklärern C VI und C VII sowie bei verschiedenen Großflugzeugen bis auf Flughöhen von 6000 m gut bewährte, entstand für den Luftschiffbau der Höhenmotor Mb IVaL, der ab 1917 eingebaut wurde.

Die von den Luftschiffbesatzungen bei der Fortsetzung der Angriffsfahrten auf England aufzusuchenden Höhen bedingten die Entwicklung und den Einbau dieser Motoren, da nur auf diese Weise eine Möglichkeit bestand, der gegnerischen Luftabwehr entgehen zu können.

Für das 1924 an die USA gelieferte Luftschiff LZ 126/ZR 3 wurde von Karl Maybach ein völlig neuer Motor entwickelt, der die Bezeichnung VL 1 erhielt und 420 PS leistete. Es war der erste umsteuerbare Luftschiffmotor, bisher mußten die Motoren mit einem besonderen Umschaltgetriebe versehen werden. In den Einsatzjahren des ZR 3 bei der amerikanischen Marine bewährte sich der VL 1-Motor gut.

Für das Luftschiff LZ 127 wurde eine Weiterentwicklung des VL 1-Motors mit der Bezeichnung VL 2 geschaffen, dessen Besonderheit darin bestand, daß zum Betrieb wahlweise Benzin oder Blaugas benutzt werden konnte. Da das Blaugas das gleiche spezifische Gewicht wie Luft besitzt, hoffte man durch die Verwendung dieses Gases das durch den Verbrauch von Benzin entstehende Ballastproblem umgehen zu können, da ja keine Gewichtsminderung mehr eintritt, die zum Abblasen des teueren Gases bei leichter werdendem Schiff führt. Im Fahrbetrieb bewährte sich das Blaugas

Maybach AZ-Luftschiffmotor auf dem Prüfstand.

Maybach CX-Motor, der 1912/13 konstruiert wurde und bei einer größeren Anzahl von Luftschiffen zum Einbau kam.

Luftschiffmotor Maybach HSLu mit einer Leistung von 240 PS wurde bei Zeppelin- und Schütte-Lanz-Luftschiffen eingebaut.

Für das Luftschiff LZ 126 (ZR III) entwickelte Karl Maybach den VL 1-Motor, der 420 PS leistete.

Luftschiffmotor Maybach VL 2 für LZ 127 »Graf Zeppelin«, der wahlweise mit Benzin oder Blaugas betrieben werden konnte.

bis zu einem gewissen Grade, später wurde auf die Verwendung verzichtet und das Ballastproblem konnte mit dem Anbringen einer Regenfanganlage entlang der Luftschiffhülle einer besseren Lösung zugeführt werden.

Für die beiden letzten Zeppelin-Luftschiffe LZ 129 und LZ 130 wurden als Antrieb 4 von Daimler-Benz entwickelte Dieselluftschiffmotoren des Musters LOF 6 benutzt, die 800—900 PS Dauerleistung und als Spitzenleistung 1200 PS erzeugten. Mit dem Einsatz des Dieselmotors erhoffte man sich eine weitere Verringerung der Brandgefahr und größere Wirtschaftlichkeit durch den geringeren Verbrauch gegenüber den Vergasermotoren. Im Fahrbetrieb konnten diese Motoren ihre hohe Zuverlässigkeit unter Beweis stellen, die Brandkatastrophe des LZ 129 stand in keinem Zusammenhang mit den Motoren.

Bei den Daimler-Benz-Werken stand eine Weiterentwicklung dieses Motors in ihrem Anfangsstadium, der Kriegsausbruch und der Halt aller weiteren Bauarbeiten an den geplanten Luftschiffen, der im Frühjahr 1940 befohlen wurde, beendeten gleichermaßen die Weiterentwicklung dieses Motors.

Außerhalb Deutschlands gab es nennenswerte Arbeiten auf dem Gebiet des Luftschiffmotors in Frankreich, wo die Firma Clément-Bayard für ihre eigenen Luftschiffe auch die Motoren baute, sowie bei der Firma Chenu in Paris, mit deren Motoren die Astra-Luft-

In den Luftschiffen LZ 129 und LZ 130 wurden Daimler-Benz LOF 6-Dieselmotoren verwendet.

Erstmals wurde das Luftschiff LZ 130 »Graf Zeppelin II« mit Zugpropellern ausgerüstet.

Für das Luftschiff LZ 131 sollten weiterentwickelte Daimler-Benz-Dieselmotoren aus der LOF 6-Serie mit der Bezeichnung MB 808 zum Einsatz kommen, die sich bei Abbruch der Bauarbeiten 1940 im Anfangsstadium der Entwicklung befanden. Der Grundaufbau des MB 808 glich dem des DB 602 (LOF 6), der Hubraum war aber um 20 % geringer. 8 DB 602 und 2 Reservemotoren wurden geliefert, die später anderer Verwendung zugeführt wurden.

schiffe ausgerüstet wurden. In England war es die Firma Wolseley, die eigene Luftschiffmotoren entwickelte. Auch in Italien gab es verschiedene erfolgreiche Luftschiffmotoren von FIAT und Isotta-Fraschini. Da aber in den meisten Ländern dem Flugzeug der Vorrang gegenüber dem Luftschiff eingeräumt wurde, wurde die Entwicklung der Luftschiffmotoren nicht mit der Intensität wie in Deutschland betrieben. Deutschlands führende Stellung auf dem Gebiet der Luftschiffmotoren blieb unangefochten — als bestes Beispiel sei erwähnt, daß die beiden amerikanischen Starrluftschiffe »Akron« und »Macon« mit jeweils 8 Maybach VL 2-Motoren ausgerüstet waren, die direkt aus Deutschland bezogen wurden.

Gondel des Skyship 500 der englischen Airship Industries mit ummanteltem Hoffmann-Propeller in schwenkbaren Gondeln. 2 Porsche 930/10 Flugmotoren mit einer Startleistung von 204 PS und einer Dauerleistung von 120/150 PS liefern den Antrieb.

Das Luftschiff im Fahrbetrieb

Es waren die in der zweiten Hälfte des 18. Jahrhunderts von den Naturforschern Joseph Black, Henry Cavendish und John Priestley in England und Antoine Lavoisier in Frankreich durchgeführten Untersuchungen und Experimente mit verschiedenen Gasen, die bei der Planung und Durchführung der ersten Ballonaufstiege eine wesentliche Rolle spielten und die damit auch die Grundlagen der späteren Luftschiffahrt bildeten. Sie schufen ferner die Grundlagen für die in der Folgezeit begonnene systematische Erforschung der Gase bezüglich ihrer chemischen Zusammensetzung, Gewinnung und Verwendung in der Luftfahrt und führten zu der Erkenntnis, daß das Wasserstoffgas, das in der ersten Zeit nach seiner Entdeckung noch als »brennbare Luft« beschrieben wurde, das leichteste aller Gase ist. Ausgehend von dieser Erkenntnis führte Joseph Black in der Mitte des achtzehnten Jahrhunderts Experimente durch, die als die ersten aeronautischen Versuche nach dem «Leichter-als-Luft«-Prinzip angesehen werden können und die bewiesen, daß mit Wasserstoff gefüllte Hüllen eine bestimmte Tragfähigkeit besitzen. Die Basis der Ballonaufstiege und später hinzukommenden Luftschiffahrt war gefunden worden, auch wenn diese Versuche nicht unbedingt unternommen worden sind mit dem Ziel, den Flug des Menschen zu ermöglichen.

Da ein Kubikmeter Luft bei 0° und Meereshöhe 1,293 kg wiegt, ein Kubikmeter Wasserstoff aber nur 0,089 kg, ergibt sich daraus der rechnerische statische Auftrieb von 1,204 kg, bezogen auf chemisch reinen Wasserstoff und normalem Luftdruck von 760 mm Quecksilbersäule, oder mit anderen Worten, jeder Körper mit einer Ausdehnung von einem Kubikmeter, der dabei weniger als 1,293 kg wiegt, steigt statisch auf. Das ist in vereinfachter Form die theoretische Grundlage, die der Ballon- und Luftschiffahrt zugrunde liegt. Natürlich ist in der Praxis dieser Idealzustand nie vorzufinden, er dient nur als Ausgangspunkt der Berechnungen des Konstrukteurs. Etwas veränderte Zahlen ergeben sich beim Einsatz von Helium als Traggas, das aufgrund seines höheren Gewicht von 0,178 kg pro Kubikmeter bezogen auf die angeführten Werte einen Auftrieb von 1,115 kg ermöglicht.

In der Praxis unterliegen Gas und Luft ständigen Schwankungen hinsichtlich des Drucks und der Temperatur, deren Kenntnis für den Fahrbetrieb von absoluter Notwendigkeit ist. Für die Führung des Luftschiffes sind der jeweilige Zustand der Atmosphäre und des Gases entscheidende Faktoren bei der Berechnung der Tragfähigkeit und damit der Nutzlast des Luftschiffes sowie der Höhe, in der die Fahrt durchgeführt werden soll. Stets wird die Schiffsführung bestrebt sein, das Luftschiff in einer Höhe zu halten, bei der wenig oder gar kein Gas abgeblasen zu werden braucht, damit am Bestimmungsort so wenig wie möglich Gas nachgefüllt werden muß. Beachtet werden muß, daß Gas auch nicht unbegrenzt abgegeben werden kann, bildet es doch die Grundlage des »statischen Auftriebs« überhaupt. Ein wohlausgewogenes Luftschiff schwimmt sozusagen im Luftmeer und hält sich statisch, weil es leichter als die Luft ist, die es verdrängt. Im Gegensatz dazu benötigt das Flugzeug als ein Fluggerät nach dem Prinzip »Schwerer als Luft« eine künstliche Kraftquelle, den Motor also, um durch die Vorwärtsbewegung den Auftrieb mittels eines künstlich unter den Tragflächen aufgebauten Luftpolsters zu erzielen, es wird hierbei vom »dynamischen Auftrieb« gesprochen. Die Motoren des Luftschiffes dienen in erster Linie der Vorwärtsbewegung, sie können insbesondere bei der Höhensteuerung auch zur zusätzlichen dynamischen Auftriebserzeugung mit herangezogen werden, so daß beim Luftschiff eine Kombination von statischem und dynamischem Auftrieb vorhanden ist, wobei der statische Auftrieb überwiegt. Daraus ergibt sich auch die Sprachregelung, nach der ein Luftschiff »fährt«, da es sich ja statisch schwebend in der Luft hält analog einem Schiff im Wasser.

Gründliche Kenntnisse der Meteorologie, ein Gespür für die Wetterentwicklung sozusagen, gehörten mit zu den wesentlichsten Forderungen und Eigenschaften der großen Luftschiffkapitäne der Vergangenheit und sind auch heute noch von außerordentlicher Wichtigkeit beim Einsatz der wenigen Pralluftschiffe, die es noch oder bereits wieder gibt.

Zu den großen Problemen beim Einsatz der Luftschiffe gehörte stets die Handhabung dieser riesigen, dabei aber leichten Körper am Boden. Graf Zeppelin glaubte zu Beginn des Luftschiffbaus, für den Fahrbetrieb ohne Hallen auskommen zu können, die Praxis

1909 wurde in Biesdorf bei Berlin für das Siemens-Schuckert-Luftschiff die erste Drehhalle in Deutschland errichtet.

zeigte aber die Notwendigkeit, nicht nur zum Bau, sondern für den Luftschiffbetrieb sowohl im militärischen als auch im zivilen Bereich nach Möglichkeit feste Hallen zu errichten für alle am Luftschiff notwendig werdenden Arbeiten beim Aufenthalt zwischen den Fahrten. Überall in Deutschland entstanden vor dem 1. Weltkrieg und in den Kriegsjahren Luftschiffhallen, deren Anzahl sich 1918 auf 84 belief, von denen die überwiegende Anzahl für die Luftschiffe des Heeres und der Marine errichtet worden waren. 1909 errichteten die Siemens-Schuckert-Werke in Biesdorf bei Berlin für ihr großes Pralluftschiff die erste drehbare Halle in Deutschland, die das sichere Ein- und Aushallen des Luftschiffes bei jeder Windrichtung gestattete. 1914 entstand auf dem Luftschiffhafen Nordholz eine weitere Drehhalle. Bei den anderen Bauten handelte es sich

Delag-Luftschiffhalle in Baden-Oos mit abfahrendem LZ 6.

Doppeldrehhalle auf dem Luftschiffhafen Nordholz.

um feste Hallen, die nach Möglichkeit entsprechend der vorherrschenden Windrichtung angelegt worden waren. In der Anfangszeit kam es verschiedentlich zu Havarien, wenn das Luftschiff trotz ungünstiger oder veränderlicher Windrichtung aus der Halle herausgebracht oder nach der Landung eingehallt werden sollte und von den Bodenmannschaften nicht mehr gehalten werden konnte.

Im Umfeld dieser Hallen, die auf einem entsprechend ebenen Gelände errichtet worden waren, entstanden die Luftschiffhäfen mit allen notwendigen Einrichtungen bis hin zu den Anlagen zur Erzeugung und sicheren Lagerung des Gases und der Möglichkeit der Schiffspflege durch das dafür besonders geschulte Personal. An der Decke der Halle waren Flaschenzüge angebracht, an denen das Luftschiff aufgehängt wurde, wobei auf eine gleichmäßige Belastung des Schiffskörpers besonders zu achten war.

Für das Ein- und Aushallen wurden je nach Größe des Luftschiffes zwischen 50 und 500 Mann benötigt, die das Luftschiff an den verschiedenen Haltetauen und -leinen bugsierten. Es bedurfte guter Schulung, um dieses schwierige Manöver sicher durchzuführen. Abhilfe hinsichtlich der erforderlichen großen Mannschaftsstärke bei der Handhabung des Luftschiffes am Boden brachte der Ankermast, dessen Entwicklung von England ausging. Vor und während des 1. Weltkrieges wurden diesbezügliche Versuche durchgeführt, bei denen zunächst noch das Luftschiff landete und erst danach am niedrigen Mast gefesselt wurde. Die Technik wurde verfeinert und die Luftschiffe konnten noch in der Luft am inzwischen eingeführten Hochmast anlegen, ohne vorher den Boden zu berühren. Von englischen Technikern wurden dann die bis 64 m hohen Ankermasten entwickelt, die in Cardington, Ismailia, Karachi und St. Hubert nahe Montreal im Zuge der Vorbereitung des englischen zivilen Luftschiffverkehrs zwischen den Staaten des britischen Empire errichtet wurden für die geplanten Großluftschiffe. Diese Masten verfügten neben dem Fesselgerät über Versorgungsleitungen für Gas und Treibstoff sowie Aufzüge für Personen und Güter.

Die USA übernahmen diese Technik und errichteten zunächst einige Hochmaste, gingen aber zu den Niedrigmasten über und entwickelten den fahrbaren Mast zum Ein- und Aushallen ihrer Großluftschiffe. In Deutschland wurde der Ankermast ab 1928 eingeführt, die Plätze Löwental bei Friedrichshafen und Berlin-Staaken wurden vom Luftschiffbau Zeppelin mit feststehenden Ankermasten ausgerüstet, denen 1930 Ankermasten in Sevilla und Pernambuco folgten. Die in den Jahren 1930/31 neu errichtete Fahrhalle auf dem Flugplatz Löwental erhielt einen Ausfahrmast, ebenfalls wurden die in den folgenden Jahren errichteten Luftschiffhäfen in Frankfurt/M. und Rio de Janeiro mit fahrbaren Masten versehen. In Längsrichtung der jeweiligen Halle wurden Schienen gelegt, auf denen kleine, als »Laufkatzen« bezeichnete Wagen liefen, an denen das Heck des Luftschiffes befestigt war. Nach Herausziehen des Luftschiffes aus der Halle wurden die Stahlseile zum Heck gelöst und das Luftschiff drehte nach Art einer Wetterfahne am Mast in den Wind. Ein der Größe des Luftschiffes angepaßter Heckrundlaufschienenkreis war um den Ankermast herumgelegt und das auf dem Heckrundlaufwagen ruhende Heck des Luftschiffes erleichterte die Handhabung des Luftschiffes vor dem Start oder nach der Landung. Beschädigungen des Luftschiffes durch plötzliche Winddrehungen waren aus diesem Grunde nicht mehr zu befürchten, trotzdem blieb das große Passagierluftschiff ein stete Aufmerksamkeit verlangendes, leicht zu beschädigendes Verkehrsmittel.

Der Start eines Luftschiffes erfolgte entweder direkt vom Boden aus oder auch nach Einführung des Ankermastes immer gegen den Wind; mit dem berühmt gewordenen Ruf »Luftschiff marsch!« wurde das zur Ausfahrt klare Schiff aus der Halle herausgebracht und erhielt beim Start vom Boden aus von der Mannschaft einen kräftigen Stoß nach oben und stieg statisch die ersten Meter, bis die Motoren den Aufstieg zu unterstützen begannen. Beim Start vom Ankermast aus wiederholte sich dieser Vorgang; fast jeder Start war eine Kombination aus statischem und dynamischem Auftrieb.

In umgekehrter Reihenfolge wiederholten sich diese Vorgänge bei der Landung, wobei es lange Jahre hindurch beim Luftschiffbau Zeppelin Praxis war, die Bodenlandung durchzuführen, während in England und den USA die Praxis der Landung aus der Luft an den Mast entwickelt wurde. Bei der Bodenlandung gab die Landemannschaft optisch oder über Funk die von der Schiffsführung benötigten Werte wie Windstärke und -richtung, Temperatur und Barometerstand bekannt, das ausgewogene Luftschiff wurde über dem Aufsetzpunkt gestoppt und ging langsam tiefer, wobei durch Abgabe von Gas oder Wasserballast die Sinkgeschwindigkeit kurzfristig beeinflußt werden konnte. Die Landetaue wurden abgelassen und von den Bodenmannschaften ergriffen. Langsam näherte sich das Luftschiff der Erde, bis es den Boden berührte. Der

»Graf Zeppelin« beim Aushallen.

Wesentlich vereinfacht wurde das Ein- und Aushallen der Luftschiffe mit dem fahrbaren Ankermast. »Graf Zeppelin« beim Einhallen in Lakehurst/USA. ▽

Gondelpuffer dämpfte den Landestoß, sicher lag das Luftschiff in den Händen der Landemannschaften, die jetzt mit dem Herunterholen des Hecks begannen, bis es ebenfalls gesichert am Boden war. Das Luftschiff wurde zur Halle bugsiert, eingebracht und verankert, so daß Passagiere und Besatzung aussteigen konnten. Nach Einführung des fahrbaren Ankermasts wurde das gelandete Luftschiff an den Mast angekoppelt und verbunden mit den Laufkatzen eingebracht. Unter den Motorengondeln waren besondere Rollenschemel an-

Die 1931 errichtete Luftschiffhalle in Löwental/Friedrichshafen wurde mit einem fahrbaren Mast versehen, hier LZ 129 beim Aushallen.

Mit den Luftschiffen „Shenandoah« und »Los Angeles« der amerikanischen Marine wurden Versuche am Landemast des Luftschiff-Mutterschiffes »Patoka« durchgeführt. Geplant war, die Luftschiffe zur Fortsetzung der Fahrt mit allem zu versorgen, was benötigt wurde. Das Mutterschiff führte Benzin, Öl, Füllgas und Proviant für diesen Zweck mit. Das Bild zeigt die »Shenandoah« am Ankermast.
▽

Kapriolen am Ankermast: Die »Los Angeles« wurde am 25. August 1927 von einer plötzlichen Brise angehoben, als sie am Hochmast in Lakehurst verankert war. Das Luftschiff drehte sich über die Mastspitze zur entgegengesetzten Seite hin, ohne größeren Schaden zu nehmen. Nach diesem Vorfall wurde der Hochmast, der bei den Amerikanern nie sonderlich populär war, demontiert. ▷

Das erste nach dem 2. Weltkrieg in Deutschland wieder für Reklamefahrten eingesetzte Luftschiff war ein modifizierter Goodyear-Blimp der L-Klasse, hier noch mit der amerikanischen Zulassung N65N.

Zwei Pralluftschiffe für Reklamefahrten auf dem Flughafen Stuttgart Ende der fünfziger Jahre.

Die Augsburger Ballonfabrik und Schempp-Hirth in Kirchheim/Teck bauten gemeinsam das erste deutsche Nachkriegsluftschiff D-LEDA.

und zunächst noch mit amerikanischer, ab Oktober 1956 mit deutscher Zulassung als D-LAVO von der Firma Underberg eingesetzt wurde. 1959 wurde die Hülle vergrößert und es trug nun den Namen Güldenring. Im September 1960 erwarb die Firma Schwab-Versand das Luftschiff und setzte die Reklamefahrten fort bis es am 26. Juni 1961 in Augsburg beschädigt wurde und außer Dienst gestellt werden mußte. Zu Beginn des Jahres 1964 war es wieder aufgebaut und wurde erneut eingesetzt, bis es im Mai 1968 nach Japan verkauft wurde. Am 9. April 1969 wurde es zerstört, nachdem der Ankermast zusammenbrach. Ab 1964 besaß das Luftschiff die Zulassung D-LISA, in Japan war es als »Der fliegende Drachen« bekannt.

1956 wurde erstmals wieder in Deutschland ein Luftschiff gebaut: Auftraggeber war die Firma Leonhard Monheim, die bereits 1928 das Parseval-Naatz Luftschiff D-PN 28 mit dem Namen »Trumpf Schokolade« erfolgreich betrieben hatte. Das neue Luftschiff entstand in den Werkstätten der Firma Schempp-Hirth Sportflugzeugbau in Kirchheim/Teck, die Hülle wurde bei der Ballonfabrik Augsburg, dem Nachfolgeunternehmen der alten Firma Riedinger, hergestellt. Als Antrieb diente ein 215 PS leistender Franklin-Motor. Das neue »Trumpf«-Luftschiff stieg am 1.12.1956 erstmals auf, es hatte die Zulassung D-LEDA. Leider war dem Luftschiff nur eine kurze Lebensdauer beschieden, es wurde bei einem Sturm am 21. Juni 1957 am Ankermast in Stuttgart zerstört. Insgesamt waren mit dem Luftschiff 26 Fahrten durchgeführt worden, bei denen es 43 Flugstunden erzielte.

Aber die Firma Monheim ließ sich durch den Rückschlag nicht entmutigen; ein neues Luftschiff entstand. Diesmal bauten die Zeppelin-Metallwerke in Friedrichshafen die Gondel, Ruder, Bugkappe und das Mastzubehör, während die Hülle abermals bei der Augsburger Ballonfabrik entstand. Als Antrieb dienten 2 je 180 PS starke Warner Scarab-Motoren. Wichtig in der Geschichte der deutschen Luftschiffe ist dieses mit der Zulassung D-LEMO versehene Luftschiff deshalb, weil es das erste war, das mit Helium gefüllt wurde, nachdem die Ausfuhr dieses Edelgases keinen Beschränkungen mehr unterlag. Der erste Aufstieg erfolgte am 17. August 1958 vom Stuttgarter Flughafen aus, auf der Hülle prangte in großen Buchstaben wieder der Name »Trumpf«. Ende 1963 wurde es nach etwa 3400 Flugstunden entleert und außer Dienst gestellt. Die Werbewirksamkeit des Luftschiffes war aber so groß, daß es 1968/69 wieder aufgebaut wurde und für die Firma Braun mit der Aufschrift »Braun Sixtant« im Einsatz war. 1970 bekam das Luftschiff einen neuen Eigentümer, es war die von Theodor Wüllenkemper gegründete und auch heute noch geleitete Firma Westdeutsche Luftwerbung WDL, zu deren vorhandener Flotte von Bannerschleppflugzeugen sich ein Luftschiff gesellte. Leider war die Hülle des Luftschiffes aber bereits stark gasdurchlässig geworden, so daß es 1972 endgültig abmontiert werden mußte.

Inzwischen hatte aber Theodor Wüllenkemper den Wert des Luftschiffes als Reklameträger erkannt, und zusätzlich zu seiner Flugzeugwerft entstand auf dem Flughafen Essen-Mülheim eine Luftschiffwerft. 1970 begann Chef-Konstrukteur Richard Gründer mit den Entwurfsarbeiten des ersten Wüllenkemper-Luftschiffes WDL-1, das eine Länge von 56 m, einen Durchmesser von 14,25 m und ein Volumen von 6109 m^3 hatte. Als Antrieb dienten 2 an Auslegern neben der Gondel angeordnete Continental-Motoren von je 180 PS. Die Hülle war aus dem synthetischen Material »Trevira Hochfest« gearbeitet worden, das mehrere Male verleimt und genäht und zum Schluß mit einem Überzug von Neopren gasundurchlässig gemacht wurde. Ein automatisches Druckkontrollsystem war entwickelt worden, das sowohl am Boden als auch in der Luft zu jedem Zeitpunkt dafür sorgte, daß das Luftschiff seine Stabilität und Form bewahrte. Auf jeder Seite der Hülle befand sich eine Beleuchtungsanlage in der Größe von 40,0 m x 8,0 m für insgesamt 10000 Glühbirnen, mit denen bei Nachtfahrten Werbeslogans ausgestrahlt werden konnten. Mit der Beschriftung »Der fliegende Musketier« und der Zulassung D-LDFM erhob es sich am 12. August 1972 mit Luftschiffkapitän Konrad Hess am Steuer vom Flughafen Essen-Mülheim aus zur ersten Fahrt. Leider sollte die Freude an diesem und dem für Japan gebauten zweiten Luftschiff, das am 30. Oktober 1972 als D-LDFN erstmals aufstieg, nicht lange dauern. Ein schwerer orkanartiger Sturm beschädigte beide Luftschifft sowie die Traglufthalle, in der der Bau durchgeführt worden war, schwer. Aber Theodor Wüllenkemper gab nicht auf, beide Luftschiffe wurden wieder aufgebaut. Das weniger schwer beschädigte Luftschiff D-LDFN wurde an die japanische Firma Orient Lease Co. ausgeliefert und diente in einer farbenfrohen Bemalung neben Werbezwecken auch Beobachtungs- und Meßaufgaben. In Japan trug das Luftschiff die Zulassung JA 1002, aber auch in Japan wurde es erneut in einem schweren Sturm am 26. August 1974 stark beschädigt und nicht mehr eingesetzt. Die verwendbaren Teile wurden nach Deutschland zurückgebracht und wurden für den Neubau WDL 1a

Theodor Wüllenkemper, Chef der Firma »Westdeutsche Luftwerbung« (WDL), errichtete auf dem Flughafen Essen-Mülheim eine Luftschiffwerft und baute seit 1970 trotz einiger Rückschläge mehrere Luftschiffe. Das erste Luftschiff WDL-1 trug den Namen »Der fliegende Musketier«, Chefkonstrukteur war Richard Gründer.

WDL-1a, bekannt als »Der große Fuji«, auf dem Dornier-Werkflughafen Oberpfaffenhofen bei München.

verwendet, der ab 1981 mit der Zulassung D-LDFO, besser bekannt als »Der große Fuji«, mit großem Erfolg eingesetzt wurde.

Das erste Wüllenkemper-Luftschiff D-LDFM führte nach der Reparatur am 28. April 1973 seinen ersten Aufstieg durch und trug jetzt die Aufschrift »Wickküler«. 1976 wurde dieses Luftschiff im Rahmen eines Programms der Entwicklungshilfe für die Untersuchung der Möglichkeiten von Frachttransporten in unterentwickelten Ländern ohne ausgebaute Infrastruktur für einige Monate in Ghana und Obervolta eingesetzt. Leider wurde das Projekt wegen mangelnder Weiterfinanzierung nicht weiter verfolgt, und das Luftschiff kehrte nach Deutschland zurück. Nach der Grundüberholung auf der Werft in Mülheim wurde es 1979 nach Japan überstellt, wo es mit deutscher Besatzung und deutscher Zulassung für Fernsehübertragungen und Verkehrsüberwachungsaufgaben eingesetzt wurde. Zurück in Deutschland führte es Werbeaufgaben für die Brauerei »Stuttgarter Hofbräu« durch. Beide Luftschiffe sind im Sommer 1985 im Ausland eingesetzt worden. In Mülheim entstehen drei neue Luftschiffe, die aufgrund der in den zurückliegenden Einsatzjahren der ersten beiden WDL-Luftschiffe gesammelten Erfah-

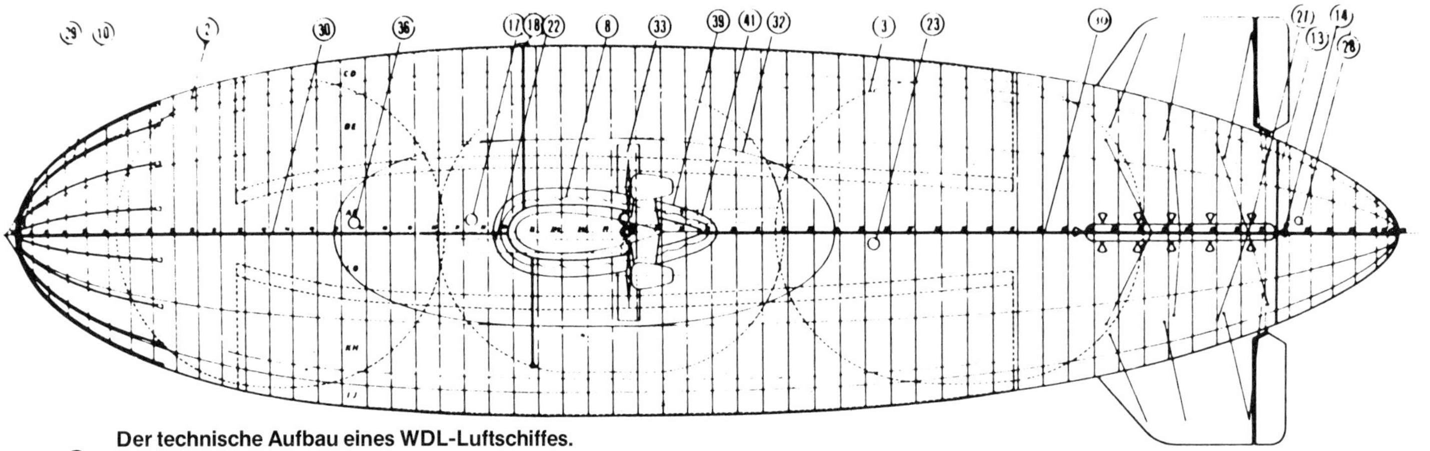

Der technische Aufbau eines WDL-Luftschiffes.

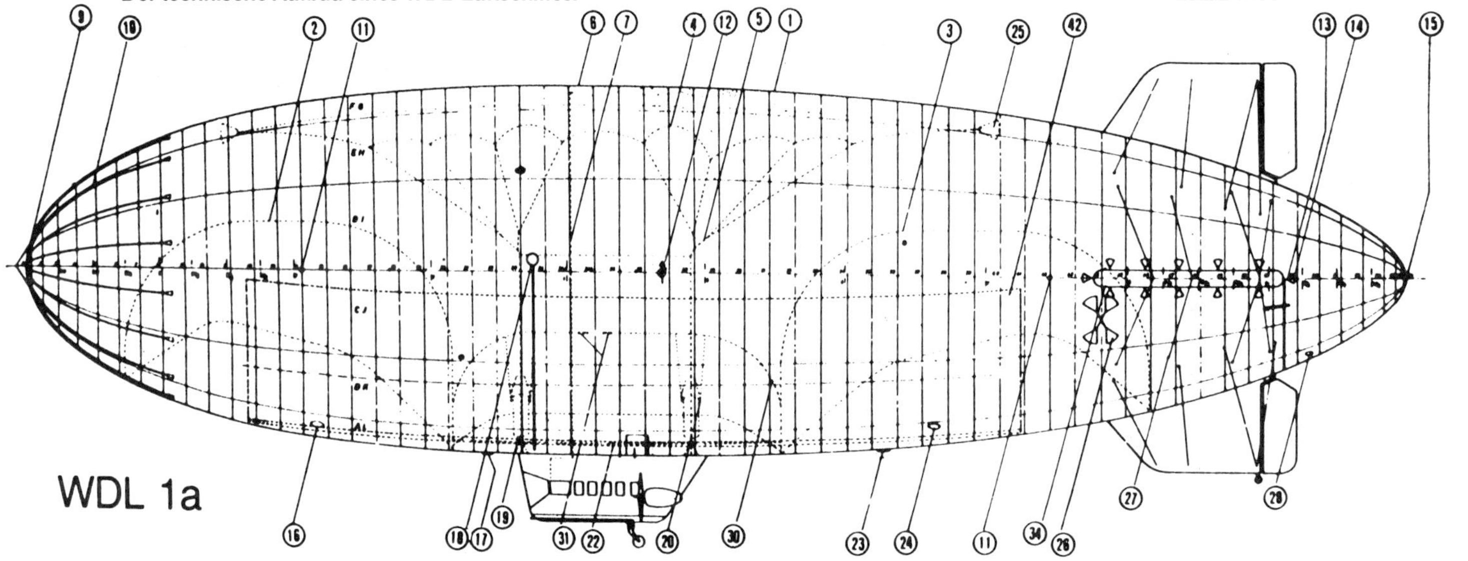

WDL 1a

Hüllenkontur	1	Auftriebsmittelpunkt	12	Luftventil Ballonett hinten	23	Verstärkung für Leitwerke	34
Ballonett vorne	2	Kabelführung	13	Mannloch	24	Inspektionsfenster	35
Ballonett hinten	3	Fingerscheiben Nr. 1000	14	Fingerscheibe Nr. 3000	25	Mannloch	36
Gondelaufhängung innen	4	Armatur für Hecklicht	15	Armatur für Halteleine	26	Inspektionsfenster	37
Gondelgehänge	5	Mannloch	16	Fingerscheiben Nr. 2000	27	Ballonett über Gondel	38
Reißbahn	6	Luftventil Ballonett vorne	17	Füllstutzen	28	Gondelverkleidung	39
Reißleine	7	Gasventil	18	Füllstutzen	29	Inspektionsfenster	40
Gondelaufhängung außen	8	Kraftstoffbehälter	19	Kabelführung siehe Pos. 13	30	Luftführungsschlauch hinten	41
Schnürgurt für Bugkappe	9	Hose für Ballonett und Gondel	20	Armatur für Antenne	31	Lampenfeld	42
Schnürleisten für Spieren	10	Mannloch	21	Regentraufe	32	Montageseil	43
Nivellierscheiben	11	Luftführungsschlauch vorne	22	Propellerschutz	33	Scheiben für Montageseil	44

rungen mit verbesserter Aerodynamik und Steuerung, modernen leiseren Motoren und einer um 1000 kg höheren Nutzlast gebaut werden. Im Auftrag der WDL wird die Firma MBB mit einem Computerprogramm die aerodynamische Form der Hülle optimal errechnen und außerdem mittels Laserstrahlen die für den Bau der Hülle benötigten Stoffbahnen präzise zuschneiden.

Pläne für weitere und größere Luftschifftypen sind ausgearbeitet worden. Sie sehen die Entwicklung einer Art von Baukastensystem für die Gondel vor, so daß einerseits Passagiere und nach dem Austausch der dafür benötigten Gondel in Standardcontainern verladene Fracht befördert werden kann. Ein besonderes Trägersystem im Inneren der Hülle nimmt die Ausleger für die Triebwerke, das gesamte Kraftstoffversorgungssystem sowie die Nutzlast auf. Ferner wird durch Schwenken der Triebwerke eine zusätzliche vertikale Komponente für die Steuerung des Luftschiffes geschaffen.

Am 1. Juni 1985 erreichte das erste WDL-Luftschiff mit der Zulassung D-LDFM 10 000 Flugstunden, es befand sich aus diesem Grunde über Friedrichshafen, dem Geburtsort der Zeppelin-Luftschiffe, deren Tradition es fortführt, wenn auch etwas kleiner.

Luftschiffaktivitäten in anderen Staaten

Zu den gegenwärtig aktivsten Firmen im Luftschiffbau gehört die englische Airship Industries Ltd., die mit ihren Typen Skyship 500 und Skyship 600 in den letzten Jahren gute Erfolge erzielen konnten. Airship Industries hat ihren Ursprung in der 1971 gegründeten Aerospace Developments Ltd., die im Auftrag der Shell-Gruppe eine Studie durchführte, unter Einsatz eines Riesenluftschiffes Gas in seinem natürlichen Zustand von den Gasfeldern in der Sahara nach England zu transportieren. Weitere Studien bezogen sich auf die Entwicklung eines 100 Passagiere tragenden Starrluftschiffes neuer Konfiguration für die Firma European Ferries. Aufträge resultierten aus diesen Studien aber nicht. Ebenfalls zu diesem Zeitpunkt formte sich eine zweite Gruppe von Luftschiffenthusiasten, die unter dem Namen Mercantile Airship Transportation Ltd. Studien durchführte über die Möglichkeiten, Schiffe, die vor überlasteten Häfen ankern mußten, bis ein Platz frei wurde zum Anlegen und Löschen der Ladung, bereits an ihrem Liegeplatz vor dem Hafen entladen zu können. Diese Gruppe entwarf ein scheibenförmiges Luftschiff und führte mit einem Modell in einem der Hangars von Cardington Versuche durch, die aber zeigten, daß ein solches Luftschiff einen hohen, nicht akzeptablen Grad von Instabilität aufweisen würde, woraufhin die Weiterentwicklung beendet wurde. Die Gruppe übersiedelte 1978 zur Isle of Man und arbeitete unter dem neuen Namen Thermo Skyship Ltd. an mehr konventionellen Luftschiffentwürfen.

Seitens der Aerospace Developments wurde außer dem Riesenfrachtluftschiff für Shell der Entwurf zu einem kleineren Luftschiff mit etwa 5200 m^3 Volumen gearbeitet, das die Bezeichnung AD 500 erhielt und an dessen Herstellung eine Gruppe von Kaufleuten aus Venezuela interessiert war, die dann auch die Finanzierung übernahm. Im Februar 1979 führte das Luftschiff seinen ersten Aufstieg durch, leider zerstörte es ein Sturm kurze Zeit später. Die Venezulaner zogen sich daraufhin zurück und die Firma Aerospace Developments wurde liquidiert. Ihre Aktiva wurden von einer interessierten Gruppe übernommen, die unter dem Namen Airship Developments eine neue Firma gründeten mit dem Ziel, ein neues AD 500-Luftschiff zu bauen.

Zwischen den Firmen Thermo Skyships und Airship Developments kam es 1980 zu Verhandlungen, die zur Übernahme der Airship Developments durch Thermo Skyships führten. Als Ergebnis dieser Übernahme entstand die heutige Firma Airship Industries mit Sitz in London und einer Basis auf der Isle of Man.

Das erste Luftschiff der neuen Firma, das Skyship 500, führte seine erste Fahrt am 28. September 1981 von Cardington aus durch. Die in Frankreich von der Firma Zodiac hergestellte Hülle aus modernem Polyester-Gewebe weist eine Länge von 52 m und einen größten Durchmesser von 14 m auf und ist mit Helium gefüllt. Sie enthält 2 Ballonetts, die mit zum Austrimmen des Luftschiffes benutzt werden — die vor dem 1. Weltkrieg von Parseval entwickelte Technik findet weiterhin Anwendung. Die Gondel bietet Platz für 2 Piloten und maximal 10 Passagiere. Als Antrieb dienen 2 Porsche 930-Motoren von je 204 PS Maximalleistung, die dem Luftschiff eine Höchstgeschwindigkeit von 100 km/std. und bei 50% Leistung eine Reisegeschwindigkeit von 87 km/std verleihen. Die Reichweite beträgt etwa 870 km. Über ein modifiziertes Heckrotorgetriebe des Westland Lynx-Hubschraubers werden in schwenkbaren Gondeln 2 ummantelte Hoffmann-Propeller angetrieben. Die schwenkbaren Propeller tragen wesentlich zu den guten Kurzstarteigenschaften und Manövrierfähigkeiten des Luftschiffes bei. Außerdem kann es nach Art eines Hubschraubers über einem Punkt verharren, eine wichtige Voraussetzung für einen zukünftigen Einsatz bei Überwachungsaufgaben. Zu den vorgesehenen Aufgabengebieten der Luftschiffe gehören im zivilen Bereich allgemeine Personentransporte, Reklame- und Vergnügungsfahrten, im militärischen Bereich Beobachtungs- und Frühwarnaufgaben, Überwachung und Bekämpfung feindlicher U-Boote, elektronische Kriegsführung sowie Minensuche und -räumung, im paramilitärischen Bereich allgemeine Küstenüberwachungsaufgaben insbesondere hinsichtlich der neuen 200-Meilen-Zonen verschiedener Staaten, Such- und Rettungseinsätze und Zollfahndung, um nur aus allen Gebieten einige Anwendungsmöglichkeiten zu nennen. Befähigt wird das Luftschiff für diese Aufgaben durch seine hohe Fahrtdauer, den niedrigen Lärmpegel und die geringe Vibration in der Kabine, die sich günstig auf das Wohlbefinden der Besatzung und die hochempfindlichen Instrumente auswirken. Ein weiteres wichtiges Argument der Airship Industries für den Gebrauch von Luftschiffen ist der günstige Kostenfaktor, der den Einsatz von Luftschiffen bei vielen Aufgaben als eine finanziell attraktive Alternative zum Hubschrauber, aber auch zum Flugzeug erscheinen läßt. Wie groß das neu erwachte Interesse am Luftschiffeinsatz wieder geworden ist, beweist die gemeinsam durch die US Navy, US Coast Guard und der NASA 1983 erfolgreich durchgeführte Konzept-Studie für ein Überwachungsluftschiff, zu der das zweite, in Toronto in Kanada von der Tochterfirma LTA Systems erbaute Skyship 500 eingesetzt worden war.

Als vergrößerte Version des Skyship 500 entstand der Typ Skyship 600 für maximal 20 Passagiere. Das erste Skyship 600, dessen Hülle 59 m lang ist und das einen Durchmesser von 15,2 m aufweist, stieg erstmals am 6. März 1984 auf. Es ist wiederum mit 2 Porsche-Motoren ausgerüstet, die Turbolader erhalten haben und maximal 270 PS leisten. Die Höchstgeschwindigkeit konnte dadurch auf 120 km/std. gesteigert werden, die Reisegeschwindigkeit beträgt etwa 96 km/std. Mit Zusatztanks kann die Fahrtdauer auf 55 Stunden erhöht werden. Damit sind entscheidende Voraussetzungen geschaffen worden, das Luftschiff für lang dauernde Patrouillenfahrten bei der Küsten- und Seeüberwachung einzusetzen. Die geräumige Gondel bietet für die Besatzung außer entsprechenden Ruhemöglichkeiten gute Arbeitsbedingungen mit den sensiblen Instrumenten.

Die französische Marine führte im ersten Halbjahr 1985 mit dem Skyship 600 ein Versuchsprogramm zur Küstenüberwachung durch und setzte es bei echten Aufgaben ein. Neben dem englischen Piloten und Copiloten nahmen seitens der französischen Marine ein Navigator, ein Radarexperte, ein Funkspezialist und ein offizieller Beobachter an der Versuchsserie teil. Zur Sonderausrüstung gehörte ein aufblasbares schnelles Schlauchboot, das vom Luftschiff mittels 2 elektrischer Winden herabgelassen und nach Erfüllung des Auftrages wieder an Bord genommen werden konnte. Ebenfalls wird für die amerikanische Küstenwacht eine neue Versuchsserie vorbereitet.

Im Februar 1985 gab die amerikanische Marine ihre Forderungen nach Vorschlägen für ein Luftschiff zur Kampfzonenüberwachung bekannt. Für dieses »Battle Surveillance Airship System« (BSAS) erarbeiten die beiden Firmen Airship Industries und Westinghouse aus den USA gemeinsam einen Vorschlag auf der Grundlage des geplanten Typs Skyship 5000, das ein Volumen von 70 000 m^3 und eine Länge von etwa 120—140 m erhalten und mit einer Westinghouse-Radaranlage ausgerüstet werden soll. Die Hauptaufgabe wird in der Luft- und Seeüberwachung liegen und das Luftschiff wird für diese Zwecke sowohl über U-Bootbekämpfungswaffen als auch über Flugabwehrwaffen in der Form von Maschinengewehren und Luft-Luft-Raketen verfügen.

Airship Industries bemüht sich weiterhin um die Forderung der englischen Marine mit der Bezeichnung »Offshore Patrol Vessel« (OPV 3), die die Schaffung eines Küstenüberwachungsfahrzeugs zum Inhalt hat, ohne zu spezifizieren, ob es sich hierbei um ein Wasser- oder Luftfahrzeug handeln soll. In diesem Falle arbeitet Airship Industries gemeinsam mit der englischen Firma Ferranti. Zugrunde liegt wiederum das Skyship 5000, das mit dem von Ferranti entwickelten Seaspray-Radarsystem ausgerüstet werden soll. Airship Industries verweist auf die kostengünstigere Beschaffung von Luftschiffen für diese Forderung und die ebenfalls erheblich günstigeren Kosten beim Einsatz. Kritischen Stimmen hinsichtlich der Verwundbarkeit der Luftschiffe gegenüber feindlicher Abwehr wird entgegengehalten, daß aufgrund des geringen Gasdruckes von weniger als 0,1 lb/in auf die Hülle die Wahrscheinlichkeit eines Totalverlustes durch Auslaufen des Heliums nicht sehr groß ist, wenn ein Geschoß die Hülle durchschlägt. Gegenüber kritischen Stimmen bezüglich der Wetterempfindlichkeit wird argumentiert, daß ein Luftschiff vom Wind ähnlich beeinflußt wird wie ein Wasserfahrzeug, aber nicht wie dieses auch noch mit den Einflüssen der See zu rechnen hat. Auf dem Luftfahrt-Salon von Paris 1985 wurde bekanntgegeben, daß Japan Air Lines in Verhandlungen steht über den Ankauf von 2 Skyship 600. Die Fluggesellschaft ist Partner eines Firmenkonsortiums in Japan, das bereits seit 1984 ein Skyship 500 einsetzt und gute Ergebnisse hinsichtlich der Werbewirksamkeit erzielen konnte. Geplant ist, mit den für 18 Passagiere ausgelegten Luftschiffen Rundfahrten sowie Reklameeinsätze durchzuführen. Anstelle der gegenwärtig noch benutzten Porsche-Motoren sollen die neuen Luftschiffe mit dem von Porsche neu entwickelten Flugzeugmotor ausgerüstet werden, wodurch es zu geringeren Betriebskosten kommen wird. Überraschend war, daß auch China seine Absicht bekundet hat, 4 Luftschiffe des Typs Skyship 600 zu beschaffen und diese außer für die Erarbeitung allgemeiner Grundlagen des Luftschiffbetriebs für die Touristik einzusetzen beabsichtigt.

Das erste Skyship 500 über Paris. Die britische Airship Industries ist gegenwärtig die aktivste Firma auf dem Gebiet des Luftschiffbaus.

Das größere Skyship 600 beim Einsatztest der französischen Marine im Frühjahr 1985. Im Vordergrund das Schlauchboot, das nach Erfüllung seiner Aufgabe wieder an Bord genommen werden kann.

Das an Japan gelieferte Skyship 500 wird von einem Firmenkonsortium für Werbezwecke benutzt. Es bestehen Pläne zur Beschaffung weiterer Luftschiffe für den Personentransport und Rundfahrten.

In der Sowjet-Union lebt das Interesse am Luftschiff ebenfalls wieder auf. Das Versuchsluftschiff »Ural 3« könnte der Vorläufer einer Serie von Schwerlasttransport-Luftschiffen werden, die besonders in den fernöstlichen Landesteilen eingesetzt werden sollen.

Mit einem Steigwinkel von maximal 30° sind die Goodyear-Blimps erstaunlich wendig. Hier die »Europa« beim Aufstieg.

Mit 7000 farbigen Glühbirnen macht das »Skytacular«-System nachts bewegliche Bilder und Schriften sichtbar.

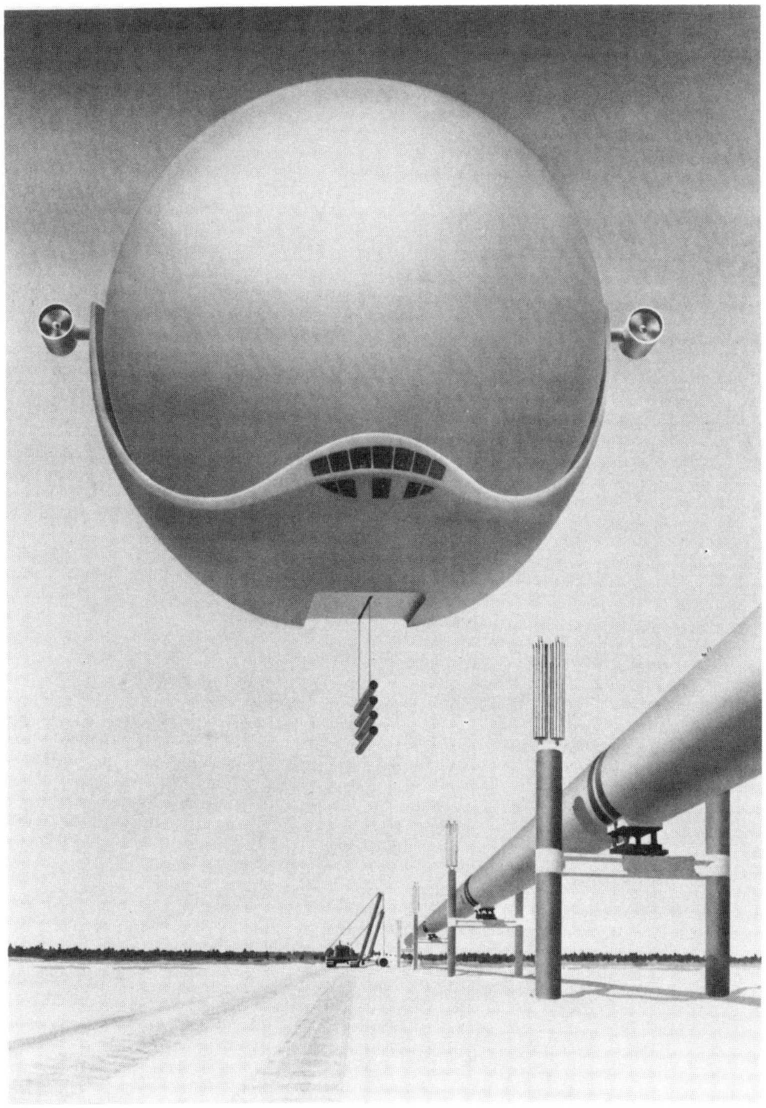

Die kanadische Firma Magnus Aerospace in Ottawa schlägt ebenfalls auf der Basis der Luftschifftechnik ein Schwerlasttransportgerät vor. Einem Riesenrochen ähnlich trägt die Gondel an den Armen die kugelförmige, mit Helium gefüllte Hülle, die zur Erzeugung zusätzlichen Auftriebs in Rotation versetzt wird. Im Bild links ein frei fliegendes Modell des LTA 20-1 bei einem Flugversuch. — *Rechts:* **Das Magnus LTA 20-1 beim Verlegen von Rohrleitungen in einer zeichnerischen Darstellung.**

Konstruktionsarbeiten von Öl- und Gasleitungen, beim Errichten von Strommasten, Einsätze in der Forstwirtschaft und bei der Katastrophenhilfe, Be- und Entladen und Versorgen von Schiffen auf hoher See. Im militärischen Bereich kann schweres Gerät über unwegsames Gelände sicher und schnell befördert und die Versorgung von Truppen mit Nachschubgütern sichergestellt werden.

Die Hülle des LTA 20-1 wird einen Durchmesser von 60,96 m und ein Volumen von 118 600 m^3 haben, die Gondel wird 59,5 m lang und einschließlich der seitlichen Arme und der Triebwerke 41,5 m hoch sein. Die Nutzlast beträgt nach den Berechnungen um 54 Tonnen, das Gesamtstartgewicht maximal 124,3 Tonnen. Als Höchstgeschwindigkeit werden 96 km/std, als Reisegeschwindigkeit 80 km/std angegeben. Die Leistungsangaben beruhen auf Berechnungen anhand umfangreicher Windkanalmessungen des Instituts für Aerospace-Studien der Universität von Toronto.

Einem ganz anderen Zweck als die Schwerlastluftschiffe, an denen derzeit gearbeitet wird, dienen die in den letzten Jahren in den USA, England und anderen Staaten entstandenen Heißluft-Kleinluftschiffe — hier wird mit den Mitteln unserer modernen Technik der

Mit Heißluft gefülltes Luftschiff D-38 der englischen Firma Cameron Balloons. Es dient für Sport und Reklame — der Kreis zum Anfang der bemannten Luftfahrt vor 200 Jahren schließt sich mit diesen Kleinluftschiffen.

Erstes mit Helium gefülltes Kleinluftschiff des Typs DG-19 von Cameron Balloons bei der Erprobung. Außer für sportliche Aufgaben sollen diese Kleinluftschiffe für Reklame, Verkehrsüberwachung und Schulung von Luftschiffpiloten eingesetzt werden.

Kreis geschlossen zu den Anfängen der bemannten Ballonaufstiege vor 200 Jahren und den Bemühungen der ersten Aeronauten, den Ballon lenkbar zu machen. Diese Kleinluftschiffe dienen sportlichen Zwecken und sind in der Werbung eingesetzt.

Das erste Heißluft-Luftschiff entstand bei der englischen Firma Cameron Balloons Ltd. in Bristol unter der Bezeichnung D-96, sein erster Aufstieg erfolgte am 7. Januar 1973. Eine Reihe von Schwierigkeiten gab es zu überwinden, bis aus dem ersten Heißluft-Luftschiff ein einsatzfähiges Gerät wurde. Insbesondere die Befestigung der Gondel bereitete Probleme. Dann mußte die Hülle vergrößert werden, die wie die Heißluftballone der Firma aus Nylon hergestellt wurde. Inzwischen konnten die Probleme beseitigt werden und bereits bis Ende 1983 waren 16 Luftschiffe dieses Typs verkauft worden. Als Antrieb dient ein modifizierter VW-Motor von 45 PS, mit dem eine Höchstgeschwindigkeit von 24 km/std und eine Fahrtdauer von 2 Stunden erreicht wird. Die Länge der Hülle beträgt 34,14 m, der Durchmesser 13,72 m und das Volumen 2917 m^3. Außer dem Piloten können weitere 2 Personen mitfahren, die Gondel nimmt ferner den Motor, die Propangasflasche und den Brenner auf.

D-38 und D-50 sind weitere Typen von Cameron-Heißluft-Luftschiffen. D-38 ist ein Einsitzer, der zuerst als Fesselballon aufstieg, dann aber mit einem Kleinmotor ausgerüstet wurde und sich gut bewährte. Seine Hülle hat eine Länge von 22,86 m mit einem Volumen von 1076 m^3. Das Luftschiff D-50 besitzt eine etwas vergrößerte Hülle von 25,0 m Länge und einem Volumen von 1416 m^3 und ist für Einsätze in warmen Ländern und von höher gelegenen Plätzen aus gut geeignet. Von beiden Typen konnten mehrere Exemplare bereits verkauft werden.

Im Sommer 1983 begannen die ersten Versuche mit dem Cameron-Luftschiff DG-19, dem Prototyp eines heliumgefüllten Kleinluftschiffes für Reklame, Sport, Verkehrsüberwachung und der Ausbildung zukünftiger Luftschiffkapitäne größerer Luftschiffe.

Ein Rotax-Zweizylindermotor treibt zwei Mantelluftschrauben am hinteren Ende der Gondel an und gibt dem Luftschiff eine Geschwindigkeit von 55 km/std. Ein Ballonett wird automatisch prall gehalten durch einströmende Stauluft. Auf- und Abstieg werden von dem Umlenkschub der ummantelten Luftschrauben günstig beeinflußt. Bei den bisherigen Versuchen erwies sich das Luftschiff als gut manövrierfähig.

Zwei Serienversionen sind geplant, als DG-14 wird ein Einsitzer, als DG-25 ein Doppelsitzer entstehen. Die Hülle des DG-14 wird 16,25 m die des DG-25 19,60 m lang sein, das Volumen 396 m^3 und 708 m^3 betragen.

In Deutschland, Frankreich, der Sowjet-Union, Ungarn, USA und der Tschechoslowakei entstehen solche Kleinluftschiffe für sportliche Zwecke und Werbeeinsätze. Einige werden als unbemannte und ferngelenkte Kameraplattformen, für Wetterbeobachtung, Verkehrsüberwachung und potentielle militärische Aufgaben entwickelt. Die Aufgaben für zukünftige Luftschiffe im Rahmen der Touristik, des Schwerlasttransports, des Sports und der Werbung sowie im militärischen und semi-militärischen Überwachungsbereich sind groß und vielfältig — die Zukunft des Luftschiffes ist gesichert.

LITERATURVERZEICHNIS

Abbott, Patrick: Airship, the Story of R 34; Bath 1973
Airship R 100; Howden 1929, reprint 1983
Allen Hugh: The story of the Airship (Non-rigid); Akron 1943
Amundsen, Roald und Ellsworth, Lincoln: Der erste Flug über das Polarmeer; Leipzig o.J.
Andrews, C.F.: Vickers Aircraft since 1908; London 1969
AVIATICUS Jahrbuch der deutschen Luftfahrt 1931; Berlin 1931

Basenach, Richard: Bau und Betrieb von Prall-Luftschiffen, Bd 1 u. 2; München 1912
Bauer, Manfred: Luftschiffhallen in Friedrichshafen; Friedrichshafen 1985
Beaubois, Henry und Demand, Carlo: Airships; London 1974
Berg, Dr. Carl: David Schwarz - Carl Berg - Graf Zeppelin, München 1926
Berget, Alphonse: The conquest of the air; London 1911
Berget, Alphonse: L'Air; Paris 1927
Braunbeck's Sportlexikon; Berlin 1911 und 1912
Bröckelmann, Dr.: (Hrsg.) Wir Luftschiffer; Berlin 1909
Brooks, Peter W. Historic Airships; London 1973
Burney, Sir Charles D.: The World, the Air and the Future; London 1929

Castle, H.G.: Fire over England; London 1982
Chamberlain, Geoffrey: Airships — Cardington; Lavenham 1984
Christians, Dipl.-Ing.: Anlage und Betrieb von Luftschiffhäfen; München 1914
Clausberg, Karl: Zeppelin - die Geschichte eines unwahrscheinlichen Erfolges; München 1979
Collier, Basil: The Airship; London 1974
Colsman, Alfred: Luftschiff voraus! Stuttgart 1932

Deutsche Luftschiffahrt - Sammelalbum; Frankfurt/M. 1939
Dollfus, Charles und Bouché, Henri: Histoire de l'Aéronautique; Paris 1938
Dürr, Dr. Ludwig: 25 Jahre Zeppelin-Luftschiffbau; Berlin 1925
Dwiggins, Don: The complete book of Airships; Blue Ridge Summit 1980

Eckener, Hugo: Die Amerikafahrt des »Graf Zeppelin«; Berlin 1928
Eckener, Hugo: Graf Zeppelin; Stuttgart 1938
Eckener, Hugo: Im Zeppelin über Länder und Meere; Flensburg 1949
Ege, Lennart: Ballone und Luftschiffe; Zürich 1973
Eisenlohr, Dr.-Ing. Roland (Hrsg.): Flugtechnisches Handbuch Bd IV: Ballons und Luftschiffe; Berlin 1937
Engberding: Luftschiff und Luftschiffahrt; Berlin 1928
Eroberung der Luft, Die; Stuttgart 1909 und 1920

Feldhaus, F.M.: Hinauf zur Höh'!; Hannover 1909

Geisenheyner, Max: Mit »Graf Zeppelin« um die Welt; Frankfurt/M. 1929
Geisenheyner, Max und Supf, Peter: Frankfurt am Main - Motor der Luftfahrt; Frankfurt/M. 1959
Gemmingen, Dr. Frhr. von: Das Zeppelinschiff zur See; Berlin 1914
Gersdorff, Kyrill von, und Grasmann, Kurt: Flugmotoren und Strahtriebwerke; München 1981
Gilles, J.A.: Flugmotoren 1910—1918; Frankfurt/M. 1971
Goebel, J.: Afrika zu unsern Füßen; Leipzig 1925
Graffigny, Henri de: Die Luftschiffahrt und die lenkbaren Ballons; Leipzig 1888
Grieder, Karl: Zeppeline — Giganten der Lüfte; Zürich 1971
Grüttel, Else (Hrsg.): Im Luftschiff über Hamburg, Lübeck, Schleswig-Holstein (Delag-Führer); Stuttgart o.J.

Hacker, Georg: Die Männer von Manzell; Frankfurt/M. 1936
Hansen, Zenon: The Goodyear Airships, 2. Aufl.; Bloomington 1978
Hartcup, Guy: The Achievement of the Airship; London 1974
Hearne, R.P.: Der Luftkrieg; Berlin 1909
Heiss, Friedrich: Das Zeppelin-Buch; Berlin 1936
Hildenbrandt, Fred: Nobile; Olten 1955
Hoehling, A.A.: Who destroyed the Hindenburg? London 1962
Hoernes, Hermann (Hrsg.): Buch des Fluges, 3 Bde; Wien 1911/12
Hoernes, Hermann: Abriß über die Luftschiffahrt und Flugtechnik; Wien o.J.
Hoernes, Hermann: Die Luftschiffahrt der Gegenwart, Wien 1903
Hogg, Gary: Airship over the Pole; London 1969
Hook, Thom: Sky Ship — The Akron Era; Annapolis 1976
Hook, Thom: »Shenandoah« Saga; Annapolis 1973
Huth, Dr. Fritz: Motoren für Flugzeuge und Luftschiffe; Berlin 1916

Italiaander, Rolf: Ein Deutscher namens Eckener; Konstanz 1981
Italiaander, Rolf: Hugo Eckener — Ein moderner Columbus; Konstanz 1979
Italiaander, Rolf: Ferdinand Graf von Zeppelin; Konstanz 1980
Jackson, Robert: Airships; New York 1973
Jahn, Joh. Friedrich: Technischer Nachlaß Johann Schütte; Oldenburg 1978
Jahrbuch der Motorluftschiff-Studiengesellschaft, 5. Band; Berlin 1912
Jane's All the World's Aircraft 1984/85; London 1985

Katalog: Le part du rêve; Paris 1983
Keimel, Reinhard: Österreichs Luftfahrzeuge; Graz 1981
Knäusel, Hans G.: Zeppelin und die Vereinigten Staaten von Amerika; Friedrichshafen 1980
Knäusel, Hans G.: LZ 1, der erste Zeppelin; Bonn 1985
Kohl-Larsen, Dr. L.: Die Arktisfahrt des »Graf Zeppelin«; Berlin 1931
Kurze, Gottfried: Leichter als Luft; Leipzig 1977

v. Langsdorff, Werner: LZ 127 »Graf Zeppelin«; Frankfurt/M. 1928
v. Langsdorff, Werner: LZ 129 »Hindenburg«; Frankfurt 1936
Leasor, James: The millionth chance — Story of the R 101; London 1957
Lehmann, Ernst A.: Auf Luftpatrouille und Weltfahrt; Berlin 1936
Linke, Dr. Franz: Die Luftschiffahrt von Montgolfier bis Zeppelin; Berlin o.J.
Linke, Dr. Franz: Moderne Luftschiffahrt; Berlin 1903
Luedecke, Heinz: Vom Zaubervogel zum Zeppelin; Berlin 1936